고려자기 수난사

고려자기 수난사

2022년 2월 28일 초판 1쇄 발행

지은이　정규홍
펴낸이　권혁재
편　집　권이지

인　쇄　성광인쇄
펴낸곳　학연문화사
등　록　1988년 2월 26일 제2-501호
주　소　서울시 금천구 가산디지털1로 16 가산2차SKV1AP타워 1415호

전　화　02-6223-2301
팩　스　02-6223-2303
E-mail　hak7891@chol.com

ISBN　978-89-5508-461-0 03910

고려자기 수난사

정규홍

학연문화사

고려자기는 고려인이 생산한 가장 아름다운 예술품으로 당대에 이미 국제적으로 최고의 평가를 받았다. 그러나 고려시대 이후 그 맥이 단절이 되고 수차의 전화를 겪으면서 전세한 것이 거의 남아 있지 않았기 때문에 우리에겐 잊힌 것이었다.

무덤 속에 고이 잠자던 고려자기가 다시 출현한 것은 개항 이후 외부인들이 이 땅에 들어오면서이다. 고대 무덤을 파괴하고 고기물을 꺼내는 등 한국에서는 꿈에도 생각지 않던 만행이 개항 이후 이 땅에 건너온 불량 일본인들에 의해 저질러졌던 것이다.

일본인들이 한반도에서 가장 먼저 눈독을 들인 것이 무덤 속의 고려자기이다. 일본인들은 개성, 강화도 일대의 고려 도읍지는 물론 고려고분이라 추정되는 모든 고분을 도색(盜索)하기 시작했다. 처음에는 은밀히 도굴을 했으나 러일전쟁 이후에는 도굴단을 조직하여 수호인이 지키는 왕릉은 물론이고 백주에 후손이 보는 앞에서 총칼로 위협을 하면서 만행을 저질렀다. 하지만 한국 조정은 이를 막을 힘이 없었다. 일본 관리들은 막을 의사가 없었다.

1880년을 전후하여 시작된 도굴은 1915년까지 근 35년간에 분형을 가진 고려고분은 완전히 파괴 도색당하고 말았다. 이로 인해 수만 수십만 점의 고려자기와 함께 부장한 유물이 쏟아져 나왔으나, 출처불명으로 매매가 이루어져 어떤 유래를 가지고 어떤 장소로부터 어떤 상태에서 나온 것인지 모두 불상(不詳)으로 남게 되었다. 고려자기의 편년은 물론이고 오늘날 중요한 학술적 자료가 되어야 할 많은 귀중문화재가 그 사료적 단서를 잃고 말았다.

필자는 아무런 기초도 없이 남산의 당시 국립중앙도서관에서 손때가 반들거리는 목록카드를 만지고, 헌책방을 전전하면서 문화재에 대한 공부를 시작했다. 길도 모르면서 무작정 덤빈 것이다. 2005년 이후 몇 권의 책을 내게 되었고, 2016년에 『우리 문화재 수난일지』(전 10권)을 출간한 지 6년이 지났다.

상당한 시간을 쏟아 출간을 했지만, 그때마다 여러모로 부족한 부분들이 드러나면서 엄습해오는 부끄러움에 이를 보완해야 하는 부담을 느끼지 않을 수 없었다. 이것이 반복이 되니 숙제는 오히려 늘어만 가는 셈이다.

고려자기의 도굴에 관련해서는 이미 전에 출간한 책자에서 단편적이나마 여러 차례 언급을 했었다. 이번에 고려자기의 수난을 다각도로 볼 수 있도록 한 권의 책으로 내놓게 되었다. 또 얼마나 많은 숙제를 안게 될지, 그 두려움을 무릅쓰고…….

2022년 2월
정 규 홍

책머리에

제1장. 고려자기의 출현

제2장. 고려자기 도굴시대

제3장. 고려 능묘의 파괴

제4장. 박물관 주도의 고려자기 수집

목 차

제1부

고려자기의 출현

1. 청자의 발생과 용어

고려청자는 고려시대의 문화를 가장 잘 반영한 예술품으로서 한국미술에서 차지하는 그 비중이 대단히 크다. 고려청자가 언제부터 시작되었는지 전해지는 문헌이 없어 명확히 규명하기는 어려우나 토기나 녹유토기綠釉土器에서 자연발생적으로 청자로 발달했다기보다 중국 송나라 자기의 영향을 받아 발달해 온 것으로 추정되고 있다.

노모리 겐野守健은 고려청자의 시원始原을 10세기 말로 보고 있다. 그는 이 시대의 유물로 월주요계의 반자질半磁質로 된 순화4년명호淳化四年銘壺(993)와 경북 칠곡군 약목면에 있던 정도사석탑 내[1]에서 1031년에 기록한 석탑조성형지기石塔造成形止記와 함께 발견된 녹유사리소호綠釉舍利小壺 등을 예로 들고 있다.[2]

최순우崔淳雨도 처음에는 노모리 겐의 견해와 같이 중국 월주요계에서

---

1) 이 탑은 원래 경북 칠곡군 약목면 정도사 폐지에 있었던 것인데, 1909년 이전에 이미 옮겨져 옮겨질 당시에 탑 내부에서 황동(黃銅)의 합(盒), 녹유사리병(綠釉舍利甁), 석탑조성형지기(石塔造成形止記) 문서가 발견되어 고려 현종22년(1031)에 건립되었음을 밝히고 있다.(關野貞,『朝鮮藝術之研究』, 朝鮮總督府, 明治43年, p. 17; 奧平武彦,「朝鮮出土의 支那陶瓷器 雜見」,『陶瓷』第9卷 第2號. 1939年 5月.)
2) 野守健,『高麗陶磁の研究』, 淸閑社刊, 1944.

받아들인 초기 청자와 함께 신라적 여운을 이은 재래의 시유施釉 또는 무유無釉의 토자기土磁器가 병행하였던 시기를 대략 10세기 후반부터 11세기 전반까지로 보았다.[3]

그 후 여러 요지窯址가 조사되면서 최순우는 9세기말~10세기 초에 청자의 초보적인 기법이 개발되었던 것으로 보고 있으며, 10세기 전반기까지는 고려의 요업이 선구적인 청자와 백자기법을 익히는 시대로 보고 있다. 그 예로 인천 경서동 녹청자요지綠靑磁窯址에서 출토된 파편들과 10세기 무렵의 고려유적들에서 출토된 녹청자반구병綠靑磁盤口甁 등을 들고 있다.[4]

정양모鄭良謨는 청자의 편년을 9~10세기 무렵에 초보적인 청자상태의 녹청자부터 비롯되었다고 보았다. 9세기경에는 녹유청자 기술에 중국의 기술을 결합한 해무리굽청자가 우리나라 서해안과 남해안에서 발견되었으며, 녹청자도 이때쯤 제조된 것으로 보고 있다. 그리고 순화4년명항아리를 그간의 학자들이 초보적인 청자로 보고 있는 점에 대해 정양모는 상세하게 검토하여 보면 고려 전반기의 백자 전체에서 나타나는 특징을 가지고 있다고 주장한다. 오히려 초기백자로 보아야 마땅한 것으로, 이는 처음 이 항아리가 소개될 당시에는 백자에 대한 자료가 부족하였던 때이며, 후학들이 선학들의 주장을 무비판적으로 답습한 결과로 보고 있다.[5] 이후 1992년 5월에 개최된 심포지엄에서 정양모 국립중앙박물관 학예연구실장과 윤용이 원광대 교수 간에 치열한 논쟁이 있었다.

논쟁의 쟁점이기도 한 청자의 발생은 9세기 말에서 10세기 초 무렵에

---

3) 崔淳雨, 「高麗 時代의 陶磁 文化」, 『開城』, 開城人會, 1970, p. 177.
4) 崔淳雨, 「高麗 時代의 陶磁 文化」, 『(韓國의 美 4) 靑磁』, 중앙일보사, 1985.
5) 鄭良謨, 「高麗陶磁의 窯址와 出土品」, 『(한국의 미 4) 靑磁』, 중앙일보사, 1985.

시작하였다 볼 수 있다. 중국의 청자기법을 수입하였지만, 고려인들은 고려조의 문화에 잘 흡수하여 12세기경에는 고려의 독자적인 세련미를 갖춘 비색자기翡色磁器로 발전시켰다. 12세기 후반부터는 비색자기에 나전칠기螺鈿漆器와 동기銅器 등에 사용하였던 은상감기법銀象嵌技法을 응용하여 세계 유례가 없는 독보적인 상감청자를 제작하였다.[6] 그러나 14세기 후반에 들어오면서 국력의 쇠운衰運과 함께 정치, 경제, 종교 등 사회가 극도로 혼란에 빠지면서 관요官窯의 기능이 저하되고 청자의 양식도 눈에 띄게 퇴보退步하였다. 또 왜구의 침입으로 인한 해안의 관요들이 점차 폐하여 지면서 새로운 시대의 분청사기粉靑沙器가 등장하고 청자는 고려의 쇠망과 그 운명을 같이 하고 말았다.

고려청자의 칭호稱號에 대해서는 1123년(고려 인종 원년)에 고려로 온 사신 노윤적路允迪의 수행원 서긍徐兢이 귀국 후 다음 해인 1124년에 기록한 『선화봉사고려도경宣化奉使高麗圖經』이 가장 오래된 문헌기록이다. 이는 서긍이 고려의 사정을 기록한 것이다. 서긍은 고려에 머물면서 3개월간의

---

6) 野守健은 『高麗陶磁の硏究』(1944年 淸閑社刊 pp.3~4)에서 12세기에 제작된 것으로 年代推定이 가능한 예를 다음과 같이 들고 있다.
高麗17代 仁宗(~1146)의 長陵에서 皇統六年在銘의 仁宗諡册과 함께 출토된 靑磁素文瓶, 靑磁素文蓋附盌, 靑磁素文菊形合
1914년 李王職事務官 末松熊彦이 전라남도 강진군 大口面의 陶窯址를 조사할 때 採集한 靑磁平瓦, 野守健이 1928년 6월에 小川敬吉과 함께 대구면에서 陶窯址分布圖製作을 할 때 사당리 제7호 도요지 부근에서 鮮童(어린이)으로부터 구입한 靑磁平瓦, 또 1928년 8월에 개성 滿月臺에서 채집한 靑磁丸瓦片, 平瓦片 수 개, 이러한 것은 毅宗時(1147~1170)에 養怡亭의 지붕으로 사용하였다던 靑磁瓦와 동일한 것으로 추정되고 있다.
文公墓誌(서기 1159년 사망)가 있는 石棺과 함께 출토된 것으로 전해지는 靑瓷象嵌寶相唐草紋垸
1916년에 今西龍이 조사한 고려 제19대 明宗(~1197)의 智陵에서 발견한 靑磁 및 靑磁象嵌盌 등이 12세기 청자의 編年 및 발달을 볼 수 있는 年代 推定이 가능한 예로 들고 있다.

고려 방문 일정을 상세히 기록하였고 고려 체류 기간 동안에 보고 들은 고려의 역사, 정치, 경제, 종교, 문화 등 각 방면의 정보를 글과 그림으로 서술하였다. 현재 도는 없고 경만 남아있다. 서긍은 청자와 관련한 내용을 비교적 자세히 묘사하여 고려자기 전성기에 달한 청자의 연구에 귀중한 자료가 되고 있다.

『선화봉사고려도경』 권제32 기명삼器皿三에, "고려인이 청도青陶를 가장 귀하게 여겼고 도기색이 푸른 것을 고려인은 비색翡色이라 하여 근래 이래 제작이 공교롭고 색이 더욱 아름다워졌다[青陶器爲貴 陶器色之青者 麗人爲之翡色 近來己來製作工巧]고 한다. 또 "비색청자향로秘色青瓷香爐는 가장 정절精絶하였다. 그 나머지는 월주越州의 고비색古秘色이나 여주신요의 기물器物과 유사하였다"한다. 서긍의 기록으로 보면 중국에서는 '청도青陶' 또는 '비색秘色'으로 표현했던 것이다.

이익李瀷(1681~1764)의 『성호사설星湖僿說』 제4권 '만물문편萬物文編에, "오월왕 때 신하와 서민은 비색자기를 사용할 수 없었던 까닭에 이름을 비색秘色이라 했다하였으니 이는 곧 월주에서 오월왕에게 공물을 바쳤다는 것인데, 이 설說은 서조의 〈마소록〉에 나타나 있다"는 기록이 있다.[7]

청자를 고려에서는 '비색翡色'이라 했다. 이에 대해 고유섭은, 중국인이 청자를 '비색秘色'이라 칭했던 것과 상응하는 것으로 '비색秘色'이란 칭호에 대하여 예로부터 "비색요秘色窯는 오월吳越에서 만든 것으로 오월왕이 전씨錢氏가 나라를 이루고 있을 때 월주越州에 명하여 소진燒進케 하여 공봉供奉의 대상으로 삼고 신서臣庶는 이것을 쓰지 못하게 함으로부터 비색秘色이

---

7) 李瀷, 『星湖僿說』, 國譯叢書 108券, 1989.

라 했다"고 한다.[8] 중국인은 '비색秘色'을 비 그친 하늘색[雨過者天色]'에 비유하기도 했다.[9]

『해동역사海東繹史』에는 『수중금袖中錦』이라는 책을 인용하여, "감서내주監書內酒, 단연端硯, 징묵徵墨, 낙양화洛陽花, 건주차建州茶, 고려비색高麗祕色 모두 천하제일皆天下第一"이라 설명했다.[10] '고려비색高麗祕色'은 즉 고려청자를 지목하는 것으로 당시 낙양의 꽃과 함께 천하제일로 명성이 전해졌던 것이다. 고려인은 이를 다시 '비색翡色'이라 하고, 청자의 색을 비취翡翠의 색으로 비유했다.

또한 『고려사』 세가 권제18 1157년 4월 1일(음) 조에 "북쪽에 지은 양이정養怡亭은 청자青瓷로 지붕을 덮었고"하는 기록이 있다. '비색翡色' 또는 '청자青瓷'라는 용어로 사용해 왔음을 볼 수 있다.

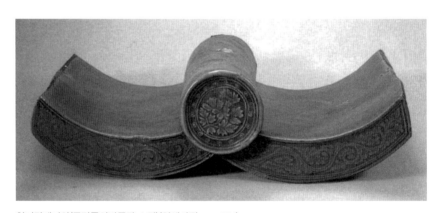

청자막새기와(국립중앙박물관 소장)(원색사진 → p.374)

---

8) 高裕燮, 『高裕燮全集 4, 高麗靑瓷. 松都古蹟. 餞別의 甁』, 1993, p.25.
9) 韓壽景, 「高麗磁器總觀」, 『高麗時報』 1933년 8월 16일자.
10) 李王職博物館, 『李王家博物館所藏品寫眞帖 中』, 1918, p.18.

『고려사』에는 '청사옹青砂甕·분盆·병瓶' [11], '화금자기畵金磁器' [12], '자기瓷器' [13] 등의 문자가 보이고, 이규보李奎報(1168~1241)의 『동국이상국집東國李相國集』에는 청자를 읊은 시가 있다. '김군이 녹색자기綠瓷 술잔을 두고 시를 지어 달라 하기에'란 시를 보자.

落木童南山	나무를 베어 남산이 빨갛게 되었고
放火煙蔽日	불을 피워 연기가 해를 가렸지
陶出綠瓷杯	푸른 자기 술잔을 구워내
揀選十取一	열에서 하나를 골랐구나
瑩然碧玉光	선명하게 푸른 옥빛이 나니
幾被靑煤沒	몇 번이나 매연 속에 파묻혔었나
玲瓏肖水精	영롱하기는 수정처럼 맑고
堅硬敵山骨	단단하기는 돌과 맞먹네 [14]

이 시의 '녹자綠瓷'는 녹색자기 즉 청자를 지칭하는 것으로 고려도경에서 말하는 비색翡色으로 여겨진다. 이규보는 청자 제작의 어려움과 함께 정말 아름다운 청자는 십 중의 하나로, 청색을 옥과 같은 아름다움으로 표현하고 있다. 오다 쇼고小田省吾는 이 녹자배綠瓷杯는 개성 남산에서 구워낸 것으로, 이규보 시의 다음에 계속되는 2구를 통해 이 청자술잔에 상감기법으로 정교한 화문을 장식한 것으로 보고 있다.

---

11) 『高麗史』世家 卷第30, 1289년 8월 12일(음) 條, "靑砂甕·盆·瓶"
12) 『高麗史』列傳 卷第18, "畵金磁器"
13) 『高麗史節要』권21, 1297년 1월(음력) 조, "獻金畵瓷器";『高麗史節要』권34, 1389년 12월 조, "監造內用瓷器"
14) 『東國李相國集』第8編(民族文化推進委員會, 『東國李相國集 2(古典國譯叢書)』, 1982)

| 微微點花文 | 가늘게 꽃무늬를 놓았는데 |
| 妙逼丹靑筆 | 묘하게 화가의 솜씨와 같구나 |

오다 쇼고는 이규보가 고려 제19대 명종 대부터 23대 고종까지 생존한 사람으로 이 시기에 상감청자가 발달하였음을 들고 있다.[15] 이규보의 '책상 위의 세 가지 품종을 읊다'에서 둘째 '자기연적자磁器硯滴子'는 청자동자형연적에 관해 읊은 시다.

幺麽一靑童	어느 한 청의동자(靑衣童子)
緻玉作肌理	고운 살결 백옥 같구나
曲膝貌甚恭	허리 굽신거리는 모습 공손하고
分明眉目鼻	얼굴과 눈매도 청수하구나
竟日無倦容	종일토록 게으른 태도 없어
提瓶供滴水	내 원래 풍월 읊기 좋아하네[16]

이규보는 책상에 놓인 연적이 얼마나 사랑스러웠으면 이런 시를 남겼을까. 청자동자형연적이나 청자인물형연적은 현재 한국과 일본에 몇 점이 남아 있다.

이 외도 이규보는 '녹자침錄瓷枕'에 대해 읊기도 했다. 아사미 린타로淺見倫太郞는 "나는 일찍이 백자의 각침角枕을 본 즉 조선인이 상용하는 목침木枕과 그 모양이 상사相似하더라, 청자로 만들었으면 일견一見에 청량淸凉한 취

15) 小田省吾, 『朝鮮陶磁史文獻考』, 學藝書院, 1936. p.14.
16) 『東國李相國集』第13編(民族文化推進委員會, 『東國李相國集 2(古典國譯叢書)』, 1982)

《천하제일 비색청자전》의 청자동녀형연적과 청자동자형연적(일본 오사카시립동양도자미술관 소장)

미趣味가 넉넉하리로다."라고 했다.[17]

고려자기라는 명칭은 고려시대에 소성燒成된 자기를 총칭하는 것이다. 전세傳世한 고려자기는 워낙 희귀하여 잊혔던 바라, 처음 일본인들은 일본에 마땅한 용어가 없어 '고려소高麗燒'라 했다. 일본에서 고려를 의미하는 '코마ㄱㅁ'와 구운 것을 의미하는 '야끼ㅑㅋ'를 합쳐 '코마야끼ㄱㅁㅑㅋ' 즉 '고려에서 구운 것'이라 하여 '고려소高麗燒'란 명칭으로 통용했다. 아유카이 후사노신鮎貝房之進은 '코마'는 고려뿐만 아니라 고구려에 대해서도 혼용했기 때문에 "지금 송도로부터 발굴해 내는 도자기를 '코마야끼'라고 부르는 것은 타당하지 않고"라 하면서도 "고려소라 부르지 않을 수도 없고,"라고 하며 달리 마땅한 명칭을 붙이지 못하고 고려자기의 통명通名을 고려소로

17)   淺見倫太郎, 「高麗靑磁에 관한 高麗人의 記錄」, 『매일신보』 1914년 10월 28일자.

사용하고 있다.[18]

　한국인은 근세 이후 일본인들의 도굴로 인해 세상 밖으로 나오면서 무덤에 매장하였다고 하여 소위 '명기冥器' 또는 단순히 '고려기高麗器' 혹은 '고려사기高麗砂器'라 했다.[19] 오늘날에는 '고려자기高麗瓷器' 또는 사기그릇 자瓷 대신 자석 자磁를 사용해 '고려자기高麗磁器'로 부르고 있다.

18)　鮎貝房之進,「高麗の花」,『朝鮮及満洲之研究』, 朝鮮雜誌社, 1914, p. 350.
19)　李王職博物館,『李王家博物館所藏品寫眞帖 中』, 1918, p. 16.

2. 전세傳世의 고려자기

고려청자는 조선시대에 단절되고 수차의 전화를 겪으면서 지상 유품으로 전세한 것이 거의 남아 있지 않았다.

고려자기에 정통한 아유카이 조차도 전세품을 실견實見하지 못했음인지 "고려소는 오래고 외국에 건너간 것은 각별하고, 당국에서는 한 물건도 땅 위에서는 볼 수 없는 것이다, 모두 고분에서 발굴해내는 것이다, 한인은 지금 이것을 도자기에 관계하지 않고, 고려자기 혹은 단순히 고기물이라고도 하는데, 묘의 무덤에 묻힌 명기라고도 한다."라고 하고 있다.[20] 그 당시 사정을 미야케 죠사구三宅長策라는 자가 도굴의 실태를 술회하였다.

옛날 임진왜란 때에도 고려고분이 발굴되어 지금 일본에 전해오는 운학 청자 등의 명물을 당시 가져온 것이 많다. 그러나 조선은 조상에 대한 경모의식敬慕意識이 깊고 특히 분묘는 대단히 중요시하여 위하는 습관이 있고 춘·추에는 무덤을 정돈하여 제사를 지내며 일족이 모여서 음복하고 꿈에도 분묘를 파서 옛일을 규명해 보려고 하거

---

20)　鮎貝房之進,「高麗の花(高麗燒)」『朝鮮及滿洲之硏究』第1輯, 朝鮮雜誌社, 1914.

나 또는 고기물古器物을 발굴하여 이것을 즐기려고 하는 생각은 추호
도 없다. 이것을 춘추의 필법으로 말하면 일본인이 도굴한 것이다.

미야케의 술회 내용처럼 일본에는 임진왜란 때 약탈해 간 고려자기가
전해지고 있다고 하는데, 고려 말 왜구의 침입 때 약탈해간 것도 일부 있
을 것으로 짐작된다. 한말 이후 나타난 고려자기는 미야케의 증언처럼 모
두 무덤에서 나온 것이다. 세상에 나온 것 중에 전세품은 거의 없었던 것
으로 보인다.

고유섭은 「청자의 전세傳世와 출토」(『고유섭전집 4』, 1993)를 통해 오쿠다이
라 다케히코奧平武彦의 논문을 소개하였다. 오쿠다이라 다케히코는 논문에
서 완당 김정희의 시집인 『담연재시고覃揅齋詩藁』 권6에 '병화(瓶花)'를 칭찬
하는 시를 수록하였다.

安排畫意盡名花　　화의로서 안배해라 모두가 이름 난 꽃
五百年瓷秘色誇　　오백 년 묵은 자기 신비한 빛깔마저
香澤不敎容易改　　향과 윤이 쉽사리 가시지도 않겠거니
世間風雨詎相加　　세간의 비바람이 어찌 서로 가해하리[21]

오쿠다이라 다케히코는 이 시에 대해 다음과 같이 해설하였다.

'병화瓶花'의 시가 고도古陶를 생각하는 마음이 남김없이 표현되었
다. '5백년의 자瓷 비색秘色을 자랑한다'라 하였다면 아마도 그것은 고

---

21) 　번역: 한국고전종합DB, 『阮堂全集 第10卷』, 韓國古典飜譯院 신호열 역, 1986,

려청자기靑瓷器였을 것이다. 명화名花를 다했다면 상감象嵌으로 초화문草花文을 나타냈던 것일 것이다. 과연 그렇다면 그의 회고의 정을 모은 고려의 화병이야 말로 지금 어디 있는가.(『도기강좌陶器講座』제20권)[22]

고유섭은 이를 고려청자의 대표적인 전세품의 예로 보고 있다. 하지만 오쿠다이라의 말대로 이후 언제인가 사라지고 만 것이다. 고유섭은 "이왕가박물관에는 경상북도 안동군 봉정사에 있던 전세품傳世品이라고 하는 '분청식粉靑式'의 청자상감靑瓷象嵌의 운룡문호雲龍文壺가 있으나 여하간 전세품이란 것은 한국에는 거의 없다"라고 한다.

가토 간가쿠加藤灌覺의 회고에 의하면, 가토는 1905년에 경북 팔공산사에서 불교관계 자료를 조사하던 중에 고려청자 하나를 발견하였다고 한다. 청자의 밑면에는 '경중景中'이라는 문자가 있었다고 하니 상세하게 조사한 것으로 짐작된다. 1914년에 그가 재차 동화사를 방문했을 때 들으니 1910년 한일합방 직후 대구에 있는 서양인에게 팔려 인천을 거쳐 외국으로 반출되었다고 한다.[23]

가토 간가쿠는 자신이 본 전세품으로서의 청자에 대해 다음과 같이 회고하고 있다.

메이지明治 38년(1905)······ 경상북도 팔공산사八空山寺에서 금당金堂의 수미단하須彌壇下에 장藏하여 둔 약 수 백 년 동안 어떤 사람의 손도

---

22) 高裕燮, 「靑瓷의 傳世와 出土」, 『高裕燮全集 4』, 通文館, 1993. p.70.

23) 加藤灌覺, 「高麗靑瓷의 傳製品과 出土品に就て」, 『陶瓷』 제6권6호, 東洋陶瓷研究所, 1934년 12월.

닿지 않았던 일체장경—切藏經의 고판古板을 조사하던 중 우연히 한 개의 청자기를 발견했다. 그 고高가 2척4촌二尺四寸이나 되고 표면에 우아한 연화당초문蓮花唐草紋이 양각되어 있고 농후한 유약이 칠해진 대호大壺로 그 저부底部에 '경중景中'이라는 두 문자二文字가 있다. 그로부터 11년 후 다이쇼 3년(1914)에 동화사를 방문했는데 여러 사람의 입에서 그 청자에 관한 추억담을 들었다. 메이지 43년 한일합방 직후 저 대호大壺가 아무도 모르는 사이에 대구재주大邱在住의 서양인에 매도되어 그 다음 인천을 거쳐 외국으로 가지고 가 버렸다는 것으로 한 때는 이 사찰에서 떠들어 보았으나 부지중에 흐지부지 되어 버렸다고 한다.

그리고 또 하나는 양산 통도사에 출장명령을 받아 그곳에서 본 것으로 속칭俗稱 마상배馬上盃 즉 고려청자 대종형大鍾形의 향로였는데 한 때는 일선방—禪房의 불단하佛壇下에 있었던 고함古函 속에서 다수의 파경이나 고금란古金襴의 가사편袈裟片과 함께 발견되었다고 전해져 통도사에 남아 있던 확실한 전세품의 하나였던 것 같고 내가 그것을 찾아내었을 때는 저 유명한 불골탑佛骨塔의 좌측에 소불전의 향로로 사용되고 있었던 것이다

그 후 수년이 지나서 그것에 대하여 이야기를 들으니 오랜 동안 부산에 살고 있던 일본 왕래의 상인이 오사카제大阪製의 큰 진유眞鍮 향로를 가지고 있을 때 그것을 바꾸는 것 같은 형식을 취하고 어딘 가로 가져가 버렸다는 것이다.

이왕가박물관에는 경상북도 안동군 봉정사에 있던 전세품傳世品이라고 하는 분청식의 청자상감의 운학문호雲鶴紋壺가 있으나 여하간 이

전세품이란 한국에는 거의 없다.[24]

그의 기록대로라면 현재까지 알려진 것으로는 경상북도 팔공산의 어느 절에 전해 왔다는 청자호 1점과 양산 통도사의 청자향로 1점, 봉정사의 전세품이라고 하는 청자 1점이 전해 졌다고 하나, 그 후 행방에 대해서는 알 길 없다.

당시에 이미 서구의 장사꾼들의 활동이 지방에까지 미쳤음을 짐작할 수 있다. 통감부시대와 한일합방을 전후하여 여행자나 한일관계의 일본인들, 골동상들에 의해 한국 고미술품들이 일본에 전해지면서 그 수집열이 날로 성행해 갔다.[25]

가토는 1902년부터 도쿄대학 내 인류학회의 촉탁으로 있으면서 한국 관련 조사에 착수하였다. 1904년에는 중국에서 유학하면서 한국을 자주 왕래하여 한국에 대한 조사를 하였으며, 1908년에는 인류학 및 국학 연구를 위해 한국 전토를 실사한 적이 있다.『조선총독부시정25주년기념표창자명감』(조선총독부, 1935)을 보면, 1914년 7월에 조선역사지도의 편찬 촉탁, 1916년 3월에 고적조사사무촉탁, 1924년 11월에 조선관습조사사무촉탁으로 임명된 기록으로 보아 그는 오랫동안 한국에 관계하였기 때문에

---

24)　加藤灌覺,「高麗靑瓷銘入の傳製品と出土品に就て」,『陶瓷』第6卷 6號, 東洋陶瓷硏究所, 1934年 12月, pp. 52~56.

25)　小山富士夫,「日本에 있는 韓國 陶磁器」,『考古美術』105호, 韓國美術史學會, 1970년 3월.

한국 관련에는 밝은 자라고 할 수 있다.[26]

<hr />

26) 가토는 일제 말기에 시정기념관 관장직을 맡았다. 김재원에 의하면, 해방이 되자 그는 여러 차례 중앙박물관 사무실로 김재원(후에 관장)을 찾아와서 "자기는 일본의 패전을 가장 유쾌한 일로 생각하며, 이제 전주 이씨로 창씨까지 하였으니 시정기념관을 민속관 같은 것으로 고치고 계속 관장이나 그 보좌역으로 있게 해달라고 애원을 하였다"고 한다. 물론 김재원은 단호히 거절하였으며 시정기념관은 국립민속박물관으로 개칭하여 송석하에게 관리하도록 하였다. 해방이 되었을 때 일본인들은 서로 앞서 귀국하려고 애를 썼는데 가토는 이와 달리 남산 밑에 조그만 집에서 한국인 부인과 함께 살다가 죽었다고 한다. 그간에 그가 직업을 가질 수 있는 여건이 아니었기 때문에 평생 수집한 서화 골동과 귀국하는 일본인들이 맡긴 값나가는 물건들을 처분하여 생활했을 것으로 생각된다.

3. 고려자기의 출세出世

상고이래 우리나라는 분묘를 조상 영역靈域으로 모시되 그 죽은 사람의 지위와 부력 등에 따라 응분의 금은金銀, 보석寶石, 기물器物, 장신구, 패물 등 다수 부장물副葬物을 시신과 함께 매장하는 풍습이 있었다.

통일신라시대의 장법葬法은 거의 화장에 의하여 사리호에 넣어 매장을 했으나, 고려에 있어서는 화장법이 일부 남아 있으면서도 또 한 쪽에서는 화장에 의하지 않는 방법도 있어 어느 것이나 관에 넣어 봉분을 모으고 속에 여러 가지 부장품을 넣었다. 그래서 그 지위 여하에 따라 묘실墓室의 경영이 대소의 차가 있고 고귀한 사람일수록 부장품에 우수한 것이 많다.[27] 그러나 능소陵所와 묘총墓塚을 불가침적 영역靈域으로 알고 있기 때문에 총주塚主들의 수하誰何를 막론하고 여하한 도적도 이것을 범하는 일이 없었던 것이다.[28]

1868년 독일 상인 오페르트가 충남 덕산에 있는 대원군의 부친 남연군의 무덤을 도굴한 사건이 있었다. 이같이 외부로부터 당한 기록은 있으나

---

27) 高裕燮,『高裕燮全集 4, 고려정사. 송노고석. 선별의 병』, 1993. p.71.
28) 文定昌,『日帝强占36年史』, 柏文堂, 1966, p.387.

우리 선조들은 남의 무덤을 파헤친다는 것은 상상할 수 없는 일이었다. 남의 무덤을 파헤치기 시작한 것은 외부인들이 한국에 진출한 이후부터이다. 그전의 도굴이라는 것은 보복적인 차원에서 자행되었다면 일제의 침략부터는 원한에 의한 것이 아니라 순전히 무덤 속에 들어있는 부장품을 꺼내기 위한 재물의 욕심에서 나온 것이다.

고려자기는 조선인에게는 잊힌 물건이었다. 처음에는 농부들이 밭을 개간하다가 파묘된 무덤에서 간혹 도기 파편 등을 발견하였으리라고 짐작된다. 그러나 한국인은 예부터 무덤에서 나온 것은 귀신이 붙었다고 하여 집안에 들여놓기를 꺼려했기 때문에 농부가 도자기 등을 발견하였다 할지라도 소유하지는 않았다. 고려자기가 세상 밖으로 나와 그 이름을 드러낸 것은 일본인들이 한국에 진출하면서 부터다.

고려자기가 일본인들의 손에 넘어간 계기는 처음 인삼 밀매자들의 눈에 띤 것이 계기가 된 것으로 보인다. 아유카이 후사노신鮎貝房之進은 청일전쟁이 나던 1894년에 한국에 들어와 이듬해 1895년에 처음 고려자기를 입수하였다고 한다. 아유카이는 당시에 자신이 구입한 청자에 대해, "모두 무덤에서 나온 것인데, 당시 일본인이 인삼을 사가면서 인삼을 캐려 들어간다고 신고를 하고는 묘를 파헤쳐서 고려자기를 파내는 모양이다"[29]라는 것으로 보아 인삼을 사기위해 개성으로 들어간 일본 상인들의 눈에 띤 것이 그 계기가 되어 매매로 연결된 것으로 추정된다.

당시 인삼무역을 하던 일본인들이 인삼을 캐다가 고려자기를 발견하고 신기하기는 하였으나 인삼을 전문으로 하는 그들에게는 당장 상당한 돈이 되는 것으로는 보지 않았을 것이다. 그러나 이것이 한 두 개씩 인삼과

---

29)　佐佐木兆治,『京城美術俱樂部創業二十年記念誌』, 京城美術俱樂部, 1942, p. 28.

함께 일본으로 가져간 것이 고미술 애호가들의 눈에 들면서 도굴로 이어졌으며 수요가 늘어나면서 밀매상들의 활동이 개시된 것으로 보인다.

당시만 하여도 일본인들이 조계租界를 이탈하여 마음대로 다닐 수 있는 상황이 아니었다. 당시 한국인은 일본에 대해서 적의감敵意感을 가지고 있었을 뿐만 아니라[30] 조계를 벗어나 개인적인 무역, 즉 사무역私貿易을 할 수 없게 했다. 그러나 약삭빠른 장사꾼들은 몰래 빠져나와 밀매를 감행 했다.

일본 무역상이었던 오이케 츄스케大池忠助의 회고담을 빌면, 오이케도 1876년 공무역 상인의 허가를 얻었으나 그는 공무역에 손을 대지 않고 밤을 이용하여 사무역에 종사했다고 한다. 사무역에 대해 일본 측 관리들은 모른 체하였고 공공연한 비밀이었다고 한다. 이들은 가까운 곳은 육지를 활용하지만 원거리는 배를 이용하여 밀매를 하였다고 한다.[31]

그렇다면 잊혔던 고려자기가 세상 밖으로 나온 시기는 언제부터일까?

아유카이 후사노신鮎貝房之進은 「고려의 화高麗燒」에서 "이것高麗燒이 세상에 나온 것은 겨우 30년 전의 일로 일본인이 한국내지로 들어오고 난 후의 일"이라고 한다.[32] 아유카이의 이 글은 말미末尾에 '41년年 11월月'이라

---

30) 末永純一郎의 「朝鮮紀行」(『朝鮮彙報』東邦協會, 1893年, p.190)에 의하면, 韓日修好條約 前에는 부산포 거류의 일본인들은 자유로이 租界 밖으로 나갈 수 없었는데 일본 외무성과 한국정부가 약속을 맺고 부산에 한해서 間行의 특혜를 만들었다. 그러나 府使는 항상 시민의 騷擾를 명분으로 입성을 거절해 왔다. 1879년 일본 함대가 부산포에 정박하고 함장 이하 하사관, 수병 수명이 府에 이르렀을 때 성문을 폐쇄하고 구실을 만들어 입성을 거절하자 外務語學生 武田某가 國家間의 약속을 어긴 것이라고 항의하자 府民들이 성벽 위에서 瓦片을 던져 두 명이 부상을 당하기도 했다.

31) 林豪淵, 「재계산맥 근세 100년 산업과 인물, 倭館(3)」, 『매일경제』1981년 10월 13일자에서 재인용. 大池忠助의 회고담은 1926년 부산부에서 편찬한 『釜山開港五十年紀念號』에 실려 있다.

32) 鮎貝房之進, 「高麗の花(高麗燒)」, 『朝鮮及滿洲之研究』第1輯, 朝鮮雜誌社, 1914. p.351.

박영효

고 글을 쓴 시기를 기록하고 있어, 메이지明治 41년(1908)에 기록한 내용임을 알 수 있다. 따라서 '30년 전'이라는 것은 1878년으로 개항 후 얼마 되지 않은 해이다. 또 1910년에 발간한 『고려소高麗燒』라는 책자를 보면, 고려자기가 일본에 건너간 것이 "30년 이래"라고 한다.[33] 이런 점으로 보아 1880년 이전에 이미 고려자기가 일본으로 건너가 일부 애호가들의 손에 들어간 것으로 짐작된다.

박영효의 『사화기략使和記略』을 보면, 1882년 6월 임오군란 후 제물포조약에 따라[34] 고종은 1882년 7월에 수신사 박영효 등을 일본에 보내어 유감의 뜻을 전하였다. 이때 국서와는 별도로 외무성에 예물을 보냈는데, 여기에는 고려자기가 포함되어 있었다.

박영효의 『사화기략』에 의하면, 그 예물 4종禮物四種은 다음과 같다.

『여사제강麗史提綱』 1부 23책

고려자기 1사事

은반상銀盤床 1구具 19건

강화도 화문석 10입

---

33) 伊藤彌三郎, 『高麗燒』, 明治43年(1910) 2月.
34) 『高宗實錄』 1882년 7월 17일(음력) 조
     〈강화 조약(講和條約)〉
     제6관. 조선국 특파 대관이 국서를 가지고 일본국에 사과한다.

이 속에 고려자기가 포함된 것은 일본인들의 선호도를 반영한 것이라 할 수 있으며, 이미 일본에 고려자기가 상당수가 건너간 것은 물론이고 한국 조정에서도 고려자기 밀매에 대해 상당히 알고 있다는 것을 짐작케 한다.

또 1884년 영국 부영사로 조선에 체류했던 W. R 칼스Carles는 1년도 안 되는 재임기간동안 개성부근의 한 분묘에서 출토된 고려청자를 사 들였다. 일부를 그의 저서 『조선풍물지』(원제 : Life in Corea)에서 볼 수 있는데, 고려자기 연구가인 영국의 G. M 곰퍼츠Gompertz는 그것들이 명종明宗의 지릉智陵에서 나온 출토품일 것이라고 말하고 있으며,[35] 이는 이미 고려자기를 판매하는 행상들이 상당수 있었다는 것을 짐작케 하고 있다.[36]

또 구한말 러시아가 한반도에 대한 세력 확장의 정책 자료로 연구하여 1900년에 발행한 『한국지韓國誌』(원제 : KOPEN) 자기磁器, 도기陶器 조條에 아래와 같은 내용이 나와있다.

한국산 자기제품 가운데서 가장 유명한 것들은 여러 가지 종류의 찻잔, 물로 싸여 있는 벼랑 위의 문어, 비단뱀(그 주위에는 보통 나무줄기가 있으며 그것을 따라 줄장미가 감겨져 있다) 소나무 가지나 또는 복숭아 나무를 묘사하고 있는 진귀한 물건들이다. 또한 극히 흔하게 보이는 것은 손잡이가 달려 있으면서 검푸른 색깔을 띠고 있거나 꽃다발로 장식되어 있는 목이 굵고 키가 큰 물주전자와 곡선을 따라 청색의 넓은 가장자리를 두른 물주전자이다. 그런데 여기서 되풀이해서 지적해야 할 것은 현재 한국에 있어서의 자기제조磁器製造는 완전히 몰락

---

35) 西田宏子, 「高麗 鐵繪靑磁에 대한 考察」, 『美術資料』, 國立中央博物館, 1981. 12.
36) 정규홍, 『유랑의 문화재』, 학연문화사, 2009.

한 상태에 있으며 앞으로 언급한 모든 물품은 유럽의 박물관에 진열되어 있다는 것이다. 그리하여 이들 자기제품을 생산해낸 바 있는 이 나라에서는 능陵이나 고분을 발굴할 때에 이따금 발견되는 데 불과한 것이다. 송도松都에서 이러한 발굴 작업이 이루어져 발굴된 그릇의 일부를 사기 위해 작업현장을 방문하였다. 칼즈는 이 발굴결과에 관해서 기술하였다. 이곳에서 발견된 차그릇은, 그의 말에 의하면, 유약으로 그림이 그려진 청자제품이 대부분을 이루고 있다고 한다. 이 차그릇에 그려져 있는 그림의 주선±線은 처음 도토陶± 위에 조각을 하고 나서 그 위에 유약을 진하게 바른 것임이 틀림없다고 하였다. 어떤 자기제품의 표면에는 부서진 자기조각이나 작은 돌로써 여러 가지 모양을 만들고 그 위에 유약을 발라 구어 내었다. [37]

1882년 조미통상조약이 체결되고, 그 후 2년 뒤인 1884년 미국 스미소니언 협회는 해군소위 버나도우J. B. Bernadou를 파견해 조선의 민속자료를 수집해 오게 했다. 그는 우리나라에 건너와 많은 문화유산을 가져갔다. 현재 미국 국립박물관이라 할 수 있는 스미소니언자연사박물관에 있는 3천 점은 거의 대부분 당시에 수집된 것이다. [38]

『알렌의 일기』를 보면 1884년 9월에 알렌Allen이 조선에 와서 처음 버나도우를 만난 장면을 기록하고 있다.

"미 해군의 존 버나도우도 역시 이곳에 있었는데 영리한 친구인 그

---

37) 『國譯韓國誌』(國譯論叢 84-1), 韓國精神文化硏究院, 1984.
38) 김광언, 「해외에서의 문화재 소장 실태」, 『현대불교』 3, 1990년 2월.

는 스미소니언 연구소를 위해 자료를 수집하고 있다. 월터 타운젠트
도 그의 일본인 애인과 함께 이곳에 있다. 그는 미국무역회사를 대표
하고 있다."

오늘날 스미소니언박물관의 1884년 이전의 한국 관계 자료의 상당수는
버나도우가 수집한 것이라 할 수 있다.

『윤치호일기』를 보면 그는 버나도우와 가까운 사이로 일기에 이름이 자
주 등장한다. 특히 1884년 9월 10일(수)의 기록에, "(궁에서) 아침에 물러나
와 버나도우를 방문하고 고려자기 하나를 선사하였다. 이는 오늘 중전께
서 내리신 것이다."라고 기록하고 있는데 중전이 내린 것이라 하니 아주
귀한 것임은 틀림없다.

김윤정의 논문에 의하면, 1889년에 고종이 프랑스 대통령 사디 카
르노Sadi Carnot에게 선물한 두 점의 고려청자에 대한 소식이 『The Art
Amateur』라는 잡지 1889년 9월에 실려 있다고 한다. 전문에 "조선의 왕이
13세기라고 하는 한국 자기 대접 두 개를 카르노 대통령에게 선물하였고,
현재 세브르국립도자박물관에 소장되어 있다."는 것이고, 그 뒤 내용에는
왕이라 해도 그 나라의 고대 물건의 연대를 확실하게 예기할 수 없다는 내
용이 이어지고 있다고 한다.[39]

조선 왕실에서는 1882년부터 일본이나 구미 외교 관계자들에게 고려자
기를 선사하였다. 이미 상당수의 고려자기가 도굴되어 이를 압수한 것으
로 짐작되는데, 왕실에서 고려자기를 무덤에서 나온 도굴품인 줄 알면서

---

39) 김윤정, 「근대 미국의 고려청자 컬렉션 형성과 연구 성과」, 『20세기 고려청자연구와 강진
청자요지』, 제18회 고려청자 학술심포지엄, 2016년 8월 1일.

선물용으로 사용했다는 것은 놀라운 일이다.

일본인이 이 땅에 발을 들여놓으면서 무덤 속에 있는 부장품에 손을 대기 시작하여 그 부장품을 경제적 이익수단으로 활용하면서 악행이 계속되었다. 수요자의 수가 늘어나면서 도굴이 시작된 것은 대략 1880년경으로 보이며 이때를 즈음하여 한국 내에서의 밀매상들의 활동이 개시된 것으로 보인다.

『경성발달사京城發達史』에 의하면, 1887년경에는 경성에 일본인 상점이 70~80호가 되었으며, 주로 조선인을 상대로 한 양품점이 10호 내외, 약종상 5호, 잡화점이 10여 호, 과자점 10호, 전당포 10호 내외 등이었다. 그해 3월 일본인경성상업의회가 설립되었으나 회원은 겨우 20명 내외에 지나지 않았다. 그 규모를 보건데 "견실하다고 말하기엔 부족한 감이 있지만 아무튼 경성에서 일한무역의 중추기관으로 우렁찬 목소리를 내기 시작했다"고 한다. 당시 한일 무역관계를 보면, 일본인 상점에서 파는 물건은 옥양목, 방적사, 성냥, 램프, 석유, 냄비, 담배, 과자류 정도였다. 그리고 일본 상인이 "조선에서 구입해 일본으로 수출하는 것은 사금, 소가죽, 골동품, 홍삼 등이었다. 당시 대부분의 상인들은 모험적이어서 모두 다 맨손으로 와 경성의 보물창고를 열려고만 했다"고 한다.[40]

이 당시 주된 수출품목으로 골동품을 들고 있다. 이 골동품 속에는 개성, 강화도 등에서 도굴된 고려자기가 포함되었을 것이며, 1887년경에는 고려자기 등을 취급하는 전문 무역상이 등장한 것이다.

---

40) 京城居留民團役所,『京城發達史』龍溪書舍, 1912. pp. 274~275.

제2부

고려자기 도굴시대

1. 초기 고려자기 도굴

일본인들은 처음에는 개항장을 중심으로 하나 둘씩 한국에 들어와 상거래商去來를 했다. 청일전쟁 직전부터는 군사력을 배경으로 무리를 지어 대량으로 불량 일본인들이 한국에 진출을 하였다. 청일전쟁을 계기로 일본인의 한지이식韓地移植 여론[1]의 붐을 타고 건너온 이들 대부분은 일본에서 하층계급에 속해 있었으며 한국에 도항하여 한밑천 잡아보겠다는 생각을 가지고 건너온 자들었다.[2] 이런 무업자無業者(무직자)들은 맨주먹으로 건너와서 생활근거生活根據를 마련하려는 자들이었다. 더욱이 상업이라 하

---

1)   청일전쟁이 일본에게 유리하게 진전된 1895년 초에 이르자 일본에서는 일본인 한지이식(韓地移植)의 여론이 강하게 불어 가와사기 무라사기야마(川崎紫山)와 같은 자는 "일본인으로 하여금 되도록 속히 한지(韓地)에 이식시키는 일, 이것은 참으로 영원한 장책(長策)이다. 그리하여 일본인의 이식을 도모함은 일한조약(日韓條約)을 정정(訂正)하고, 일본민에 한하여 내지잡거(內地雜居)를 허하는데 있을 뿐이다."라고 하며, 금일의 기회를 타서 "한지(韓地)로 이식(移植)시킬 때에는 대단한 국부(國富)의 증진을 도모하는데 족할 뿐 아니라 반도의 권리를 차지하는데도 또한 보다 더 나은 방법이 없을 것이다"고 주장하고 있다. (川崎紫山,「日本人韓地移植の急」,『日淸戰爭實記』第22編, '國論一斑', 博文館, 明治28年 3月 27日, pp. 101~102.)
2)   孫禎睦,「開港期 日本人의 內地浸透. 內地行商과 不法定着의 過程」,『韓國學報』21, pp. 90~91.

더라도 그들이 본래부터 상인으로서의 신분으로 건너온 것은 아니었던 이도 허다하였으며,[3] 한국인에 대하여 잡종雜種 수단을 써서 겨우 점포店鋪 하나를 차지한 뒤에야 상인商人같이 되었다고 한다.[4]

이러한 무리들 중 일부는 고대무덤을 파괴하고 고기물古器物을 꺼내는 등 한국에서는 꿈에도 생각지 않던 만행을 일삼았다. 일본인이 이 땅에 상륙하기 이전에는 인위적인 분묘의 파괴는 없었다. 강화조약 직후부터 일본인들이 한복으로 변장하고 다니면서 조선 각지의 사祠와 능陵의 제기祭器와 향로香爐를 절취盜取하였다. 조선 왕조가 8도와 사도四都에 통첩을 내려 그것을 방지하라고 엄달嚴達하였으며, 매구(천년묵은 여우가 변하여 된다는 괴이한 짐승)가 분묘를 파헤치고 분묘 내에 있는 사자死者의 금은제기물金銀製器物과 보화寶貨를 절취하다 들킨 매구가 일본인이었다는 소문이 성행하였다.[5]

처음에는 은밀하게 소규모로 도굴을 했으나, 청일전쟁을 전후하여 일본 군대의 힘을 믿고 대거 몰려온 일본인들은 점차 대범하게 도굴을 감행했다. 개성의 일본 거류민 형성 과정에 대해 오카모토 가이치岡本嘉一는 『개성안내기』에서 다음과 같이 설명하고 있다.

---

3) 『大日本帝國議會誌』(第2卷 第7號, 章議會貴族院, 明治27年 10月 19日 議事)에 다음과 같은 기사가 있다.
　　"朝鮮 같은데로 가서 무역을 경영하는 자는 결코 我國의 紳商이라는 자는 아닐 것이다. 이름이 알려져 있는 자가 아니라 반드시 집도 없고 地面도 없는, 地方長官에게는 알려져 있지 않는 「裏店」에 있다든가 혹은 負債를 많이 지고 있다든가 하는 자가 경영하는 것이다. 외국 무역이라고 하는 것은 冒險者들이 하는 일이다. 오늘날 조선에 있는 在留人民은 반드시 그 처음은 冒險者였고 極貧者이다."(韓祐劤, 「開國後 日本人의 韓國浸透」, 『東亞文化』第1輯, 서울대학교 동아문화연구소, 1963年에서 轉載)
4) 李鉉淙, 「舊恨末外國人居留地內狀況」, 『史叢』, 고려대사학회, 1968, p. 584.
5) 文定昌, 『日帝 强占 36年史』, 伯文堂, 1966, pp. 387~388.

메이지明治 19년(1886)에 이미 개성에 와서 인삼을 사는 사람이 있었다. 이후 메이지 25년(1892)에는 미야타 루우칸宮田用簡이라는 자가 의업醫業을 열고, 미츠오카 분사쿠滿岡文作라는 자가 뒤를 계승하여 한인韓人에게 크게 신용을 얻고 있은 지가 3년이라 메이지 27년(1894)에 이르러서 점차 몇 명의 거류자가 생겼으며, 청일전쟁(1894년 7월~1895년 4월)에는 병참선兵參線이 펼쳐지고 전승의 결과 수비병이 주둔하고, 28년(1895) 말에 이르러 일본인 수가 약 30을 헤아렸다고 한다.[6]

청일전쟁이 일본의 승리로 종결되자 한반도 각지에는 군사력에 힘입은 일본인들의 거류가 급증하였다. 개성에는 1899년에 이미 7, 80명의 거류민이 각자 정착하여 기초를 다졌다. 또 장래의 발전을 위한 단체의 필요성을 느껴 처음으로 거류민회를 조직하고 영사관의 인가를 받아 총대 및 평의원 7명을 선출했다. 일본인들은 1899년 봄 민회를 조직하여 공공 부과를 징집하였다. 발전을 거듭하여 1902년 4월에는 우편수취소를 설치하였으며 같은 달 말 주재소 조사에 따르면 거류민 44호, 인구 105명에서 동년 10월말 62호, 인구 170명으로 증가했다. 즉 반년 사이에 증가 수는 19호, 인구 65명이 증가했다.[7]

청일전쟁 직전부터 대거 몰려온 불량 도항자渡航者의 수가 증가함에 비례하여 이들의 만행도 더욱 심해졌다. 이들은 총칼로 무장하여 집단으로

---

6)   岡本嘉一,『開城案內記』, 1911. pp. 14~15
7)   岡本嘉一,『開城案內記』, 1911. pp. 18~19

개성 일대의 인삼밭을 습격하거나[8] 고대 무덤을 파괴하고 고기물_{古器物}을 꺼내는 등 한국에서는 꿈에도 생각지 않던 만행을 일삼아 한국인의 원성이 높아져 갔다.

일제강점기에 평양박물관장을 지냈던 고이즈미 아키오_{小泉顯夫}는 다음과 같이 증언하고 있다.

> 특히 사욕_{死褥}을 기혐_{忌嫌}하는 뿌리가 강한 사상을 지닌 조선민족
> 으로서는 어지간히 하급의 무식자가 아니면 이러한 일을 하지 않았
> 을 것임에 틀림없다. 현재에 이르기까지 조선의 고분이 비교적 잘 보
> 존되었던 까닭일 것이다. 요즈음과 같은 참상에 이르러서는 어떤 사
> 람이든 병합전후부터 일본인이 조선의 벽지에까지 들어 간부터의 일
> 이며 일확천금을 꿈꾸고 도래한 그들이 금사발이 묻혀 있는 것을 바
> 랐음인지 정월초하루에는 금닭이 묘 속에서 운다는 전설의 고분을
> 요즈음 유행하는 금광을 캐듯이 파고 돌아다니는 것 같다.[9]

특히 개성 일원의 고분묘에는 일본인 도굴꾼들이 들끓어, 극히 일부는 체포되어 경찰서나 이사청 등으로 넘어가기도 했다. 관련된 다음과 같은

---

8) 『獨立新聞』 1899년 10월 20일자와 23일자에는 다음과 같은 기사가 있다.
   최근 개성에서 일본인들이 洋銃과 械刃을 가지고 집단으로 蔘圃에 침입하여 인삼을 搶拔
   하여 가는 일이 종종 擅行됨에 외부대신 박제순이 일본공사 林權助에게 조회하여 蔘政監
   督이 兵隊와 巡檢을 動員하여 實力으로 防止할 것을 通告하였던 바 일본공사가 照覆하여
   일본인의 범죄자를 체포하여 일본영사에 인도하여 그 처분을 구하지 않고 임의 처벌함은
   조약위반이라고 항의하여 왔다. 9月 9日 외부대신이 다시 조회하여 개성 삼포에 집결한 일
   본인 40여 명의 招還과 인삼 창발의 嚴禁을 요구하였던 바 9月 11日 일본공사가 照覆하여
   同 사건을 한성부와 일본영사관에 移案할 것을 요망하여 오다.
9) 小泉顯夫,「古墳發掘漫談」,『朝鮮』, 朝鮮總督府, 1932. 6, pp.86~87.

기사가 있다.

　　12월 24일 장단군 서리 파주군수 이종호 씨가 경무청에 보고하였
는데, 이 달 19일 밤에 서울 천도한, 김지천이 일본인 후가가와 준
이치沈川純一, 다가키 도쿠미高木德美를 데리고 장단군 방목리 삼봉재
있는 고려국 양현왕 둘째 아들 무덤을 파고 옛 그릇들과 용 그린 석합
과 벼리돌과 각색 그릇을 가져가다가 본군 순괴들이 즉시 포착하여
서 경무청으로 보내노라고 하였거늘 이달 26일 일본인들은 일본영사
관에서 데려가고 조선 도둑놈 둘만 경무청에 갇혔다더라. *(『독립신문』*
1896년 12월 31일자)

　　법부에서 개성부윤 보고로 인하여 평리원에 훈령하되 고려왕릉
을 파훼하고 고기를 도출하여 일본인에게 전 백냥을 받고 방매한 간
상奸狀이 드러나 범인 박관본을 체포하였다. *(『황성신문皇城新聞』1904년*
7월 30일자)

　　일본인 7명이 지난 11일에 장단군 송청면에 있는 개성 대묘리에
사는 김종대 씨의 무덤을 파고 고려자기를 도적하다가 개성경찰서에
체포되었다. *(『대한매일신보大韓每日申報』1908년 4월 1일자)*

　　도굴자 처벌. 일본인 오가와 마타키치小川亦吉란 자가 개성 등지의
우리나라의 분묘를 발굴하고 고려자기를 도절한 일로 당지 이사청에
서 심사를 한 결과로 중 금고 15일에 처하였다더라. *(『황성신문皇城新聞』*
1908년 8월 12일자)

일본인 요시다 마사토시吉田政歲와 히라오카 벤타로平岡辨太郞는 수일 전에 개성군에 내려가 고려고총을 파굴하고 화로 등을 절취한 사건이 들어나 경성이사청에 체포되어 취조한 결과 이 두 사람은 징역 1개월에 처해졌다. (『황성신문皇城新聞』 1909년 8월 11일자, 『대한매일신보大韓每日申報』 1909년 8월 11일자)

일본인이 장단군 등지에서 고려고분을 도굴하여 고려자기를 숨겨오다가 발각되어 헌병분견소에 잡혀갔다. (『황성신문皇城新聞』 1909년 12월 4일자)

일본인 모는 장단군 등지에서 고려총을 파다가 발각되어 그 지방 헌병분견소에 체포되었다. (『황성신문皇城新聞』 1909년 12월 28일자)

일본인 히야마檜山力之助는 수일전에 동소문 밖 홍천사에서 불상을 정취하다가 발각되어 북부경찰서에 체포되었다가 3작일 지방재판소에서 역5년에 선고하였다. (『황성신문皇城新聞』 1910년 2월 8일자)

1896년부터 일제강점 이전에 개성 일원의 고분에서 고려자기를 도굴하다가 잡힌 범죄자를 처벌한 내용이 1995년 총무처기록보존소에서 간행한 『국권회복운동판결문집國權回復運動判決文集』에 일부 수록하고 있다. 그 중에는 당시 개성 고려자기를 도굴하여 매매하다 잡힌 일본인 범죄자들을 서울의 영사관과 통감부統監府(총독부의 전신) 법무원法務院에서 처벌한 판결문 10건의 범행 내막이 수록되어 있다. 1896년부터 1909년까지 도굴 및 장물 취급으로 잡힌 20명의 직업을 살펴보면, 무직 12명, 인력거꾼 1명, 소매상

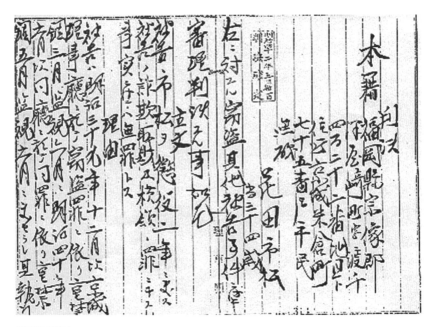

理事廳 判決文

2명, 잡화행상 2명, 대장장이 1명, 토목업 1명, 세탁업 1명으로 나타나 있다.[10]

대부분이 아무런 직업도 없이 맨손으로 한국에 건너온 자들이었으며, 이들이 쉽게 돈을 만질 수 있는 방법이 도굴이었기에 많은 수가 도굴에 참여했으리란 짐작을 할 수 있다.

이 가운데는 일본인들이 개성의 여릉리에 있는 고려왕실 선릉을 파헤쳐 고려자기 화병, 접시, 술병, 금수저 등을 대규모로 도굴한 범행관련 기록도 있다. 그러나 당시 일본인들은 치외법권 대상이어서 우리나라에서

---

10)   總務處記錄保存所,『國權回復運動判決文集』, 1995. ('일본인의 高麗磁器 盜掘 등 文化財掠奪'조 pp. 346~367, pp. 458~462)

의 범죄행위에 대해서도 일본 영사나 통감부의 관리에게 재판을 받은 뒤 대부분 금고 1~2개월의 가벼운 형을 선고받은 것으로 기록돼 있다.

1907년 7월 3일 실시된 카게이 조타로景井曾太郎(당시 27세) 등 고려자기 도굴 및 밀매단 5명에 대한 재판은 재판장인 통감부 법무원의 평정관 미야케 죠사쿠三宅長策가 진행했다. 그는 밀매단이 개성주변의 한 고분에서 고려자기 금수저 등 30여 점을 도굴해 밀매한 사실을 인정하고도 이들에게 금고 20일~2개월 15일과 벌금 4원을 선고했다.

일본공사관 서기로 한국에 와있던 야마요시 모리요시山吉盛義는 이토 히로부미보다 훨씬 앞서서 고려자기를 수집하여 일본으로 반출하였다. 이자가 어떤 식으로 고려자기를 수집했는지는 밝혀지지 않았다. 그러나 청일전쟁 때부터 일본공사관 서기로 근무한 점을 감안한다면 아무런 제지制止를 받지 않고 쉽게 가장 우수한 고려자기를 수집했을 것으로 보인다.[11]

야마요시는 한국에서 입수한 고려청자를 가지고 귀국 후에 사진집을 만들었다.『고고려미흔古高麗美痕』이란 제목의 이 사진집에는 청자원앙향로靑磁鴛鴦香爐, 청자연화문학수병靑磁蓮花紋鶴首瓶, 청자기린향로, 상감청자운학문발, 상감청자기사명완象嵌靑磁己巳銘碗 등이 수록되어 있으며, 일부는 1896년 개성 부근의 고분에서 출토된 것이라고 한다.[12]

1902년 2월에 도쿄제실박물관에서는 진열실의 진열품 일부를 교체 하였는데 이때 야마요시가 한국에서 수집한 고려청자 등이 진열되었다. 그

---

11) 『주한일본공사관기록』12권, '當館在勤員 效績上申의 件'(1897년 12월 17일자)에, "山吉 서기생은 지난 1895년 3월 4급봉을 주기로 하여 승급연한이 지났으므로 승급시키도록 전의(詮議)하기 바람"이라는 문건이 보이고 있다.
관보 光武2년(1898) 9월 16일자에 의하면 伊藤博文이 내한할 때 일본공사관 서기 山吉盛義가 그를 맞이한 기록이 보인다.

12) 長谷部樂彌,「高麗 古陶磁の再發見」,『陶磁講座』第8卷, 雄山閣, 1973.

수가 무려 200여 점이나 되어 거의 1실을 점하였다고 한다. 그 중에는 청자기린향로, 청자상감다완, 고려백자기명 등의 일품이 속해 있었다.[13] 야기 쇼자부로八木奘三郎에 의하면, 야마요시는 이즈음에 이미『고고려요원류古高麗窯源流』라 제한 분류표까지 작성했다[14]고 하니 고려자기 수집과 아울러 상당한 연구가 있었을 것으로 보인다.

세키노는 1902년에 한국에 왔을 때 고려자기를 수집한 일본인들을 만나고 귀국한 후에 1904년 도쿄제국대학조사보고서로 제출한『한국건축조사보고서』에서, "나는 경성 및 개성 재류의 일본인에게서 이들 도기의 다수를 보았다 야마요시山吉盛義 또한 일찍이 한국공사관에 재직 시 이것을 수집하여 거의 수 백 점에 이르렀다. 지금은 도쿄제실박물관에 1실을 마련하여 이것을 진열하였다"하고 있다. 또 도쿄제실박물관과 야마요시가 소장하고 있는 고려자기의 모양을 도판('圖 76)로 제시하고 있는데 각종 형태를 망라하고 있다.[15] 이는 야마요시가 수집한 고려자기가 얼마나 다양하고 많은지를 알 수 있다.

야마요시의 수집은 당시 고려청자에 대한 일본인들의 호기심을 자극하기에 충분하였던 것이다.

1903년 3월 1일부터 7월 31일까지 일본 오사카박람회大阪博覽會가 5개월간 열렸는데,[16] 이 기회를 틈타 일본인 간상배들이 고려자기를 구입하여 오사카박람회에 출품한다고 선전하여 고려 고분의 도굴을 부추기기도 했다.

---

13) 考古學會,「東京帝室博物館の新陳列品」,『考古界』제1編 제9號, 1902년 2월, p.60,
14) 八木奘三郎,「韓國の美術」,『考古界』第4扁 2號, 1904年 7月, P.74.
15) 關野貞,『韓國建築調査報告書』東京帝國大學工科大學, 1904, p.105.
16) 『皇城新聞』1903년 3월 20일자;『皇城新聞』1903년 8월 1일자.

『황성신문』1903년 6월 19일자에는 다음과 같은 기사가 있다.

발총수자發塚蒐磁

근일 고려자기를 니현泥峴(진고개) 일
인가日人家에서 매입하는데 고매 차로
고려자기를 가지고 오는 자가 매우
많다하기로 그 이유인즉 이 자기를
대판박람회로 수송輸送할 터인데, 고
로 다수의 금액을 주고 각처 지방인
에게 출급出給하고 고려총을 파괴하
고 가져온다는데 개성 등지로부터 구
입한 것이 가장 많다고 한다.

『황성신문』1903년 6월 19일자 기사

이 같은 박람회는 고려자기에 대해 잘 알지 못하던 일본인들에게 고려
자기의 우수성이 널리 전파되는 계기가 되었다고 볼 수 있다.

당시 한국에 재주한 외교관계자들에 의한 수집도 적지 않았다. 청
일전쟁 후 법어학교 교사 겸 교장으로 한국에 온 에밀 마르텔Emil Martel
(1874~1949)은 1932년에 발표한 그의 회고담「외국인이 본 38년간의 조선
외교계」에서 고려자기 수집과 관련한 이야기를 게재하고 있다.

마르텔은 어려서부터 부친의 영향을 받아 골동품을 수집하는 것을 좋
아했다고 한다. 그가 처음 고려자기를 본 것은 "지금으로부터 30여 년 전
의 이야기인데 내가 처음 조선에 건너왔을 때에는 그다지 재미있는 골동
품도 발견할 수는 없었지만, 내가 처음으로 고려소高麗燒를 본 것은, 프랑
스 공사 플랑시 씨의 집이나 미국 공사 알렌 씨의 집에서 이 구이(고려자

私の骨董蒐集

私は君い頃から骨董を蒐集する
ことが非常に好きである。これは
私の父がその趣味に富んでゐたの
で、その血をうけた私がこれに似
るも、無理はなからう。

今から三十餘年前の話であるが
私が初めて渡鮮した頃は、大して
面白い骨董品も、見出すことは出來
なかったが、私が始めて高麗燒を
見たのは、フランス公使プラシー
氏の家や米國公使アレン氏の家で
この機物を見て感賞したのである
その賞時にあっては斯る高麗燒
の花瓶や臨や皿や鉢等の類は、京
城の街の骨董店では殆ど賣ってゐ
なく、これを求めて歩いても仲々
手に入ることは出來ないといふこ
とであった、しかし後になって
私は自ら求めんとしないのに朝鮮
人が私の家に賣り込みにやって來
たので、私も遂に買ひ始め、蒐集し
始めたのである。

『朝鮮新聞』 1932년 10월 29일자 기사.

기)를 보고 감상했다"고 한다. 마르텔의 회고에서 "30년 전의 이야기"라고
하면서 "내가 처음 도선渡鮮의 시기를 이야기 하고 있는데, 마르텔이 한국
에 건너온 시기인 1894, 5년경으로 으로 추정된다.

마르텔은 처음 한국에 왔을 "당시만 해도 고려자기 꽃병이나 항아리,
접시, 사발 등의 류는 경성거리의 골동점에서도 볼 수 없었으며 이를 구
하려 해도 중계인의 손에 넘어가 쉽게 손에 넣을 수는 없었다"고 한다. 그
런데 몇 해 후에 "조선인이 우리 집에 와 팔려고 했기 때문에, 나도 드디어
사기 시작하고, 수집하기 시작한 것이다."라고 한다.[17] 당시만 하여도 도
굴로 나온 고려자기는 거간들을 통해 소규모로 거래가 되었기 때문에 구
하기가 힘들었던 것이다.

마르텔은 "고려자기를 수집한 서양인은 미국의 알렌 공사(현존)와 프랑
스의 플랑시 공사로 용케도 모은 것이었다, 그 프랑스 공사(지금은 고인)
가 모은 것은, 지금은 파리의 기메박물관에 보존되어 있다. 그 중에는 내
가 플랑시 씨에게 기증한 것도 있다. 미국의 알렌 공사는 아직도 현존하

---

17)　에밀 마르텔 회상담, 「外人の見たる38年間の朝鮮外交界」 『朝鮮新聞』 1932년 10월 29일자.

「외국인이 본 38년간의 조선 외교계」 집필 당시의 마르텔(『조선신문』 1932년 9월 8일자)과
신문에 게재한 고려자기(『조선신문』 1932년 10월 30일자)

고 있는지 알고 있지만, 그 수집물은 자신이 소장하고 있는지는 알 수 없
다."[18]고 회고하고 있다.

빅토르 콜랭 드 플랑시Victor Collin de Plancy(1853~1922)는 1888년부터 1906
년 사이 두 차례에 걸쳐 13년간 주 조선 프랑스 공사로 근무했다. 이 기간
동안 고려자기를 비롯한 각종 문화재를 수집했다.[19] 플랑시가 수집한 고

18)   에밀 마르텔 회상담, 「外人の見たる38年間の朝鮮外交界」, 『朝鮮新聞』 1932년 11월 1일자.
19)   플랑시는 한국에 주재하는 동안 한국의 고도서 · 도자기 등을 수집하는 데 주력하였다.
      특히 그는 세계에서 가장 오래된 금속활자로 인쇄된 책으로 알려진 『직지심체요절(直指
      心體要節)』을 프랑스로 가지고 간 것으로 알려져 있다. 한편 그는 프랑스의 동양학자 모리
      스 쿠랑(Maurice Courant)이 외교관으로 서울에 머물 때, 『한국서지(韓國書誌)』를 집필하
      도록 권유하였을 뿐만 아니라, 그 책의 일정 부분을 함께 작성한 것으로 알려져 있다. - 위
      키백과

스미소니언박물관 수장고에 있는 알렌 컬렉션의 고려자기(『문화유산신문』 2017년 11월 24일자)

려자기 등은 프랑스의 국립기메동양박물관을 비롯한 여러 기관에 현재 소장되어 있다.[20]

대한제국 시절 주한 미국 공사관을 지낸 호레이스 뉴턴 알렌Horace Newton Allen(1858~1932)의 수집품은 미국 스미소니언박물관에 소장되어 있

---

20) 그가 여러 기관에 기증한 문화재는 '콜랭 드 플랑시의 레지옹 도뇌르 훈장 기사장 서훈을 제안하는 서류'를 통해 가늠해 볼 수 있다고 한다.

    2018년 국외소재문화재재단의 실태조사(차미애 국외소재문화재재단 조사활용1팀장)에 의하면, 서류에는 그가 동양어학교의 한국 전적 1000여 점, 세브르국립도자박물관과 국립기메동양박물관의 한국 도자 260여 점, 관측대박물관의 조선 물품과 지도, 국립자연사박물관의 한국 유물을 기증했다고 기록되어 있다. 필자가 지금까지 여러 기초자료를 통해 파악한 그의 한국컬렉션은 어림잡아 2500점 안팎이다. 프랑스 소재 한국 문화재가 3600여 점(2018년 4월 기준)인 점을 감안하면 가장 큰 규모라고 한다.(『세계일보』 2018년 11월 12일자)

다. 2017년 대한황실파견단의 조사에 의하면, 알렌 컬렉션에는 고려자기가 가장 많은 양을 차지하고 있다.[21]

---

21) 「김영관 칼럼' 알렌 컬렉션의 연구조사활동의 역사적 의의」, 『문화유산신문』 2017년 11월 24일자.

2. 고려자기 남굴盜掘시대

초기에 일본인들은 백자보다는 고려청자를 선호하였으며 특히 상감청
자는 "청자상감은 고려의 창의적으로 이룬 것으로 고려청자의 정화다"[22]
하였으며, "인삼과 함께 개성開城 독특獨特의 명산名産인 고려자기는 고려시
대 고도기古陶器로서 골동가骨董家들이 비상하게 애완愛玩하는 바 한 개의 화
병花瓶이나 다완茶碗이 수백원에서 수천원의 고가로 매겨지고 있을 정도로
[23]" 극히 선호하였다.

후지타 료사쿠藤田亮策는 "1907년을 전후하여 개성, 강화도의 고려 유물
이 성盛하게 도굴되어 아름다운 청자 백자류가 속속 시장에 나타났다. 이
경頃에 구인歐人의 명·청의 화려한 미인 적회赤繪, 금은채金銀彩의 도기를 보
던 안목이 송·원의 청순한 도자기를 보면서 고려소高麗燒의 기호嗜好에 투
投하여 속속 이러한 수집욕을 채우기 위해 조선물朝鮮物의 미술품으로서의
감상을 얻기에 이르렀다"[24]고 하고 있다.

---

22) 關野貞,『朝鮮の建築と藝術』岩波書店, 1941, p.155.
23) 紫竹金太郞,『高麗之今昔』1914, p.29.
24) 藤田亮策,『朝鮮學論考』藤田先生記念事業會刊, 1963年, p.64.

고야마 후지오小山富士夫는 1969년 한국미술사학회의 강연회에서 다음과 같이 말했다.

> 한국의 도자기가 마치 물이 낮은 곳으로 흐르듯이 많은 물건이 일본에 건너오게 되었고 또 이것을 매우 깊이 사랑하고 아끼고 그 아름다움을 찬미하게 된 것은 메이지明治시대 말기 이후입니다. 메이지明治시대 말기부터 다이쇼大正년간의 초기에 걸쳐서 한국에서 출토된 고려청자를 한국에 온 여행자들이나 또 한국에서 근무한 일본인들이 가지고 들어와 그 수집열이 일본에서 날로 성행했습니다.[25]

일본인의 청자에 대한 기호가 대단했으니 점령지인 이 땅에서 멋대로 파내간 것은 불문가지의 일이다. 고려청자가 일본으로 건너가 수집가들의 애호를 받자, 아유카이 후사노신鮎貝房之進은 "이 고려소의 미술상의 가치 여하란 일본의 호사가에게는 일찍부터 애완될 수 있는 것으로, 일본에서 도자기가 귀중시되고 있는 것 십중팔구는 고려소"라 할 정도로 일본인들이 수집에 열을 올렸다고 한다.[26]

고려자기가 가장 성하게 도굴된 시기는 1904년 러일전쟁이 일본의 승리로 종결되고, 1905년 한국의 외교권이 박탈된 이후부터로 추정된다. 한국으로 건너온 일본 도굴배들에 의해 저질러진 도굴과 유물을 수탈하는 만행은 1904년 한국주차군사령관 하세가와 요시미치長谷川好道에 의해 시행된 군정軍政 하에서 전국에 파견된 12개 헌병분대와 56개의 헌병분견소

---

25) 小山富士夫, 「日本에 있는 韓國 陶磁器」, 『考古美術』105號, 韓國美術史學會, 1970年 3月.
26) 鮎貝房之進, 「高麗の花(高麗燒)」, 『朝鮮及滿洲之硏究』第1輯, 朝鮮雜誌社, 1914, p.351.

의 지원으로 가능했던 것이다.[27] 즉 그들은 1904년 7월 24일 '군사경찰 훈령'을 발포하고 같은 해 10월 9일에는 그 시행에 관한 내훈內訓을 정하여 생활 전반에 걸친 탄압을 감행하면서 일본인의 침탈행위를 감싸는데 철저하였던 것이다. 러일전쟁의 결과인 을사보호조약으로 외교권능이 박탈되어 한국조정이 독립국가로서의 기능을 발휘할 수 없게 되었다. 한반도에 대한 일본의 지배권확립이 계획대로 진행되어 통감부가 설치되자, 일제의 철저한 보호에 힘입어 도항渡航해 오는 일본인의 수가 갑자기 급등하게 되었다.[28]

이는 한국을 식민지화하기 위한 일환으로서, 일본의 과잉인구를 조선으로 이주시킴으로서 조선을 점차 제2의 일본으로 만든다는 목적이 숨어

---

27) 黃玹, 『梅泉野錄』(李章熙 譯, 大洋書籍, 1973, p.288)에 의하면, 일본 육군대장 하세가와 (長谷川)는 우리 정부를 협박하여 한국의 경찰력으로는 치안을 유지하는데 부족할 뿐 아니라 도리어 방해가 되니 이제부터는 마땅히 전국의 경위(警衛)의 권한은 일본군리(日本軍吏)의 손으로 넘겨받겠다 하였다. 그는 일본 군사 경찰의 명령에 복종해야 한다고 말하고, 19조를 반포하여 범법하는 자가 있으면 모두 일본 사령관의 손을 거쳐서 직접 형사상의 처분을 한다고 하였다. 그 가운데 제4조는 당을 만들어 일본에 반항하려 하든가 혹은 일본군에 대하여 항거하는 자, 제15조 회사를 조직하고 혹은 신문잡지 광고로서 혹은 다른 수단으로 치안을 문란 시킨 자, 제17조 군사령관의 명령을 어긴 자. 운운하였다.
28) 정규홍, 『우리문화재 수난사』, 학연문화사, 2005, pp.26~27.; 韓㳓劤, 「開港後 日本人의 韓國浸透」(『東亞文化』第1輯, 서울대학교동아문화연구소, 1963.)에 의하면, 일본은 일찍부터 이주민들을 이용하여 첩보활동을 하게 하고 이들을 비호해 왔는데, 그 사례를 몇 가지 들고 있다. 또 孫禎睦의 「開港期 日本人의 內地浸透 . 內地行商과 不法定着의 過程」(『韓國學報 21』 p.91)에 의하면, 淸日戰爭 이후에 일본인 武裝行商團까지 결성되어 이들은 일본군복과 비슷한 복장을 하고 무기를 휴대하고 다녔으며 일단 일이 일어나면 간부의 지휘 아래 집단폭행을 저질렀을 뿐 아니라 평시에도 자주 단원들을 집합하여 示威的運動을 한 이 단체를 일본정부는 일본무역의 伸張에 기여하는 것으로 알고 1만원의 보조금까지 교부하여 육성을 하였다고 한다.

있었던 것이다.[29] 그리하여 각 지방의 큰 도시나 개항장이나 철도연변 등에는 일본인들이 침투浸透하여 거주하지 않는 곳이 없었다. 일본의 여론은 이들의 한국도래韓國渡來를 지지 장려하여 일본정부로서도 이를 막지 못하였을 뿐 아니라 더욱 더 무제한 방치하였던 것이다. 이것은 일본의 대한 이민정책對韓移民政策의 일환으로 침략과 식민을 위한 포석작업으로 보여지며 그들 거주자 내지 도항자渡航者들은 그들 군대의 힘만 믿고 온갖 비행을 저질렀다.[30]

미국인 허버트는 『대한제국 멸망사』에서 다음과 같이 기술했다.

하층계급에 속하는 일본인들이 대량으로 들어와서 일본군대의 용맹스러움만 믿고 한인들을 이 세상에서 형편없는 찌꺼기처럼 취급하면서 온갖 비행을 저지르게 되자 이에 대하여 강력한 반동이 일어났다는 것은 불가피한 일이었다. 그렇다면 일본 당국에서는 왜 전쟁이 끝나고 그러한 불량배들을 조처하기에 충분한 법적제도를 확립하기 위하여 적절한 조처를 취할 수 있었으면서도 불구하고 그와 같은 무리들의 조선입국을 억제하지 않았는가 하는 데에는 아무도 답변을 하지 못했다.

(중략) 일본인들은 한인들을 합법적인 노리갯감으로 생각하며 한인들은 그들의 권리를 구제할 수 있는 적절한 법이 없기 때문에 보복한다는 것은 생각할 수도 없다.

---

29) 劉秉虎, 「日帝의 朝鮮移民政策에 對한 硏究」, 『韓國學 硏究』創刊號, 淑明女子大學校 韓國學硏究所, 1991.
30) 정규홍, 『우리문화재 수난사』 학연문화사, 2005. p.29.

(중략) 1905년 동안에는 국민들은 일본인들로부터 또는 조선의 관리들로부터 보호하여 줄 수 있는 정의란 존재하지 않았다.[31]

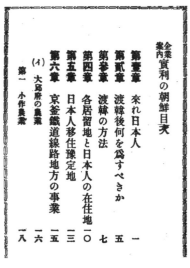

『기업안내 실리지조선』 목차 앞부분

이처럼 러일전쟁 후 한국에 건너 온 일본인들은 군용관계軍用關係나 상무관계商易關係 등 전반적인 면에서 온갖 비행을 저질렀으나 한국 자체로는 통제할 수조차 없었다.

1904년에 간행한 『기업안내 실리지조선企業案內 實利之朝鮮』을 보면 요시구라 본노吉倉凡農란 저자가 직접 한국 전지全地를 답사하고 각종 업종에 대한 정보와 어떻게 하면 이익을 얻을 수 있는지에 대해 온갖 수단과 방법

까지 소개하고 있는데, "현재 일산逸散하고 있는 조선의 고서류古書類, 고기물古器物을 수집하면 또한 매우 취미 있는 사업"이라고 한국의 실정을 정확히 파악하고 있다. '고물상古物商'조에는 다음과 같이 기술하고 있다.

고려시대의 도기陶器 및 불상佛像이 많은데 그 값이 굉장히 싸다. 많이는 지중地中에 또는 사원寺院에서 발견된다. 일본으로 수출하여 비싼 값으로 된 것도 적지 않다. 또 구미歐美 등으로 수송해서 이외의 이익을 얻은 것도 있다. 이것을 매수하는데 앞잡이 역의 한국인을 이

---

31) 헐버트, 『대한제국 멸망사』(신복룡 옮김), 평민사, 1984.

용하는데 능수능란한 수법이 필요할 때도 있다. 또 자신이 고사古寺, 고총古塚, 고적古蹟을 심방尋訪하는 것도 필요하다. 이 업業에 정통하게 되면 상당한 사업으로 성장할 수 있다. 한편 고사古史, 고서古書를 수색搜索하는 것도 재미있다.[32]

이는 1904년 이전에 이미 한국에서 '고물상古物商'이란 직종이 일본에서 건너온 자들에게는 막대한 이익을 남기는 사업으로 정착하여 성행하였음을 말하는 것으로 도굴은 물론이거니와 온갖 악랄한 수단이 동원되었음을 알 수 있다.

다음은 『기업안내 실리지조선』의 '고적탐견古蹟探見'조의 내용이다.

저 고려자기의 우수품은 서양 각 국에서는 적어도 수백원의 가치가 나가는데 이 나라에서는 최상품도 10원 정도에도 살 수 있었다. 너무나도 바보 같은 짓이었다. 그런데 더 싸게 사고 싶으면 고분이라 생각되는 곳을 탐검探檢해서 그곳을 매입하여 지하에 묻혀 있는 것을 찾으면 된다. 고분이 있는 토지라 해서 그 값이 비싼 것도 아니다. 때로는 수단에 따라서는 이외의 수입을 얻을 수 있다.[33]

이를 통해 일본인 도굴꾼들은 고분이 소재所在한 토지까지 매입하여 공공연하게 고려 무덤을 파괴하고 유물을 꺼내 가는 만행을 자행하고 있었음을 알 수 있다. 고려자기 도굴이 하나의 직업적 상업적 직종으로 대량

---

32)　吉倉凡農, 『(企業案內)實利之朝鮮』, 文星堂書店, 1904, p. 59.
33)　吉倉凡農, 『(企業案內)實利之朝鮮』, 文星堂書店, 1904, p. 137.

등장하는 것은 이 시기로 보인다.

그 당시 사정을 미야케 죠사쿠三宅長策가 도굴의 실태를 술회한 것을 보면 이렇다.

> 그러나 직접 하수인은 종시 조선인이었으며 혹시 그 도굴의 최고기에는 일본인도 참가했을지는 모르나 일본인은 뒤에 있어 가지고 도굴된 것을 사 가지고는 조선에 있는 호사자간에 가지고 돌아다니며 이익을 보고 있었다.
>
> 그러나 아직 미시마三島[34](분청사기粉靑沙器)[35]라는 명칭을 아는 사람도 거의 없었을 때였으니, 언젠가 박식한 조선 사람이 와서 고려청자를 보였더니 '이것이 도대체 어느 나라 것인가?' 하고 진귀히 여기므로 개성에서 출토한 고려경의 것이라고 설명하니까 깜짝 놀라는 형편이었다.
>
> (중략) 처음에는 개성에서 인삼장사로 한 밑천 잡아보자고 몰려든 자들도 때때로 도굴품을 사모아 가지고 서울에 와서 팔러 다녔다. 골

---

34) 야나기 무네요시는 이 名稱에 대하여, 『工藝 第111號』(1942, 10)에서 다음과 같이 설명하고 있다.
"미시마(三島)란 무엇을 의미하는 것일까. 좌우간 조선에는 이런 명칭이 없다. 아마도 일본 茶人들이 이런 이름을 붙였을 것이다. 미시마레키(三島曆: 독특한 무늬로 만든 달력)에서 由來했다는 것이 通說이다. 완성된 상감의 무늬가 미시마레키라는 달력의 문자와 유사하기 때문이라고 한다. 따라서 레키데(曆手)라고도 부른다. 그러나 이러한 통설을 어디까지 믿어야 할 것인지는 의심스럽다. 다이슈(對州)와 반도의 중간에 있는 세 개의 섬에서 유래했다는 새로운 설도 있다. 지명이 품명으로 되는 예는 공예분야인 경우에 드물지 않다. 짐을 실은 배가 그 세 섬을 경유하여 일본에 옮겨진 것이 이 이름의 기원이라고도 한다."

35) 粉靑沙器란 일제시대 때 일본인들이 三島라고 하는 것을 고유섭 선생께서 이에 대신하여 분청사기라는 용어를 사용했다.

동상骨董商이라고 할 수 없는 아무 것도 모르는 자들 이였기에 땅에서
판 채로 신문지 같을 것으로 둘둘 말아 가지고 다녔다. 차차 훌륭한
영업이 되어 개성에 사러 다니게 되고 이주까지 생겼다.[36]

미야케 죠사구三宅長策가 술회述懷한 내용처럼 한 밑천 잡아 보고자 이 땅
에 건너온 자들이 얼마나 많았는지 통감부총무부에서 조사한 1906년 6월
말 현재 '재한일본인직업별일람'[37]에서 고물의 매매를 업으로 하는 고물상
의 수가 214명으로 나타나 있다는 것은 당시 도굴이 얼마나 성행했는지를
보여주는 단적인 예라고 할 수 있다. 뿐만 아니라 군사력을 배경 삼아 건
너온 무뢰한, 깡패, 목공, 토공, 등의 상당수는 미야케가 말한 도굴이나 골
동상에 종사했을 것이라는 추측이 가능하다.

후지타 료사쿠藤田亮策는 "러일전쟁 전후(1904~1905)에 개성을 중심으로
한 능묘 도굴이 들판의 불처럼 전국에 번져, 이후 고려자기라는 귀중한 유
물은 예술적 연구를 거치지 못한 채 잃어버리게 되었고, 오늘날에 있어서
그 연대의 전후를 판정하는 것 같은 일은 공상 속에서만 가능해 졌다"고
한다.[38] 개성, 강화도 부근의 도굴에 대해 우메하라 스에지梅原末治는 "많은
고분 수집가들에 의해 유적이 파괴되었으며, 대체 반도에 있어서의 유적
의 파괴, 특히 고분묘의 도굴은 일찍이 러일전쟁 후 고려청자를 부장한 개

36) 三宅長策, 「そのとろの思ひ出'高麗古墳發掘時代'」, 『陶瓷』第6卷 6號, 1934年 12月,
    pp. 70~73
37) 東洋陶瓷硏究所, 「在韓日本人職業別一覽表」, 『韓國事情要覽』第2輯, 統監府總務部, 1907,
    pp. 54~58. 이 통계는 京城, 仁川, 群山, 木浦, 馬山, 平壤, 鎭南浦, 釜山, 元山, 城津理事廳
    의 報告를 토대로 작성한 것으로 職業別 男女, 戶數, 人口數로 분류한 것임
38) 藤田亮策, 「朝鮮考古學略史」, 『ドルメン滿鮮特輯號』, 1933년 4월. (『일제기 문화재 피해자
    료』에서 옮겨옴)

성중심으로 작은 것부터 시작"[39]하였다고 진술하고 있다.

아사미 린타로淺見倫太郎가『매일신보』에 기고한 글이다.

> 나의 견문見聞에 의한즉 메이지明治 39년(1906) 이후 2,3년간으로
> 써 가장 유행을 극極한 듯하도다. 당시의 고려자기는 모두 토출품土出
> 品이나 현재 조선의 처처處處마다 산출産出함이 아니오 또 개성부근 토
> 중土中에서 굴출掘出하나니 이것이 완연宛然히 개성인삼이 강도强盜의
> 자료資料됨과 여如하고 당시의 고려자기도 또 공업의 산출물이 아니
> 오. 형법학상에 문제가 되는 것이라 고분발굴古墳發掘, 옥외屋外의 절도
> 竊盜 혹은 매장은닉埋藏隱匿의 결과인 듯하다.[40]

고야마 후지오小山富士夫는『세계도자전집』에서 "고려청자의 대부분은 근
년近年 조선고분에서 출토된 것으로 이 책에 수록된 것도 거의 전부는 메
이지明治 말기 이후의 출토품이다. 고려의 고도자가 세인世人의 주목을 받
게 된 것은 메이지明治 39년(1906) 이토 히로부미伊藤博文 공公이 초대통감으
로 조선에 부임한 때부터였다고 듣고 있다. 그 후 고려도자의 수집열은
해마다 높아져서 메이지明治 44~45년경에 최고조에 이른다"[41]라고 하는
것을 보아 고려 분묘는 이미 고적조사가 본격적인 궤도에 들어서기 전에
거의 다 파괴되었을 것으로 추정된다. 고야마는 "메이지明治 38년(1905) 개
시된 이래 도굴이 끊어질 날이 없었다. 유품은 막대한 양에 달한 것"으로,

---

39) 梅原末治,『朝鮮古代の文化』, 國書刊行會, 1972, p.21.
40) 淺見倫太郎,「高麗靑磁에 관한 高麗人의 記錄」,『매일신보』1914년 10월 28일자.
41) 小山富士夫,「高麗靑瓷」,『世界陶瓷全集3』, 1953.

"당시에 도굴, 판매販賣로 생활하는 자가 수백천인에 달했다고 이른다."고 한다.[42]

　여기에는 각지에 주둔하고 있던 헌병과 순사들까지 도굴에 참여하거나 골동상을 하였다. 미야케 죠사쿠三宅長策의 기록에는 한 때 순사를 지낸 다카하시高橋라는 자는 점포도 없이 거래를 했다고 한다.[43] 경성미술구락부 초대 취체역을 맡았던 모리 이시치로毛利猪七郎는 군인 출신으로 러일전쟁 당시 개성방면에서 수비를 맡았는데 개성에서 출토되는 고려자기를 보고 퇴역 후 서울과 개성을 오가면서 골동상을 하였다. 또 경성미술구락부 지배인을 맡았던 오오타오 츠루키치太田尾鶴吉도 육군간호졸 출신인데 퇴역 후 골동상을 하였다고 한다.[44]

　고이즈미 아키오小泉顯夫는 "당시 각지에 주둔하고 있던 헌병까지 그들과 행동을 같이하는 자가 있었다고 하니 참을 수 없는 일이다. 이러한 종류의 도굴은 그 후 차츰 자취를 감추게 되었으나, 소위 '굴옥掘屋'이라 하는 직업적 도굴단盜掘團까지 등장하였다"고 한다.[45]

　1935년 9월에 경성일보사 주최로 '고적좌담회'를 가졌는데, 그 자리에 참석하였던 히라타 타케오平田武夫는 1910년에 궁내부 어원사무국 직원으로 들어와 오래 동안 이왕가박물관에 근무하였던 자이다. 그가 일찍이 개성에서 10여일 머무는 동안 겪었던 이야기 중에 개성에서 남으로 1리 반을 가면 도굴품을 파는 '掘り家'라 부르는 곳이 있는데 이 일단一團은 14, 5

42)　小山富士夫,「高麗の古陶磁」,『陶磁講座』第7卷, 雄山閣, 1938, p.6.
43)　三宅長策,「そのとろの思ひ出'高麗古墳發掘時代'」,『陶瓷』第6卷 6號, 東洋陶瓷研究所, 1934年 12月
44)　『京城美術俱樂部創業20年記念誌』, 株式會社京城美術俱樂部, 1942, pp.3~6
45)　小泉顯夫,「古墳發掘漫談」,『朝鮮』, 朝鮮總督府, 1932年 6月, p.87.

『황성신문』 1909년 11월 18일자 기사

명이 약 6자 내지 2자 정도의 철봉을 가지고 다니면서 부근의 고려시대의 공동묘지나 작은 언덕의 묘지로 생각되는 곳을 봉으로 파악하여 도굴을 하였다고 한다.[46] 도굴을 하나의 직업으로 하여 도굴단을 조직하여 대규모로 만행을 저질렀던 것이다.

러일전쟁 전의 도굴행위는 소규모로 은폐隱蔽하여 저질렀으나 1905년부터는 대규모로 조직적이고 공개적으로 유린蹂躙해 왔다. 당시 얼마나 도굴이 기승을 부렸는지, 1909년 11월 18일자 『대한매일신보』에는 "고려자기 도적. 장단군과 풍덕군 등지에 한인 도적과 일본인 도적들이 오래된 무덤을 파고 고려자기를 도적하여 가는 폐가 종종 있음으로 자손이 있는 무덤에는 밤마다 무덤을 지킨다고 한다."는 기사가 보인다.

이들의 도굴은 점차 대범하여 무리를 지어 도굴을 하다가[47] 나중에는 총칼을 앞세우고 동민들을 위협하여 접근을 막은 후 도굴을 하거나 심지어는 백주에 총검을 들이대고 그 후손들이 펄펄 뛰고 발을 구르는 눈앞에

---

46) 『경성일보』 1935년 9월 6일자.
47) 藤田亮策, 「慶尙北道 忠淸南道 古蹟調査報告」, 『大正11年度 古蹟調査報告 第1册』, pp. 30~32.

서 선조의 영역靈域을 유린하고 강탈하는 만행蠻行[48]을 저질렀다. 북한학자 김석형은 『조선민족, 국가와 문화의 시원』(1990, 평양출판사)에서 "그들은 개성부근과 강화도 일대의 고려왕릉들에는 기관총을 걸고 파수병을 세워 다른 사람들을 얼씬도 못하게 해놓고는 도굴을 감행하였다"고 한다.

경성미술구락부 설립자 사사키 쵸지佐々木兆治가 1906년도의 경성의 골동 거래 상황을 회고한 내용을 보면, 골동상 아가오赤尾라는 자는 밤이 되면 고려자기 경매를 시작하였는데 아가와 시게로阿川重郎, 아유카이 후사노신鮎貝房之進, 야마구치山口 등이 단골로 거의 매일 밤 나타났으며, 곤도 사고로近藤佐吾郎도 자주 나타났는데 그는 아가오赤尾의 경매장에서 거의 무더기로 사가곤 했다고 한다. 사사키는 낮에는 노점을 운영하고 밤에는 그 경매의 장부 기록을 담당했었다고 한다. 당시 "개성방면에서 무차별 도굴된 도자기가 담긴 조선추朝鮮萩로 만들어진 가늘고 긴 상자들이 끊임없이 개성에서 경성으로 올라왔다"고 한다. 그러나 그 "대부분은 이미 파손된 것으로, 이들 다섯 개씩을 한 조로 10원에서 15원의 가격에 경매에 붙여졌다"고 한다.[49]

1907년 7월 19일에 있었던 고종퇴위와 이어 체결된 정미조약, 그리고 8월 1일 군대해산으로 이어지면서 국권수호를 위해 각 지에서 의병이 봉기하여 일제에 항쟁했다. 이에 일병들은 그 보복행위로 의병이 지나간 마을

---

48) 이러한 事例를 黃壽永博士는 黃壽永 編, 「日帝期 文化財 被害資料」(『考古美術資料』제22집 1972年 韓國美術史學會刊) '머릿말'에서, 鄕老들로부터 자주 들었다고 한다.
49) 佐々木兆治, 『京城美術俱樂部創業20年記念誌』, 株式會社京城美術俱樂部, 1942, pp.11~12.

이나 사찰을 거침없이 방화했다. 양민들의 희생이 극심해지자[50] 결국 의병들의 항전은 차츰 심산으로 숨어들면서 계속했다.

1908년에 들어서자 때 마침 이왕가박물관에서 박물관 설립과 함께 물불을 가리지 않고 진열품 충당을 위해 고려자기를 무제한 구입에 나서자 고려자기는 이왕가박물관으로 입수되었다. 이에 따라 이미 도굴의 맛을 드린 도굴꾼은 위험을 무릅쓰고 도굴에 기승을 탔다.

이 같은 과정에서 개성일대에서 활동하던 의병들과 도굴꾼들이 마주치기도 했다. 『통감부문서 6』(국사편찬위원회, 1999)의 「한국독립운동사 자료」에는 '폭도(의병)토벌'[51] 과정에서 발생한 고려자기 도굴과 관련한 내용이

---

50) 統監官房, 『韓國施政年報』, 1908, p.145에 의하면, 1907년부터 동년말까지 토벌대(수비대 및 헌병)의 피해는 전사자 38명, 부상자 80명, 합계 118명이고, 1907년부터 1908년 1월까지 폭도(의병)의 피해는 전사자 2,968명, 부상자 1,248명, 死傷不明者 898명, 포로647명이며, 양민의 피해에 대해서는 일본인 피해는 전사자의 수배에 이르며, 한민의 피해는 계산할 수 없을 정도라 한다.

51) '義兵', '義徒', '匪徒', '暴徒'란 용어를 살펴보면, 수차 용어가 달리 사용되고 있다. 『皇城新聞』 1906년 7월 5일자를 보면 '匪徒'라는 용어를 사용하고 있다. 1907년 1월 5일자에는 '義兵'라는 용어가 등장하고 한동안 이 용어를 사용하다가, 1907년 2월 1일자에는 '義匪'라는 용어가 나오고 이후 이 용어가 자주 보인다. 그리고 1907년 3월 4일자에는 '匪徒'라는 용어가 보이는데, 극히 드물지만 민간에 해를 끼쳤을 경우에 '匪徒'로 표현한 경우가 있다.
1907년 10월 4일자에는 '義徒'라는 용어를 사용하고 이후 주로 '義徒'라는 용어를 사용하고 있다. 그러다가 1908년 1월 30일자에는 '義兵'이란 용어를 사용하고 있다. 이후 '義兵' 또는 '義徒'라는 용어로 표기하고 있다. 이는 『大韓每日申報』에서도 『皇城新聞』에서 사용하는 것과 동일하게 표기하고 있다. 이는 어디까지나 한국인의 입장에서 표현한 용어이다.
그러다가 1908년 4월 8일자부터는 갑자기 『皇城新聞』은 물론이고 『大韓每日申報』에서도 동일하게 '暴徒'라는 용어로 통일하여 사용하고 있다.
1908년 3월과 4월에는 『大韓每日申報』 등이 수 차 압수당했다는 기록이 보이고 있다. 여러 가지 이유를 붙이고 있지만, 가장 큰 이유는 배일사상을 확산시키고 있는데 대한 보복일 것이다.
따라서 '暴徒'란 용어는 의병과 민심을 분리하고자 하는 일제의 책략에서 나온 것으로, 강요에 의한 용어 통일로 보인다.

여러 건이 보인다.[52]

1908년 7월 한국주차군참모장이 경무국장 마츠이 시게루松井茂에게 보낸 '적정 통보' 내용을 보면, "7월 4일에 적(의병) 20여 명과 마주치자 교전하여 이를 괴란시켰는데 적속(의병)에 2명의 일본인이 부상했음을 발견하고 즉시 개성으로 후송하여 치료했음, 그 일본인은 고려자기를 발굴하기 위해 그 지역에 있었다고 말하나 혹시 적도에 합류하여 행동하고 있는 것이 아닌가 의심함. 그리하여 그 복장 등은 일견 적도賊徒와 같이 분장했다"고 한다.

당시 경기도 일대에서 활동하던 의병들의 눈에 일본인들이 도굴하는 현장이 자주 목격되어, 일본 도굴배들이 주살되는 사례가 많았다. 교묘한 일본인 도굴배들은 의병들로부터 위험을 모면하기 위해 의병의 복장을 하기도 했다.

1908년 11월 인천경찰서장이 내무부 경무국장에게 보낸 '복명서'에 의하면, 10월 29일 오후 4시에 폭도(의병) 수 십 명이 산곡동에서 분묘 도굴을 하고 있던 일본인을 쫓아가 두 명을 사살하여 매몰하고 갔다고 한다.

1908년 11월 인천경찰서장이 내무부 경무국장에게 보낸 '폭도공술 및 폭도 총살의 건'에 의하면, 1908년 10월 4,5일경 폭도(의병)가 내가면에 도착하여 유박하고 적석사 방면 상하판 산중에서 일본인 10여명이 고총을 발굴하는 것을 습격하여 6명을 살해하였다.

1908년 11월 한국주차헌병대장 아카시 겐지로明石元二郎가 경무국장에게 보낸 '강화도 내의 적정賊情'에 의하면, 10월 29일 개성재주 일본인 12명은 고려소를 도굴 중 강화도 삼해면 고려산 백련사 근처에서 폭도(의병)의

52) 「韓國獨立運動史 資料 13~18」, 『統監府文書 6』, 國史編纂委員會, 1999.

습격을 받고 8명은 행방불명이 되었다고 한다.

1909년 2월 경기경찰부장 경시 아이다 아키라飯田章가 경무국장 시쓰이 시게松井茂에게 보낸 '폭도 수괴 체포의 건에 관하여 개성경찰서장 보고요령'에 의하면, 1909년 1월 28일 개성에서 동쪽으로 3리 떨어진 곳에서 고려자기 발굴 차 향한 일본인 오카무라岡村를 피스톨로 사격 중상을 입혔다.

1909년 2월 인천경찰서장이 경무국장에게 보낸 '경기도 강화군 읍내면 폭도수괴 지홍일(당 45세)'에 의하면, 지홍일(의병장)은 1908년 10월 중 강화도 양점면에서 강화분견 헌병 및 보조원의 일대와 접전 한 일이 있다. 10월 해주로부터 강화도에 건너와 외가면 삼거동에서 일본인 고려자기 도굴범 6명을 살해한 사실이 있다. 지홍일이 약탈한 금원金員 총액 1만여 원이라고 한다. 지홍일은 1908년 11월 29일에도 강화도 고려산 부근에서 부하 40명을 인솔하고 배회 중 부근 주민으로부터 일본인 15,6명이 고묘를 발굴하고 있다는 소식을 접하고 부하를 2대로 나누어 이를 협격 그 2명을 총살하고 4명을 생매장했다. 의병장 지홍일은 황해도 평산군, 백천군, 연안군 및 강화, 개성을 중심으로 한 경기도 일대에서 활동한 의병장이다.

1909년 2월 개성경찰서장이 경무국장에게 보낸 '폭도 수괴 체포의 건'에 의하면, 1월 28일 개성에서 2리 떨어진 곳에서 일본인 고려자기 도굴범 1명을 피스톨로써 사격하여 중상을 입히고 그 총기 및 그 속구를 약탈하여간 거동이 대담함과 그 인상이 지홍일과 유사함으로 당시 순사 카미야마 사지로君山佐次郎 외 수명으로 하여금 주야로 엄중 수사 시킨 결과 1월 31일 오후 9시경에 개성 남부 취적교의 한인숙에 괴이한 한인 3명이 잠복하고 있다고 보고하고 있다.

1910년 4월에 경기경찰부장이 경무국장에게 보낸 '폭도내습의 건'에 의하면, 수괴 불명의 폭도 약 7명이 본월 11일 오전 9시경 장단군 송서면 경릉리에 나타나 당시 고려소 발굴의 목적으로 동소(同所)에 있던 개성군 북부 성가리에 거주하던 무직의 우다 카이치宇田嘉市 외 2명이 습격을 받아 부상을 하였다는 급보를 받아 일본인 순사 1명 한인 순사 2명을 즉시 파견 수사 중이라고 보고하고 있다.

1910년 5월에 경기경찰부장이 경무국장에게 보낸 '폭도에 관한 건'에 의하면, 수괴 불명의 폭도 약 20여 명이 장단군 송서면 화장산록을 배회 중인 것을 우연히 고려소 발굴의 목적으로 동 지방에 있던 일본인 무라타 나오시村田直次 외 2명이 목격하고 일본인들은 급히 도주하여 이를 개성경찰서에 신고하였으므로 수사 중이라는 동서장의 보고가 있었다.[53]

이는 의병 토벌대가 의병을 추격 접전을 하는 과정에서 나타난 것으로, 의병들이 항거 또는 쫓기는 과정에서 일본인들의 도굴을 발견하고 살해 또는 상해를 입힌 것을 일부 보고한 내용이다. 당시 얼마나 많은 일본인 도굴꾼들이 기승을 부렸는지를 짐작케 하는 기록이라 할 수 있다.

러일전쟁 후 개성의 일본거류민 상황을 보면, 1904년 러일전쟁이 개시되자 병첨사령부를 두고, 1904년부터 수비대, 혹은 중대, 혹은 대대 등을 두었다. 또한 개성헌병분대를 설치하여 처음에는 분대라 하였으나 중도에 분견소分遣所 또는 분견대分遣隊를 두었다. 주재소는 확장하여 경찰분서를 두었다가, 1908년에는 독립된 개성경찰서를 설치했다. 1905년 한국의 대부분은 일본군의 세력권에 들어가자, 개성의 일본인 거류민 수는 5백여 명에 달했다. 1906년에는 일본인의 수는 빠른 속도로 팽창하여 일본인 호

53)   이상 참고: 「韓國獨立運動史 資料 13~18」, 『統監府文書 6』, 國史編纂委員會, 1999.

수 2백, 인구 8백여 명에 달했다. 이후 1910년에는 일본인의 수가 1,365명으로 증가했다.[54] 이들 대부분은 상업에 종사했으며, 그 중 맨손으로 건너온 불순 도항자들은 일본의 세력을 믿고 도굴에 편승했다.

이후 얼마나 많은 고려고분이 도굴되었는지에 대해 북한학자 박원종은 "1905년에서 1906년의 1년 사이에 개성 해주를 중심으로 한 고려시대의 고분 2000여 기가 무참히 파괴되고 그 안에 묻혀 있는 고려자기, 청동거울, 청동기물 약 10만여 점이나 도굴되었다"고 한다.[55] 또 1910년을 전후하여 약 10년 간 개성, 강화도 일원에서 이들 무법자들에 의해 왕릉 귀족들의 무덤은 무차별 파괴되어 수 만점 혹은 그 이상의 부장품이 약탈되어 일본으로 반출되었다.

도쿄의 이토 야사부로伊藤彌三郎와 니시무라 쇼타로西村庄太郎는 1905년부터 수시로 한국에 건너와 개성 등지에서 도굴한 고려자기를 대량으로 사모아 일본으로 반출하였다. 이 두 명이 주최하여 1909년 12월에는 일본 교바시구京橋區 산주켄보리三十間掘 「기쓰네」에서 대대적인《고려소전람회》를 가지기도 했다.

이때 전시된 것은 오사카 스미토모가住友家에서 나온 칠언절구이수화병七言絶句二首花甁, 고토後藤 남작가의 당초모양목단운학화병唐草模樣牧丹雲鶴花甁, 스에마쓰末松가 출품한 이토 히로부미伊藤博文가 아끼던 수주水注, 네즈가根津家의 정병, 요시이吉井의 점청자수주點靑磁水注, 니시무라西村의 고려석관高麗石棺을 비롯해 무려 9백여 점이나 되었다. 출품자는 대다수가 일본 귀족 고관들이었으며, 심지어는 한국에 거주하던 곤도 사고로根藤佐五郎, 시라이

---

54)　岡本嘉一,『開城案內記』, 1911. pp. 20~21.
55)　박원종,『조선 공예사』, 조선미술출판사, 1991.

시 마스히고白石益彦, 아카보시赤星佐七, 아유카이 후사노신鮎貝房之進 등까지
가세하였다.56 이는 물론 모두 도굴품이며 한일합방 이전에 엄청난 고려
고분이 도굴되었음을 증명하는 것이다.

진열품 중에 네즈 가이치로根津嘉一郎가 출품한 '청자정병'은 오늘날 일본
중요문화재로 지정되어 있으며, 네즈미술관에는 명품으로 알려진 상당수
가 포함되어 있다.57

2012년 10월 16일부터 12월 16일까지 국립중앙박물관에서 특별기획전
으로 개최한《천하제일 비색청자》전에 네즈根津미술관 소장으로 출품되었
다. "굽 안바닥에는 '孝久刻'이라는 명문이 새겨져 있는데, 문양을 조각한
사람의 이름으로 추정"된다고 한다.

1909년《고려소전람회》에 대한 일부의 사진은 이토 야사부로伊藤彌三郎

---

56) 『考古界』第八編 第七號, 1909年 12月.
57) 　네즈미술관에는 1306년에 제작한 고려불화 '아미타여래도', 일본 중요미술품으로 지정된
　　다완을 비롯한 상당수의 한국 고미술품이 소장되어 있다.
　　1918년 6월 13일에는《根津家什寶展觀》이 진열품 중에는 신라불 1체, 조선고분 발굴품
　　수십종이 진열되었다. (『彙報』『史學雜誌』제30편 제5호, 1919년 5월)
　　1938년 5월 7일, 8일 양일간에 걸쳐 일본고고학회본회 제43회 총회가 개최되었다. 총회 2
　　일째인 8일에는 도쿄 네즈 가이치로(根津嘉一郎)의 저택에서 네즈 소장품을 다수 진열
　　하여《근진가 소장품 전람회》를 가졌다. 이는 말이 전람회지 실제는 특별 진열하여 이날
　　정오부터 오후 4시까지 일본 고고학회 회원에 한해서 공개를 했다. (『根津家所藏品展觀目
　　錄』『고고학잡지』28-6, 1938년 6월)
　　1941년에는 네즈미술관을 설립하고 1941년 11월 28일~30일까지《根津美術館제1회전》을
　　가졌는데, 高麗象嵌廚子, 高麗靑磁水甁 등이 진열되었다. (『陶磁』제13권 제2호, 東洋陶磁
　　研究所, 1941년 12월)
　　1941년 11월 6일~9일까지는《根津美術館제3회전》이 열렸는데, 이때 진열된 고려청자사
　　이향로(高麗靑磁四耳香爐)는 '名物'로 표시되어 진열되었다. (『陶磁』제13권 제1호, 東洋陶
　　磁研究所, 1943년 1월)

네즈(根津)가에서 출품한
청자음각연당초문정병(일본 중요문화재)

가 1910년에 발간한『고려소高麗燒』에
게재되어 있다.58 일반적으로 전람회
의 도록이나 책자는 전람회에 앞서 출
간되는 것이 상식인데, 이후에 나왔다
는 것은 매우 이례적이다.

『고려소高麗燒』책자를 보면 일본에서
전시한 고려자기의 사진을 게재하고
있는 출품인은 30여 명이나 된다. 서
문에 "고려소는 옛날에 외국으로 건너
간 것을 제외하면 한국 안에서는 단 한
점도 지상에서는 이것을 볼 수 없다.
(중략) 일본인들은 이를 일찍부터 좋아
하여 도기陶器를 귀중시 했으며, 그 중

---

58) 이 책자는 본문 20쪽, 전시도판 사진 등 42쪽 총 62쪽으로 이루어진 얇은 책자이다. 그 구
     성을 보면, 본문으로 고려소의 본장과 년대, 고려소의 가치, 고려소의 연대, 중국 고도기와
     고려소, 고려소의 출소, 명기의 종류, 고려소의 종별, 고려소의 특소로 나누어 졌으며, 21
     쪽 이하는 전시도판을 싣고 있다. '고려소의 출소'조를 보면, 송도를 중심으로 10리 내외와
     강화도에는 고려 귀인의 묘가 많아 정교한 청자가 많이 나오고, 평안, 함경 충청, 강원, 황
     해도 일부 해주, 전라 일부, 경상도 등에서도 나오고 있다고 기술하고 있다. 거기에 형태의
     종류까지 기술하고 있어 1909년 이전에 이미 고려자기 도굴이 전국적으로 확산되었음을
     확인해 주고 있다. 이는 당시 일본인들의 고려자기 수집 상황을 보여주는 좋은 자료라 할
     수 있다.

1913년경의 번화한 개성 남대문 시장가 모습(『高麗之今昔』, 1914)

10중 8, 9는 고려소高麗燒"[59]라고 적혀있다.

1909년을 기점으로 고려자기 900점이 한 곳에 진열되었다는 것은 엄청나며, 실제 이들 출품자들이 소장하고 있는 것 중에서 우수한 것만 선별하여 출품했을 것이다. 또한 이들 출품자들은 일본의 수집가들 중에서 극소수에 해당하는 귀족 내지는 유명인이다. 따라서 1909년을 기점으로 본다면 실제 일본에 건너간 고려자기는 몇 십 배가 넘을 것으로 보인다. 뿐만 아니라 이는 고려자기에 한한 것이고 고려자기 이외의 고분에서 함께 출토된 것을 합한다면 그 수는 가늠하기 힘들다.

1911년에 간행한 『개성 안내기』에 "고려소는 고려시대의 고도기로서 골동가가 이를 애완하여 1개의 화병, 다완들의 가격이 수백원의 고가로 팔

59)   伊藤彌三郞, 『高麗燒』, 明治43年(1910) 2月.

렸으며, 이러한 등의 고려소는 개인의 비장으로 전해지는 것은 없고 오직 고분에서 발견되고 있으며 많은 것은 근시近時에 그 이름을 나타낸 것이다."라 했다. "근시에 그 이름이 등장하여 매장에 진열해서 이것을 파는 사람으로서 가격대로 하락했다고 해도. 원래 고대의 기물로서 오늘날 이 것을 제조할 수 있는 물건이 아니라면 장래 반드시 많은 등귀騰貴가 오리라"고 한다.60 당시의 매수자들은 시간이 지나면 고려자기의 가격이 계속 상승할 것으로 판단하여 투기성으로 수집하기도 했다.

이 책자에는 개성에 일본인 고물상이 4곳이 있다고 한다. 이들은 모두 고려자기를 취급한 골동상들로 추정된다. 이 책자의 광고란을 보면, 인삼판매점이나 일반 상점에서도 고려소(고려자기)를 취급한 것으로 나타나 있다. 고려자기의 가격이 급등하고 너도나도 고려자기를 찾게 되자 개성일 대에서 도굴한 고려자기를 사모아 개성의 특산물처럼 버젓이 상점에 진열하여 판매하였던 것이다.

1911~12년경에 이미 고려자기에 대한 수집열은 최고에 달하여 당국에 서도 어떻게 하지 못할 지경에 이르렀다. 한국인의 원성이 높아지자 뒤늦게 조선총독부에서는 1913년 6월에 역대 왕릉을 보호하기 위하여 각 왕릉 부근에 거주하는 고려왕의 후예 중에서 50인을 선임하여 관리케 하였으나61 이는 형식에 불과했다.

1913년에 간행한『조선재주내지인실업가인명사사朝鮮在住內地人實業家人名士辭』에 의하면, 당시 서울에서 일본 고물상들이 '고물상조합'을 결성하였

---

60)   岡本嘉一,『開城案內記』, 1911. p.35.
61)   『매일신보』1913년 6월 26일자. 당시 조사에서, 현존 고려왕릉은 개성 42, 고양군 1, 장단 군 8, 풍덕군 3, 강화군 4 계 58개소로 나타나 있다.

『개성안내기』 광고란에 실린 高麗燒(고려자기) 판매 광고

는데 조합원수가 120명에 달했다.[62] 이들 대부분은 도굴에 참여하던 자이
거나 장물을 취급하는 상인들로 추정된다. 이것도 이름이 있는 골동상에
한한 것이고 보면 그 외 숨어서 장물을 취급하는 자들이나 그들의 하수인
은 상당수가 있었을 것으로 추정된다. 운이 따르면 불과 몇 전 몇 십전에
사들여 몇 백배 몇 천배 남기는 장사이니 지방 각처에 골동을 매입하는 행
상들이 우후죽순 늘어갔으며, 이에 비례하여 도굴꾼들의 수는 더욱 증가
하게 되었던 것이다.

한국인들은 예로부터 무덤 속에 있는 유물을 집으로 가져오거나 이것
을 매매의 대상으로 삼는 것은 꿈에도 생각하지 않았었다. 그러나 일본인
들이 한국에 들어와 도굴을 하면서 무덤 속에서 꺼낸 유물을 경제적 수단

---

62) 『朝鮮在住內地人實業家人名士辭』, 朝鮮實業新聞社, 1913, p.358.

으로 삼게 되자, 그 밑에서 수하 노릇을 하던 한국인들이 늘어났다. 『매일신보』 1913년 9월 12일자에는 그 예로 다음과 같은 기사가 있다.

다수의 고분을 파굴/고려자기를 얻기 위하여 고총 수 십장을 무단파굴

지난 8일 인천지청에서 공판한 결과 징역 4개월씩의 선고를 받은 경기도 개성군 중서면 석하동의 최경익(25세 농업), 동군 황응렬(35세 농업), 조경서(32세 농업)는 가성군 읍내면에 거주하는 내지인(일본인) 사카구치阪口라는 자의 가르침으로 인하여 그 자에게 여비로 현금 2원씩을 받아 가지고 강화군 선원면 선행동 남산 수풀 사이에 있는 수백년 된 무덤 여러 수십 기를 파고 거울 2개와 사발 8개와 외 5점의 고려기高麗器를 절취한 후 거울과 막사발은 전기 내지인에게, 현금 3원을 받고 팔아먹을 터이더니 근일 이 사실이 발각되어 강화경찰서에 체포된 자이라더라.

처음에는 일본인의 하수인 노릇을 하다가 도굴 기술을 배운 후 독립하

여 도굴의 악행을 하는 자들이 생겨나기 시작했다.[63] 한국 정부는 당시 이를 제지할 힘이 없었으며, 일본 관리들은 막을 의사가 없었다. 미야케 죠사쿠三宅長策는 당시를 이렇게 증언하고 있다.

발굴이 성해짐에 따라 조선인의 반감도 따라서 높아갔다. 그러나 취체하여 금지하기로 방침을 세운 때는 이미 수천인이 이것으로 생활하고 있었기에 갑자기 금지하면 이들에게 사활이 달린 문제가 되어 총독부에서도 정책상 서서히 금지하는 방침을 취하고 당분간은 묵인하는 상태였다.[64]

도굴품의 대부분은 자세한 출처도 없이 매매가 이루어진 까닭에 오늘날 중요한 학술적 자료가 되어야 할 많은 귀중 문화재가 그 단서를 찾지 못하고 있다. 한국 역사의 중요한 사료를 인멸함에 있어 구로이타 가쓰미黑板勝美는 다음과 같이 유감을 표하고 있다.

---

63) 『동아일보』 1925년 12월 20일자에는 다음과 같은 기사가 있다.
요새 와서 고분 도굴의 재미를 평양인이 남래(南來)한 일본인에게 배워 알게 됨도 이상타면 이상한 일이다. 개성을 중심으로 하는 고려시대의 능묘가 낱낱이 고려자기의 희생으로 일본인의 독아(毒牙)에 걸려 참화를 입은 것이 겨우 그칠락 말락하야 그네의 고칠 수 없는 도벽은 서쪽으로 다시 일보 진출하여 대동강 유역에 있는 한대의 고분을 못 견디게 하얏다.
처음에는 일본인 수하로 나중에는 독립을 해서 경영으로 고분의 도굴은 점점 용감의 도를 가하였다. 전일로 말하면 '되무덤'에는 신이 있어 건드렸다가는 큰 탈을 당한다는 까닭에 밭가는 농부의 가레끝도 무덤 가까이의 1촌의 흙에 까지 조심을 하던 것인데, 일본인에게 귀신이 없는 것이 조선인에게 귀신이 붙으랴하여 갈수록 담대하게 발굴을 행하며, 그렇게도 많은 고분이 불과 몇 년 동안에 이미 8.9할까지 참화를 입게 되었다.
64) 三宅長策, 「そのころの思ひ出 高麗古墳發掘時代」, 『陶磁』 第6卷 6號, 東洋陶磁研究所, 1934年 12月, p.74.

최근에 안타까운 것은 귀중한 조선 사적은 다수의 골동벽으로 인하여 일본의 취호取好에 투投하여 그 손으로 파괴되고 유물의 행방을 불명에 종終한 것이 있음이라, 이에 대하여 총독부에서도 엄중히 감독하는 것은 기쁜 것이나 조선에 재주하는 일본인도 크게 주의함을 바란다. 원래 골동벽은 고상한 도락道樂에 벗어나지 않고 또 이로 인하여 귀중한 고물보존을 완전히 하는 겨우도 적지 않으나 이와 반대로 그 고물이 여하한 유래를 가지고 여하한 장소로부터 여하한 상태의 하에서 나온 것이지 하는 것이 불명不明하게 되면 가령 진귀한 하나의 미술품으로 보관하는바- 된다할지라도 우리들의 연구에 대하여는 유감이 없지 않다. [65]

고려 왕릉이나 귀족들의 무덤에는 일반적으로 석관을 하고 부장품과 묘지墓誌를 함께 묻었다. 석관이나 묘지에는 죽은 자의 인명이나 생존 시 공적 등을 기록하고 있어, 고려사에서 빠뜨린 기록이나 잘못된 것을 보충 수정할 수 있는 사료적인 가치가 매우 높다할 수 있다. 이것은 모두가 고려청자를 도굴하기 위해, 고분을 파헤칠 때 함께 나온 것이다. 그러나 도굴꾼들은 고려 왕릉이나 귀족들의 무덤을 도굴할 때 고려자기와 묘지 등이 함께 나타났더라도, 그들의 악행을 은폐하기 위해 무덤의 주인과 관계되는 것은 그냥 버려두거나 고려자기 등과 분리시키면서 고려자기의 발달사를 연구할 수 있는 사료적인 가치마저 상실케 했다. 고려 석관이나 묘지가 일본으로 건너간 것으로는 다음과 같은 것이 있다.

---

65) 黑坂勝美, 「南鮮史蹟의 踏査」, 『每日申報』 1915년 8월 1일자.

1) 도쿄국립박물관 소장

(1) 원명국사(圓明國師) 묘지(墓誌)(고 33㎝, 점판암) 및 석관(石棺)

『고고학잡지』 제1권 제4호에 소개하고 있다. 석관의 안팎에는 당초를
조각 장식하였으며, 문양 등을 소개하고 출토지를 밝히지 않고 있다.[66]

(2) 이간(李侃) 묘지(고 45㎝, 점판암, 貞祐年 在銘)

(3) 최황(崔晃) 묘지(高 33.3㎝, 편마암 高宗 16年 在銘) 및 석관

1910년에는 도쿄제실박물관 본관 30호실에 고려 최황崔晃의 석관이 진
열되었다.[67] 『고고학잡지』 제1권 제5호에 출토지는 밝히지 않고 외형적

---

66)　小野淸,「圓明國師石棺の彫刻及び製作安措等の意義に就きて」,『考古學雜誌』제1권 제4
　　호, 1910년 12월.
67)　「地方雜조」,『歷史地理』제16권 5호, 歷史地理學會, 1910년 11월.

문양 등을 소개하고 있다.[68]

(4) 최충헌(崔忠獻) 묘지(고 62.4㎝, 점판암)

(5) 장충의(張忠義) 묘지(고 35.7㎝, 大定 20年 在銘) 및 석관(고 35.7㎝, 연화당초문 음각)

장충의의 묘지와 석관은 골동상 아카보시 사시치赤星佐七가 1912년 11월에 도쿄박물관에 기증했다. 석관의 개盖 및 사방측면에, 묘지명에 나타난 것을 보면 석관은 장충의의 유골을 납했던 것으로 발견지는 경기도 개풍군 부소산록임을 알 수 있다. 관은 길이 2척6촌, 폭 1척6촌, 높이 약 1척, 석질은 점판암이다. 뚜껑의 표면에는 중앙에 연화문, 전후에 연당초문을 각했다. 내면에는 별자리의 그림을 각했고, 사방 측면에는 청룡, 백호, 주작, 현무의 사신과 당초를 각했다. 묘지는 문자

---

(68) 小野淸,「高麗崔晛石棺の彫刻及び製作安措等の意義に就きて」,『考古學雜誌』제1권 제5호, 1911년 1월. pp.62~65.

의 결손이 심하여 알아볼 수 없는 글자가 많다. '定20年庚子'가 나타나 있다.[69]

　　(6) 유극해(兪克諧) 묘지(高 37.8cm) 및 석관(고 35.7cm, 사신도가 음각)

2) 도쿄대학 소장

　　(1) 이공수(李公壽) 묘지

1912년 4월에 개최된 도쿄대학
건축학과 제4회 전람회에 전시되었
다.

　　(2) 최보순(崔甫淳) 묘지(高宗 16年 在銘)

　　(3) 최사전(崔思全) 묘지(仁宗 17年 在銘)

---

69)　『考古界』第8篇 第2號, 1909년 5월.

이상의 묘지들은 「조선고적도보」와 「조선금석총람」, 「동경국립박물관 소장목록」에 수록收錄되어 있는 것이며 개인 소장품은 그 소재가 불명하다. 세키노關野는 고려자기의 도굴로 "공히 묘지명이 다수 발견되는데 아무것도 분별 못하는 토민土民의 도굴로 나온 것으로 유물과 유물, 묘지와 묘지가 따로따로 떨어져 종래 출토된 것은 기십만의 공예품이 어디에서 발견되고, 또 어떤 사람의 묘에 속하고 어느 시대의 것이며 (중략) 일찍이 전멸로 돌아가 학계의 통한사"라고 하고 있다.[70]

한말부터 한국에 건너온 외교관이나 선교사들에 의해 한국이 소개되면서 한국 유물이 구미 등지로 소개되면서 한국유물에 대한 관심이 차츰 고조하게 되었다. 고려자기의 남굴과 함께하여 국제적 무역상들까지 등장하여 고려자기의 상당수는 구미 등지에 반출되었다.

『통감부 문서 6권』 1909년 3월 16일자 헌기 제568호 '한미흥업회사원의 고려소 매수'건을 보면, 한미흥업주식회사에서 고려자기를 매수한다는 정보에 의해 조사를 한 기록이 보인다. 한미흥업주식회사는 한국 고려소 및 진유제 식기를 미국으로 수출하기 위하여 경성(서울)의 골동상에게 주문 내지는 매수하기에 분주하고, 재개성의 일본 상인들로부터 고려소를 구입하였는데 총매수액이 약 2만원이라고 한다.

『황성신문』 1909년 3월 10일자를 보면, 한미흥업주식회사에서 미국 시애틀 대박람회에 출품하기 위해 한국물품을 구입한다는 소문에 신문기자가 직접 회사를 찾아가 물품을 살펴본즉 고려자기 10여 종과 신제조 유기 수 십종이 진열되어 있었다 한다. 한미흥업회사는 한국의 고물 등이 미국

---

70) 關野貞, 『朝鮮の建築と藝術』 岩波書店, 1941, p.254.

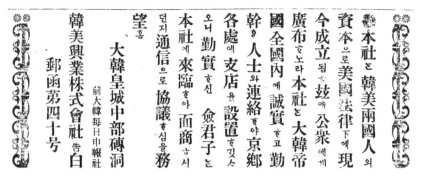

한미흥업회사 설립을 알리는 광고(『황성신문』 1908년 12월 9일자)

등지로 대량적으로 흘러가는데 가장 큰 통로 역할을 한 회사로, 1908년 12월에 설립되었다. 준비 과정을 거쳐 1909년 1월부터 물품을 매수하기 시작하여[71] 1909년 3월에 드디어 첫 번째 수송을 했다. 1909년에 이미 국제적인 미국 골동상이 한국에 등장한 것이다.

1910년 5월에는 일본과 영국이 연합하여 《영일박람회英日博覽會》를 개최하였다. 이때 상당수의 고려자기가 출품되었다.

이 박람회에 일본 측은 박람회장의 일본부日本部 중의 한 곳에 식민관殖民舘을 설치하고 한국, 대만, 만주의 출산품을 진열하여 세계인이 관람하도록 계획했다.[72] 영일박람회에 식민관을 설치한다는 자체는 이미 한국이 그들의 식민국임을 만방에 선포하고 여러 가지 사진이나 통계표 등을 활

---

71) 『皇城新聞』 1909년 1월 10일자에는 한미흥업 주식회사에서 "鍮器와 燭臺 1천개씩 안성유기점에 주문했다"는 기사가 보이고 있다.
72) 『大韓每日申報』 1909년 6월 19일자.

용하여 통감 정치를 정당화하려는 음모가 있었던 것이다.[73]

『대한매일신보』와『신한민보』는 이를 한국인들에게 폭로하고 각성을 촉구하기도 했다.[74] 1909년 11월에 밝힌 영일박람회에 출품된 한국 출품물은 한국모형, 한인인형, 가옥, 화폐, 기타 고대 도자기, 금속장품, 갑주甲冑, 궁시弓矢, 금속기 등 기타 식물 각종 및 경성, 인천 등의 사진 등인데 합계 249종이라고 하고 있다.[75]

---

73) 『大韓每日申報』1909년 7월 3일자와『皇城新聞』1909년 9월 11일자에 의하면, 1909년 7월에 한국정부와 통감부는 영일박람회에 출품할 것을 협의했다. 학부에서는 한국인 교육표, 탁지부에서는 제일은행통계표, 무역표, 관세수입통계표, 한일무역표, 한국재정표 및 국채현황, 농상공부에서는 수산광물농산림업 등의 통계표와 기온습도우설천기(氣溫濕度雨雪天氣) 등의 기상표 그리고 통감부에서는 한인 및 외국인의 호구표, 일본인의 교육, 재한금융기관표, 통감부 소속 각 관 관서예산표, 재한 일본인의 직원수 및 철도통신기관의 현황 설명서 등이다. 설명서는 통감부의 연혁 조직, 시정의 현상 등을 제작하여 통감부 출품으로 진열하기로 했다.

74) 영일박람회에 식민관(殖民舘)을 만들어 통감정치의 선전장으로 활용한다는 음모가 흘러나오자,『대한매일신보』1909년 6월 24일자에 '경성(警醒)하며 분발(憤發)하라'는 다음과 같은 논설을 게재하여 그들의 음모를 폭로하였다.
근자 일본인이 혹 한인을 토인(土人)이라 호(呼)하며 혹 한국을 사실상 식민지라 칭(稱)하며 혹 한국의 인정풍속물산(人情風俗物産)을 박람회 식민관(殖民舘)에 진열하야 그 막시(藐視)와 그 모욕(侮辱)이 일익란만(日益爛熳)하도다.
대저 한국이 아모리 약하나 유시(猶是) 사천년 역사가 유(有)하며 이천만 민족이 유(有)한 나라이거늘 그 민족이 토인(土人)의 오명(汚名)을 받으며 그 국가가 식민지의 치욕을 피(被)하며 그 인정 풍속 물산이 식민관의 출품을 작(作)하니 유유창천(悠悠蒼天)아 이를 가인(可忍)하는가.
『신한민보』1909년 6월 16일자에는 일본의 흉계를 다음과 같이 폭로하고 있다.
일본인의 흉계. 일본 통감부에서는 내년 5월에 영국 런던에서 여는 영일박람회에 대하여 한국 물산을 수출할 계획인데 고대의 추잡한 물품은 한국인의 미개한 증거를 세계에 보이고져 함이오. 화려한 미술품은 일본인이 가르쳤다는 빙거를 삼고자 한다니 그 긍흉극악한 간계는 니로 측량할 수 없다더라.

75) 『大韓每日申報』1909년 11월 28일자.

영일박람회에 출품된 통감부 설치 이전의 교육과 통감부 설치 후의 교육의 변모를 선전하기 위한 사진

영일박람회의 고려자기 진열관(『영일박람회출품사진첩』)

미술품은 궁내부와 탁지부에 보존하던 고대의 미술품과 공예품으로 주로 충당했다. 이후 물품은 순차적으로 일본을 거쳐 영국으로 운반되었다.

한국의 고대 유물들이 고국을 떠나 일본으로 운반되는 동안『대한매일신보』는 1910년 4월 12일자에 '국보산실國寶散失의 비悲'란 논설을 게재하여 통분하고 있다. 이 논설은 이번 박람회에서 타국으로 팔려가는 고대 미술품만 애석해 하는 것이 아니라, 그 전부터 한국에서 일본 등으로 반출되어 간 세키노가 가져간 금선金扇, 1905년에 반출된 북관대첩비, 1907년에 일본으로 반출된 경천사탑까지 떠올려 통분을 발하고 있다.

"긴 채찍을 들고 반도강산에 횡행하는 저 일본인이 백 가지 권리를 다 잡으며 백 가지 이익을 다 취하다가 필경에는 나라 보배에까지 손을 대어 오늘에 한 가지를 실어가고 내일에 또 한 가지를 실어가니"하는 대목은 일제의 야심과 쓰러져가는 한국의 현실을 절절히 쏟아 놓고 있다. 마지막으로, "원하노니 동포는 지금이라도 나라 보배를 보존하여 지키는데 유의하여 나라의 광영을 보존하며 나라의 정신을 발전케 할지어다."하는 대목은 오늘날의 우리들에게 적용되는 무서운 경고가 아닌가 여겨진다.

영일박람회는 1910년 5월에 예정대로 개최되어 첫날의 입장자만도 4만 명에 달했다고 한다.[76] 그리고 1910년 6월말까지 일본 출품의 매액賣額은 6만 3천2백80원에 달했다고 한다.[77] 물론 이 속에는 한국 출품의 매액도 포함되어있다. 그들은 궁내부, 탁지부에 비장하고 있던 고대유물을 출품했다고 하지만 그 것이 어떤 물품인지 또는 수량이 얼마인지 전혀 밝혀지지 않았다. 또한 어떤 것이 얼마나 팔리고, 또는 기증되었는지, 돌아온 것

---

76) 『皇城新聞』1910년 5월 17일자.
77) 『大韓每日申報』1910년 7월 1일자.

은 어떤 것인지 전혀 밝혀지지 않았다. 출품물 중에는 오늘날 외국 박물관 등에 진열된 물품도 일부 들어 있을 것으로 추정된다.

출품된 고려자기는 당시 이왕가박물관에서 한창 수집하던 시기인지라, 이왕가박물관 수집품 중의 일부로 추정된다. 고려자기는 가장 돋보이는 한국 유물로 그 우수성이 영국인들에게 각인되었다. 당시 고려자기를 얼마나 선호했는지 야나기 무네요시柳宗悅는 다음과 같이 술회하고 있다.

> 유럽에서나 미국에서도 고려자기의 소유를 자랑하는 미술관이 적지 않다. 원래부터 조선에 사는 몇몇 사람들은 재산을 기울여 그 수집에 열을 올렸다. 조선의 자기라면 고려자기, 고려자기하면 조선의 자기라고 지칭하게 되었다. 고려자기 앞에서는 신라의 토기도 조선의 자기도 빛이 바랬다. 무엇보다도 값이 그 사정을 반영했다.[78]

도굴로 세상에 나온 고려자기의 상당수는 일본 골동상을 통해 구미로 팔려가 이미 그 명성이 자자할 정도였다. 한 예로 아오야기 쓰나타로青柳綱太郎의 『조선문화사대전』을 보면, 다음과 같은 일화를 기록하고 있다.

> 오늘날 고려시대의 고려소高麗燒(高麗瓷器)가 세계적 일품逸品으로 동서에서 독보적이다. 일소화一小話로 일찍이 후쿠모토 지쓰난福本日南이 구미 여행 중의 일로 독일의 한 귀족의 집을 방문하였는데 이 귀족은 비상非常히 도자기벽陶磁器癖을 가지고 있고 함께 또 뛰어난 감식안을 갖추고 있었다. 이에 후쿠모토는 어느 나라의 제품이 가장 뛰어난 것

---

78)   야나기 무네요시(류종렬),「朝鮮과 그 藝術」,『工藝 第111號』, 1942. 10.

인가? 라고 물으니 그는 일언지하에 고려소高麗燒라고 답하였다고 한다.[79]

후지타 료사쿠藤田亮策는 1928년에 구미의 박물관, 도서관 등에 소장되어 있는 한국과 일본의 문화재를 살피고 그가 본 몇 가지 대표적인 한국 유물을 잡지『조선』에 게재했다.[80] 후지타 료사쿠는 고려자기가 유럽 등지에 유출된 시기는 대부분 통감부시대부터 총독부시대 초기라고 하고 있다.[81] 1928년 구미의 박물관 등을 돌아본 후지타는 다음과 같이 기술하고 있다.

경성에 공사관을 설치하게 되자 매사에 열중하기 쉬운 구미외교관 등은 그 본국에 조선의 특수산물을 보내고, 일청일로 양역兩役 당시에는 기행일기 등으로 신흥국의 풍토를 소개하고 넓이 조선의 토속품을 수집하는 인사도 속출하게 되었다. 명치38년(1905)경부터 점차 발굴된 고려조의 도자기, 금은품의 대부분이 이방인의 수중에 들어가는 것은 당시의 시세로 보아 면치 못할 사세事勢이었다. 그러나 이왕직박물관의 수집으로 인하여 반도 최귀의 보물의 일부분을 구하게 된 것은 조선민족과 함께 동경불감同慶不堪하는 바이다. 금일 구미

---

79) 青柳綱太郎,『朝鮮文化史大全』, 朝鮮美術史 條, 1924, p. 1185.
80) 藤田亮策,「朝鮮과 歐米博物館」,『朝鮮』145호~146호, 朝鮮總督府, 1929년 1월~2월.
81) 藤田亮策는 초기 유럽 등지에 유출된 것에 대해, "明治38,9년경부터 45년경까지에 발굴된 고려자기의 태반은 분명히 외국인의 수중에 들어간 것이 분명하고 또 대부분은 파리에 이반된 것이다. 파리에서는 겨우 골동상점에서 한두 개를 발견할 뿐이니 필경 모 영사의 수집품과 같이 일개인이 비장한 까닭인 듯하다."라고 하고 있다.(「朝鮮과 歐米博物館(上)」,『朝鮮』145호, 朝鮮總督府, 1929년 1월.)

*각 박물관에 진열된 조선의 고미술품의 대부분은 당시에 유출한 것
이다.*[82]

고려청자가 구미 등지에서 그 선호도가 점점 높아지게 되자 오사카의
야마나카상회山中商會는 한국에서 고려자기를 대량으로 사 모아 구미 등지
로 반출 판매하였다.[83] 야마나카상회는 직접 개성까지 들어가서 고려물을
수집했는데 서양인 워너와 홉슨이라는 위인이 그 중계역을 맡았다.[84]

야마나카상회는 1890년대 이후 고미술품 거래처를 미국, 영국 등지로
확장하였다. 1894년에는 미국에 지점을 개설하였다. 이것이 해외지점 1
호점이다. 1900년에는 영국에 지점을 개설하였다. 1905년에는 프랑스 파
리에 대리점을 개설함으로써 국제적인 고미술상으로 발전하였다. 1918년
야마나카 사다지로山中定次郎가 사장으로 취임하면서 야마나카상회는 발전
을 거듭하여 세계적인 골동 거상으로 발전하였다.[85]

야마나카상회는 1914년 11월에 오사카미술구락부에서 《고대미술품대
전람회》를 개최하였다. 이 때 일본, 중국, 조선, 희랍, 프랑스 기타 각국에
서 수집한 불상, 고도기, 금석물 등 수천 점의 우수한 고미술품을 진열하
고, 도쿄미술학교장 마사키 나오히코正木直彦와 도쿄미술학교 교수 기무라
세이가이木村西崖를 초빙하여 각종 고미술에 대해 강연회를 개최하기도 했
다.

82)   藤田亮策,「歐米博物館과 朝鮮(上)」,『朝鮮』164호, 朝鮮總督府, 1929년 1월, p.8.
83)   佐佐木兆治,「朝鮮古美術業界20年回顧」,『京城美術俱樂部창업20年記念誌』, 株式會社京
       城美術俱樂部, 1942, pp.30~32.
84)   朴秉來,『陶磁餘滴』, 중앙일보사, 1974. p.32.
85)   故 山中定次郎翁編纂會 編,『山中定次郎傳』, 1939.

야마나카 사다지로(山中定次郎)와 야마나카 런던지점(『山中定次郎傳』, 1939)

1923년에는 구미 각국의 고미술품을 수집하여 5월에 오사카미술구락
부에서 《동서고미술품전》을 개최하였다. 1930년 5월 12일부터 14일까지
야마나카상회 주최로 오사카미술구락부에서 《세계민중고예술품전람회》
가 열렸다. 이 전람회 목록을 보면 총 2200여 점이 출품되었는데, 그 중
한국 도자기는 150 점이 진열되어 판매되었다. [86]

1933년 11월 2일부터 11월 5일까지 오사카의 야외 야마나카(山中)석조
진열소에서 석등롱 야외전을 개최하고 경매를 한 적이 있다. 당시 얼마나
많은 한국 석조물이 진열되었는지 알 수 없으나 이때 간송 전형필은 이곳

---

86)　山中商會 編, 『世界民衆古藝術品展覽會』, 1930.

"조선 개성 교외에서의 옹(翁), 메이지(明治) 45년"(『山中定次郎傳』)이란 사진 설명으로 보아, 1912년에 고려자기를 사기위해 개성에 들어갔다가 교외에서 조선의 노인과 찍은 야마나카 사다지로(山中定次郎)의 모습이다. 이 사진 한 장으로 야마나카는 직접 개성 등지로 출장하여 고려자기를 대량으로 사들였음을 알 수 있다.

에 출품된 우리나라 석조유물을 구입하여 한국으로 가져온 적도 있다.[87]

　1934년 5월에 우에노공원에서 개최한 경매도록『지나 조선 고미술전관』을 보면 당시 출품 수는 2천여 점이 되었다. 그 중에는 한국에서 수집한 1급 도자기 뿐 아니라 한국 불상, 석조물이 260여 점이 진열되었는데,

---

87)　당시 통일신라 3층석탑은 기와 집 6채 값인 6천원에 사들였고 고려 3층석탑은 3천7백원,
　　석조 사자는 2전5백원 소선 식등 하나는 3천7백원에 시들인 에도 있다. 이 석조물들은 현
　　재 간송미술관의 정원에 소재한다.

지나 조선 고미술전 진열 모습

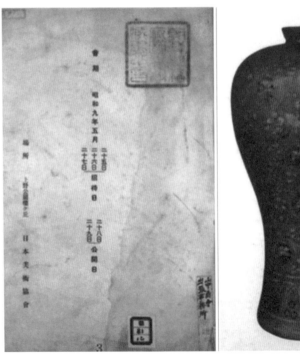

『지나조선고미술전관』도록 안쪽 표지와 도판 21의 '청자상감운학문매병'

그 중 고려자기는 59점이나 되었다.[88]

일본 측에서는 야마나카 사다지로를 평가하여 "아국의 미술을 해외에 소개하고 야마토大和민족의 문화적 진출에 발굴의 성적을 세운 걸물傑物"이라고 하며, "아국(일본)미술계의 선각자로서 해외에 진출하여 미술품으로 국리민복國利民福과 국위를 선양"한 것이라고 하고 있다.[89]

야마나카상회는 일본에서 개최한 전람회도록은 일부 남겼으나, 동양의 고미술품을 서구로 판매를 도록 등을 찾을 수가 없어 어떤 한국미술품이 야마나카상회를 통해 어떤 유물이 얼마나 유출되었는지 알 수가 없다.

1916년에 이마니시 류今西龍에 의해 개성, 강화도 일대의 고려 능묘가 조사되었는데, 이마니시가 제출한 『대정 5년도 고적조사보고서』에 의하면 외관상으로도 대부분이 도굴을 당하였음이 나타나 있다. 이마니시의 조사에서는 대부분 한일합방 전에 도굴 당한 것으로 조사되었다.

왕씨 고려시대의 분묘는 본도 및 속도本島及屬島에 많은데 모두 강화재도江華在都 40년간에 매장한 것으로 … 우수한 유물이 있는 고로 도굴이 성행盛行하여 이 시대의 발굴품이 한때 시정市井에 무수히 나와 지금은 거의 발굴이 다하였다.[90]

이를 통해 모두가 도굴 당했다고 보아야 할 것이다. 1956년도 이후 북한에서 왕릉 수리공사를 실시한 보고서나 남한에서 조사한 예에서도 개

---

88)   山中商會 編,『支那 朝鮮古美術 展觀』, 1934.

89)   故山中定次郎翁編纂會,『山中定次郎傳』序文, 1939.

90)   今西龍,『京畿道江華郡 遺蹟遺物調査報告書』第3 江華島 古墳 條,『大正5年度 古蹟調査報告』朝鮮總督府, 1917, pp. 227~228.

성 강화도 일대의 고려 능묘가 단 한 기도 성한 것이 없었다는 것이 이를 보충 설명하고 있다. 따라서 고려자기의 출토지에 대한 도굴은 이미 1916년 이전에 거의 동이 난 상태였다.

처음에는 분의 형을 갖추고 있는 고분을 도굴하였으나 이를 모조리 다 도굴한 후에까지 계속되었는데, 그들의 도굴기술은 상상을 초월하여 외형적으로 분의 형을 잃어 분묘라는 것을 알아 볼 수 없는 것의 경우에도 교묘히 찾아내어 도굴을 하였다. 도굴꾼은 보통 지맥을 보는 지관 못지않게 옛 무덤을 잘 찾아낸다. 보통 사람의 눈에는 도저히 무덤이 있을 것 같지 않은 곳을 뒤져서 부장품을 파내는 것이다. 이들은 쇠꼬챙이 하나만 가지고 평지를 찔러 무덤 안의 유물의 유무와 종류까지 판별한다고 한다.

대개 긴 꼬챙이를 가지고 다닌다. 그랬다가 무덤이 있을 만한 곳에 가서 그것을 푹 찔러 넣으면 쇠꼬챙이의 끝이 물건과 부딪치는 촉감으로 미루어 그 물건의 성질을 기가 막히게 알아맞힌다는 것이다. 꼬챙이를 몸에 지니고 산야를 쏘다니다가 적절한 장소에 이르면 죽 펴서 쿡쿡 찔러보는 것이다. 한5, 6백년이 지난 분묘는 자손이 대대로 가꾸어 내려오지 않으면 어떤 것은 흔적조차 없어지려니와 대개는 봉분이 평토와 다름없이 되어버려 그리 길지 않은 꼬챙이를 가지고도 그 속에 무엇이 들어 있는지 알 수 있다고 한다.

고유섭은 『만근輓近의 골동수집骨董收集』에서 당시의 사정을 다음과 같이 전하고 있다.

(전략) 근자에는 개성, 해주, 강화 등지의 고려고분이 여지없이 파멸破滅되었으니 옛적에는 오직 금은만 훔치려는 도굴이었으나 청일전쟁 이 후로부터는 도자기의 골동열에 눈뜨기 시작하여 요즘 5,6년

동안은 전산이 벌집같이 파헤쳐졌다. 봉분의 형태가 조금이라도 남은 것은 벌써 초기에 다 파먹은 것이요, 지금은 평토가 되어 보통 사람은 분묘인지 무엇인지 분간치 못할만한 것까지 「사도斯道의 전문가」(?)는 놓치지 않고 잡아낸다 한다. 그들에게 무슨 식자識字가 있어 그런 것이 아니요 철장鐵杖 하나 부삽 하나면 통답천하通踏天下가 아니라 통답분롱通踏墳瓏하게 되는데, 철장은 의사의 청진기 같은 역할을 하는 것인데, 철장으로 평지라도 찔러 보면 장중掌中에 향응響應되는 촉감만으로도 그 속의 분실의 유무는 물론이거니와 기명器皿의 유무, 종류, 기타 내용을 역력세세歷歷細細히 알 수 있다하며 심한 자는 남총男塚인지 여총女塚인지 노년총老年塚인지 장년총壯年塚인지 소년총少年塚인지 까지 알게 된다 하니 듣기에는 입신의 묘기 같기도 하나 예까지는 눈섭을 뽑아가며 들어야 할 것이다. 하여튼 청진의 결과 할개割開의 요要가 인정되는 때는 부삽으로 흙만 끌어내면 보물은 벌써 장중에 놀게 되고 요행히 몇 낱 좋은 물건이라면 최저 기십 원부터 기백 원 기천 원까지도 자본 안들이고 주머니 속에 들어가게 되었다.[91]

이처럼 고려고분은 여지없이 파괴되고 혹 평지처럼 남아 있는 것이라 할지라도 고분을 감식하는 기술이 사냥개 같은 도굴꾼에 의해 쏙쏙 뽑혀 파괴되었던 것이다. 한일합방 전에는 백주에 총검을 들이대고 후손이 보는 앞에서 도굴을 감행하는 일까지 빈번했으나, 이를 규제할 수 있는 마땅한 법규가 없었다. 또한 이를 막을 수 있는 힘이 한국 정부에는 없었다.

당시 조선의 법령인 1905년에 발표한 법률 제31조에 의하면, 유실물 보

---

91)   고유섭, 『고유섭전집 4, 고려청자. 송도고적. 전별의 병』 1993. pp. 343~344.

관은 1개월로 하고 있다. 뿐만 아니라 조선관습조사에서도 매장물은 발견
자의 소유로 하고 있다.[92]

　토지조사와 더불어 동산 부동산의 개념이 생기고 이에 따라 사유지에
있는 석조물 등이 개인 사유물로 취급되면서,[93] 이 같은 허점으로 인해 오
랜 세월이 흘러 무주물이 된 고분이 있는 토지를 싼 값에 매수하여 고기물
을 파내기도 했다.[94]

　유실물법 자체가 구체적으로 제정된 것은 일제강점 이후 제정된 제령
제33호 '유실물법'(1912년 5월 7일자)[95], 총독부령 제37호 '유실물 기타 물건

---

92)　法律 第三十條. 遺失物을 得亭 時에 官에 送納亭는 期限은 五日以內며 私物이어든 官으
　　로서 本主에게 追給亭는 期限은 三十日以內로 定亭이라(『大韓每日申報』 1905년 8월 18일
　　자)
　　第八節 遺失物剋留律
　　第六百四十六條 官私地內에서 埋藏物을 掘得하야 符印과 鍾鼎이나 異常亭 物이 有亭듸
　　該管官에 送치 아니亭 者는 笞八十에 處亭이라(『官報』 1905년 9월 25일자)
　　隆熙三年 韓國慣習調査報告書, 調査報告書-法典調査局
　　제30. 매장물의 소유자를 모를 때, 그 물은 누구의 것이 되는가.
　　매장물은 발견자의 소유가 된다. 그 매장물이 타인의 토지 안에 있고, 만약 매장물이 존재
　　하는 토지의 소유자에게 고용되어 일하는 중에 발견한 경우라고 해도 발굴한 그 사람의
　　소유로 된다. (國史編纂委員會 資料, 中樞院 調査資料(1909년))
93)　總務局長이 中樞院書記官長에게 보낸 「宮城寺刹 等의 廢址에 存하는 塔碑 等에 관한 舊
　　慣調査 件」(總第225號), 中樞院書記官長이 總務局長에게 보낸「宮城寺刹 等의 廢址에 存
　　하는 塔碑 等에 관한 舊慣調査 件」(大正6年 5月 29日 朝中第132號).
94)　吉倉凡農, 『(企業案內)實利之朝鮮』 文星堂書店, 1904, p.137. "더 싸게 사고 싶으면 고분
　　이라 생각되는 곳을 탐검(探檢)해서 그곳을 매입하여 지하에 묻혀 있는 것을 찾으면 된
　　다."는 내용이 보인다.
95)　제령 제33호
　　유실물, 범죄자의 置去한 것으로 인정하는 물건, 誤하여 점유한 물건, 타인의 치거한 물
　　건, 逸走한 가축 또는 매장물에 관하는 유실물법에 의함.

에 관한 시행에 관한 건'(1912년 5월 7일자)[96] 등이다. 그리고 '고물상취체에 관한 제령시행규칙(조선총독부령 제22호, 총독부관보 제 460호, 1912년 3월 12일)'[97] 정도가 있었다. 여기에도 만연한 고려자기 도굴을 막기 위한 구체적인 내용은 담고 있지 않다. 도굴한 고려자기가 시중에 나돌아도 현행범이 아닌 이상 추궁하여 범인을 색출하려는 절차나 명백한 처벌 규정이 없었다. 1916년부터 고적조사를 뒷받침할 법제도의 필요성을 느껴 이른바 '고적급유물보존규칙'을 제정하고 이에 각종 법규제에 나서게 된다.[98]

'고적급유물보존규칙'은 전 8조와 부칙으로 구성되었다. 제3조에서는 "고적 또는 유물을 발견한 사람은 그 현상을 변경하지 말고 3일 이내에 구두 또는 서면으로 해당지역의 경찰서장(경찰서의 사무를 취급하는 헌병분대 또는 분견소의 책임자를 포함)에게 제출하여야 한다"고 규정하고 있다. 위반 시에는 제8조에 "200원 이하의 벌금 또는 과료에 처한다."고 되어있다. 고적, 또는 유물 발견 시에는 이에 대한 제출의무를 두었다.[99]

고적, 또는 유물 발견 시, 신고를 받은 해당 경찰서장은 그 가운데 학술

---

96) 조선총독부령 제37호
    제1조 유실물법 제1조의 규정에 의하는 공고는 물건의 명칭, 종류, 수량, 형태, 모양 및 습득한 처소, 일시 등 아무쪼록 기타 건을 知得함에 족할만함으로 사료하는 사항을 상세히 기록함.
97) 제17조. 고물상의 매수 또는 교환한 물품이 유실물 혹은 장물에 係할 때는 경찰관이 징수하여 피해자에게 환부함을 득함. 만일 피해자를 알 수 없을 때는 징수한 일로부터 2개년 후에 피징수자에게 환부함이 가함.
98) 고적급유물보존규칙(1916년 5월 29일)
    古蹟取締에 관한 건(1916년 5월 29일)
    금석문 보존에 관한 건(1916년 8월)
    미술공예품 輸移出취체에 관한 건 통첩(1916년 10월)
99) 「古蹟及遺物保存規則」『大正5年度 古蹟調査報告』朝鮮總督府, 1917, PP.4~5.
    朝鮮總督府令 第52號, 官報 第1175號(1916年 7月 4日).

적 가치가 있다고 인정하는 유물에 한해서 출토 사항, 발견, 신고 연월일, 발견자 및 발견지주의 각 주소, 이름 등을 상세히 기재하여 '매장물 발견에 관한 건'이라는 제목으로 서식을 구비하여 도 경찰부장을 거쳐 각도 장관을 통해 조선총독부 학무국장에게 보고를 하거나 해당 결찰서장이 직접 학무국장에게 보고하도록 했다.

학무국에서는 이를 심사하고 '학술 기예 또는 고고의 자료'가 된다고 판단되면 해당 도지사에게 현품을 조선총독부에 보내도록 지시했다. 박물관협의원으로 하여금 매장물을 평가하게 하고, 필요한 경우에는 적당한 평가액으로 평가하여 그 평가액에 기초하여 보상금액을 정하도록 했다.

하지만 이때는 이미 개성, 강화도 일대의 고려고분은 거의 도굴이 다 되어 있었다. 이후 전국적으로 번진 도굴로 매장물이 암매되었지만, 매매는 대부분 한국인 앞잡이를 두고 중개인을 통해서 이루어졌다. 실제 뒤에서 조종하는 일본인들은 법망을 교묘히 빠져 나가는 등의 안전장치를 하였기 때문에 좀처럼 법망에 걸려들지 않았다. 간혹 공사 중에 발견된 고려자기가 일부 국고 귀속품으로 처리되기도 했다.

1923년 6월 20일에 개성 송도고등보통학교에서 운동장 터를 닦던 중 금으로 만든 바가지와 술병 1개 대야 3개, 화병 한 개, 향로 1개, 화로 1개, 등1개 등 8점이 나와 개성경찰서에 보관 하였다가 그 후 보안과의 지시로 8월에 총독부로 보내게 되었다.[100]

1925년 9월 11일 황해도 황주군 황주읍내 벽성리에서 제방공사를 하던 중 고려청자 나한상 50여체를 발견했다. 현물 중 비교적 파손이 적은 것

---

100) 『每日申報』1923년 8월 21일자.

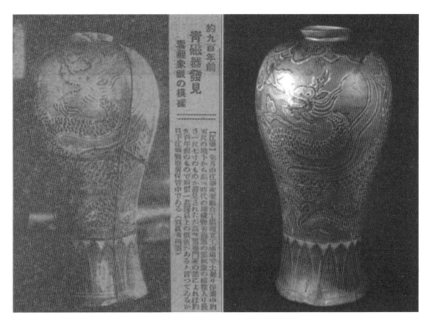

청자상감운룡문매병(왼쪽-『조선신문』1936년 6월 13일자 기사, 오른쪽-박물관 소장품번호-본관 13688)

2, 30여 체 분을 경찰서에 옮겨 보관했다.[101]

1936년 5월에는 강화군 강화산업조합공장 매립공사장에서 작업 중 약 5척의 지하에서 청자상감운룡문매병을 발견하였다. 당시 신문기사에 의하면, 현가現價 1만 원 이상의 가치가 있는 것으로 강화경찰서에 보관 중이라 한다. 높이 52㎝의 대형 매병으로 박물관 소장품번호 '본관 13688'로 총독부박물관에 입고되었다. 현재 국립전주박물관에 소장되어 있다. 1942년 7월에는 전북 전주 전주공립상생국민학교(전주초등학교 전신, 전주시 완산구 태평동)에서 우수한 고려청자가 발견되었다.

1942년 7월 18일부로 전주경찰서장이 조선총독에게 보낸 '매장물 발

---

101) 『朝鮮新聞』1925년 9월 18일자.

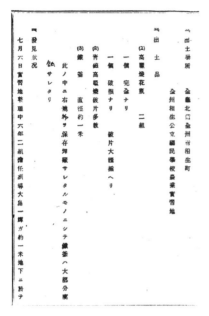

건 계출届出에 관한 건'102에 의하면, 1942년 7월 7일 전주공립상생국민(초등)학교 구내 후방 농림 실습지 중앙에서 고려청자 2점이 발견되었다.

그 발견 사정을 보면, 1942년 7월 6일에 동교 훈도 오오도리 이스키大島—輝가 아동 71명을 인솔하여 실습지 토지 정리 중 지하 약 30cm에서 철부鐵釜을 발견하여 이를 파내고 주변에서 청자파편과 청자상감운학문병, 청자상감포도문병 등 2개를 발견했다. 발견한 청자 2점 중 '청자상감포도문병'은 파손이 되었으나 복원이 가능한 것으로 보인다. '청자상감운학문병'으로 표기한 청자는 몸체에 수십 개의 원을 표현하고 원 밖에 운학을 흑백상감으로 표현했으며, 백상감으로 표현한 원 안에는 꽃을 흑백상감으로 표현한 우수한 매병이다. (원 안의 꽃은 국화나 모란처럼 보이나 명확하지 않음) 현재 호암미술관에 소장하고 있는 '청자상감운학모란국화문매병'(보물558호)과 흡사한 점이 있으나, 이 보다도 오히려 우수한 매병으로 보인다.

이같이 우수한 고려자기가 국내의 검색에서 나오지 않는 것을 보면 국

1942년 7월 18일부로 전주경찰서장이 조선총독에게 보낸 '매장물 발견 届出에 관한 건'

---

102) 「昭和 17년도 전라북도 전주부 전주공립상생국민학교 내 발견 靑磁雲鶴象嵌文甁 기타」, 국립중앙박물관 소장 조선총독부박물관 공문서, 목록 번호: 97-발견19.

발견된 청자상감포도문매병(파손)과 청자상감운학모란국화문매병

외로 반출되었을 가능성이 높아 보인다.

　한국에 건너온 일본인들은 온갖 수단으로 어느 정도 재물을 모으면 자신의 취향과 관계없이 무덤에서 파낸 도자기나 고대 서화 몇 점씩은 사모아 실내를 장식하고, 고상한 취향을 외부로 노출하지 않으면 사람 행세를 못했다. 아사미 린타로淺見倫太郞는 "과거 10년 전 조선에 온 일본인으로 고려자기가 어떤 물건인지 모르는 자가 없고 또 청·백자의 2, 3개를 득하여 궤상机上의 진완품珍玩品을 삼거나 혹은 고향의 증여품贈與品으로 보내지 아니한 자가 거의 없다시피 했다"고 한다.[103] 식자든 깡패 출신이든 거의 예외가 없었다.

---

103)　淺見倫太郞,「高麗靑磁에 관한 高麗人의 記錄」,『매일신보』1914년 10월 28일.

1905년에 조선에 건너온 일본인 아베 소스케(阿部惣助)의 저택 거실 모습(中央情報鮮滿支社編, 『大京城寫眞帖』, 1937)[104]

────────

104) 阿部惣助에 대해 1935년 民衆時論社朝鮮功勞者銘鑑刊行會에서 編纂한 『朝鮮功勞者銘
鑑』에는 다음과 같이 기록하고 있다.
1905년 6월 조선에 건너와 合名會社 阿川組, 西本組, 合資會社 谷口組 등에 들어가 鐵道
工事, 水利工事 등의 元請 또는 분담 下請 등에 종사. 1935년 현재는 그 重役으로 활약.
조선이 진보 발전의 걸음을 시작한 것은 러일전쟁 후였다고 해도 좋을 것이다. 일본 국내
인들의 진출도 그때까지는 매우 적었다.
1904년 2월 러시아와 일본 사이에 포화가 터지고 나서 鐵道建設事業은 급속히 일어나게
되었다. 이에 따라서 중앙과 지방을 막론하고 급속한 발전의 제1보를 내딛었다고 해야
할 것이다. 제반 시설이 계획적으로 추진되었던 것도 그 후라고 할 수 있을 것이다. 土木
建築界가 건설사업에 참여하여 조선에서 공전의 성황을 나타냈던 것도 이 때부터였다.
阿部惣助도 당시 번창하기 시작하였던 건설사업에 관심을 가지고 진출하였던 사람들 중
하나였다.
그는 현대 사회사상의 퇴폐를 바라보고 생각한 바가 있어서, 1929년 組合員의 사상을 선
도하고, 기술의 숙달을 꾀하여 그 지위를 높이는 동시에, 노사간의 협조 화애 상조의 정
신을 함양하여 勞使 共存 共榮의 목적을 달성하려고 하였으며, 朝鮮土木建築現業組合을
창립하여 그 組合長이 되어, 한번 움직이기라도 하면 惡化되려고 하는 노사간의 조정에
노력하여 斯界를 위하여 크게 그 힘을 다함.

일본인들은 "동아정신東亞精神의 극치는 '정적靜寂'이요 '정적'의 극치가 '무無'라 할진대 '무無'의 세계의 소산인 고려도자高麗陶磁야 말로 동양정신의 극치라 하여도 감히 과언이 아니리라"[105]고 예찬하면서 그네들 나름대로 한껏 애완했으나 최소한 1930년대 초까지 한국인에게는 고려자기에 대한 관심도가 그리 높지 않았다. 일제강점기 개성박물관에 근무한 한수경은 1933년에 다음과 같이 증언하고 있다.

> 5, 6년 전까지만 하여도 고려자기는 민중의 눈에는 편편한 와력적瓦礫的 존재에 불과하였던 것이었다. 누가 한 번 거들떠보려고도 아니하고 보고도 그 미술적 가치를 인식하는 자 갱무更無하였던 만치 이 방면으로 식견이 있는 몇 개의 외국인은 우매愚昧를 기화奇貨로 하여 희대의 진품을 쓴 술 몇 잔 값으로 바꾸어 갈 뿐 아니라 도굴이 성행하여 저명한 능묘와 고적 등지는 모조리 쑤시고 돌아다녀도 관심을 하는 자 갱무하였던 것이다. 결과로 우리의 국보는 외국의 박물관으로 귀양살이를 하게 되고 그가 생산되고 발달을 수遂한 고토故土에는 속악俗惡한 공장산의 자기가 기염氣焰을 토하는 주종전도主從顚倒의 괴현상을 나타내고 있다.[106]

고려자기는 무덤 속에서 무수히 나왔으나 한국인이 눈을 뜨기도 전에 이왕가박물관 등에서 수집한 것을 제외하면 모두 일본인의 손에 들어가고 말았다.

---

105)　內山省三, 『朝鮮陶磁鑑賞』, 學藝書院, 1936, p. 78.
106)　韓壽景, 「高麗磁器總觀」, 『高麗時報』 1933년 9월 1일자.

제3부

고려 능묘의 파괴

1. 고려 능묘의 수호와 파괴

1916년에 개성, 강화도 일대에 도굴로 인한 피해가 엄청나 총독부에서 고적조사대를 급파하였는데,[1] 그 조사를 담당한 이마니시 류今西龍는 무수히 파괴된 고려 분묘의 처참한 상황을 살피고 대부분이 몽고군蒙古軍이나 청국군淸國軍, 조선인에게 뒤집어씌우고 있다.

이마니시는 『다이쇼5년도 고적조사보고』에서 다음과 같이 말했다.

이조 조선인들이 유물약탈遺物掠奪을 목적으로 선조의 능묘를 도굴한 것은 적었다고 추측되지만, 그 용석用石을 도거盜去한 것은 심하다고 할 수 있다. 개성 남교 구릉의 토산土山에는 석재石材가 결핍缺한 것이 많다. 이조에 와서 부근 중류가中流家의 분묘가 이 방면에 성하게 조영造營하여 남교南郊에 있는 고려 왕릉에 쓰인 용석用石이 도거盜去되어 그 석재가 유존하는 것이 적다. 그 한 예로서 고려 왕족의 묘지는 소위

---

1)　「大正5年度 古蹟調査 槪要」, 『大正5年度 古蹟調査報告』 p. 16.
　　"(전략) 特別調査로서 盜掘의 보고가 있는 개성과 강화의 고분을 조사하고 고려 능묘의 소재를 조사할 것."

지리상 길지吉地에 있어, 이조인이 역시 자가自家의 분묘墳墓를 조영造營하기 위해 고릉고총古陵古塚을 깎아 그 위에 자가의 무덤을 썼다. 그래서 능묘를 잃어버린 것이 다수 있으며 기타 봉토가 유실되고 석물이 산실되어 그 소재가 불명으로 돌아간 분묘가 많다.

또 이태왕 때 청국병에 의한 발굴(도굴)이 적지 않다고는 하지만, 그들은 금속품은 도거盜去하고 도자기는 남겼다고 한다. 청일전쟁 후 무뢰한들에 의하여, 또 근년에 이르러서는 불량 조선인들에 의해 능묘의 형태를 지니고 있는 분묘가 모두 도굴되었고, 심한 것은 한 능을 2회 3회까지 도굴된 것이 적지 않다. 이미 봉토와 석물을 잃어 외관상으로 분묘인지 알 수 없는 것이라 하드라도 교묘하게 수색 발굴하니 황량처참荒涼悽慘함이 극에 이르러 오호 비통한 일일지어다.[2]

요시오카 겐타로吉岡堅太郎는 『닭의 숲鷄の林』에서 고려소에 대해 쓴 글에서 중국인에게 뒤집어 씌우고 있다. 이는 철저히 그들의 죄과를 은폐하려는 의도라 할 수 있다.

개성 및 강화도의 양소兩所에서 금일의 발굴은 두 번째의 발굴로서 특히 청일역淸日役(청일전쟁) 이전에 원세개袁世凱의 한국공사로 있던 시대에 금은보옥류金銀寶玉類를 얻을 목적으로 지나인支那人이 성盛하게 발굴을 감행하면서 귀중한 고려소高麗燒를 파괴하고 버려두었으며…… 금일 발굴되어진 많은 묘는 이미 저들의 손에 의해 일차 발굴

---

2) 『大正五年度 古蹟調査報告』第二章, '諸王陵紀事條', p.274.

一次發掘된 것.[3]

이마니시今西는, 몽고병을 피하여 강화로 도읍을 옮겼을 때 세조 창릉, 태조 현릉은 이장하였으나 후릉厚陵, 예릉睿陵은 몽고군에 의해 파괴되었다. 지릉智陵은 몽고군이 파괴한 것을 충렬왕 5년 4월에 수리하였으며, 충혜왕 2년에 고릉高陵 도굴되었다고 기술하고 있다. 이마니시는 특히 "이상의 능묘 도굴 기사는 사적에 기록된 것이고, 관리들이 도굴의 책임을 두려워하여 비밀리 누락시킨 것도 상당히 있을 것으로 짐작된다"는 것을 강조하고 있다.[4] 이는 임진왜란 때 선대 왕실의 무덤을 파헤치고 사체에까지

---

3) 吉岡堅太郎,「高麗燒」,『鷄の林』, 大海堂, 1924, p.106.
4) 今西龍,「高麗諸陵墓調査報告書」,『大正五年度古蹟調査報告』, 朝鮮總督府, 1917, pp.270~273.

능욕을 가하는가 하면,[5] 나중에는 그들의 필요에 의해 화해를 청하고자 할 때에는 기만까지 하였던 전대의 파렴치한 행위[6]를 버리지 못하고 그대로 답습하고 있다.

물론 일찍이 몽고군에 의해 몇 기의 능이 파괴 된 것으로 고려사절요 등

5) "동쪽의 왜적은 또한 선대의 무덤을 파헤쳤으므로 우리 임금이 밤낮으로 통곡"(『宣祖實錄 제33권』선조 25년 12월)

"선조25년 12월 12일에 적이 기병과 보병 50명이 성인의 백성 50명을 뽑아서 강릉과 태릉으로 가서 능우를 파헤쳤다."(『선조실록 제34권』선조 26년 1월)

"기자묘를 왜적이 두자쯤 파다가 그만 두었는데……"(『선조실록 제34권』선조 26년 1월조)

"원과 능들이 오랫동안 적의 소굴로 되어 있었으므로 불에 타고 파제끼는 재변을 당한 것은 그 어느 곳이나 다 마찬가지였으나 참혹한 형상은 이루 말할 수가 없다."(『선조실록 제34권』선조 26년 1월조)

"강릉은 대왕의 능에 군데군데 불탄 자리가 있고 왕후의 릉은 깡그리 불에 탔으나 …… 태릉은 릉의 앞쪽 절반이 파헤쳐졌고, 흉한 오랑캐들이 불순한 짓을 하여 종묘만 빈터로 만들었을 뿐 아니라 심지어는 선대 임금의 능에까지 누를 끼쳤으니 귀신과 사람들의 원한이 여기서 극에 달했다."(『선조실록 35권』선조 26년 2월조)

"매일같이 광릉 부근에서 불을 지르고 난장을 쳤다."(『선조실록 제36권』선조 26년 3월 병인일조)

"……지난 겨울에는 선릉과 정릉의 관에 가지 미쳤으니, …… 수도부근은 오랫동안 적의 소굴로 되었고 조상 임금들의 능묘가 피비린내 속에 빠졌으니……"(『선조실록 37권』선조 26년 4월 정유일조)

"선릉의 무덤 속에는 불사른 흔적이 있으므로 오산군 현이 그 재를 싸놓고 기다렸다."(『선조실록 제37권』선조 26년 4월 임자일조)

"강정왕, 공희왕의 두 무덤을 파서 광중에 감춘 것을 꺼냈으며 시체는 태워 버렸다."(『선조실록 제37권』선조26년 6월 경신일조)

영의정 최홍원의 보고 "선릉(성종의 릉), 정릉(중종의 릉)을 살펴보았던 바, 능에 남은 재 가운데는 모두 뼈가 탄 흔적이 있었으며 그것은 왕의 시체가 탄 것 같습니다."(『선조실록 제37권』선조 26년 6월 경신일조)

6) "선조39년(1606)에 일본도주 源家康이 임진왜란 당시 왕릉을 범한 賊 두 명을 잡아 보내고 인하여 書契를 만들어 和好를 통하였는데, 적의 나이가 20여 살이므로 임진년(1592)에는 다섯 살도 되지 않는 자였다."(『增補文獻備考 第1/8卷』「日本과의 交聘」)

이처럼 그들은 우리 조정을 기만하였다.

에 전해지는 것도 있다.[7] 그러나 고려시대 왕들은 전왕들의 능마다 산직

散職 장상將相을 두어 능을 관리하는데 소홀함이 없었다. 특히 고려 현종은

전왕조(고구려, 백제, 신라)의 능묘에까지 세심한 관리를 명하였다.[8] 조선시

대에도 고려 능묘의 보존 관리에 많은 관심을 가져 역대 왕들이 국가적 차

---

7) 『高麗史節要』에는 다음과 같은 기록이 있다.

"도적이 顯陵 廟室에 들었으므로 陵室을 시위하던 대장군 殷貞을 죄주었다."(『高麗史節要』
第五卷, 文宗 十三年 五月).

"太廟의 祭器를 도둑맞았다."(『高麗史節要』第十一卷, 의종 16년 8월).

"도적이 武陵을 발굴하니 왕이 禮部 諸陵署에 명하여 여러 능을 두루 살피게 하였다. 또 도
적이 발굴한 것이 5,6곳이 되므로 곧 中使에게 명하여 각기 願刹의 중을 시켜 능을 수리하
게 하였다. 有司가 여러 능의 능지기를 탄핵하여 파면시키고, 陵戶(능을 지키는 民戶)의 사
람을 먼곳의 섬으로 귀양 보냈다. 이듬해 도적 서너명을 잡아서 목을 베었다. 武陵은 安宗
의 陵이다." (『高麗史節要』제14권, 희종 4년 8월)

"도적이 태묘 9실의 玉册에 장식한 백금을 훔쳐갔다." (『高麗史節要』제16권 고종 17년 5월)

"도적이 후릉을 팠다."(『高麗史節要』제17권, 고종 43년 9월)

"도적이 후릉, 예릉 두 능을 팠다."(『高麗史節要』제17권, 고종 46년 2월)

"도둑이 고릉을 파헤쳤다."(『高麗史節要』25권, 충숙왕 원년 2월)

"왜적이 昌陵에 侵入하여 世祖의 肖像을 가지고 돌아갔다." (『高麗史節要』제28권, 공민왕
14년 3월)

8) 安鼎福, 『東史綱目』丁巳年, 顯宗8年(1017) 12月 條.

"三國(고구려, 백제, 신라) 여러 왕들의 陵寢과 祠堂을 修理할 것을 命하였다.

능과 묘가 있는 고을에 명을 내려 수리하게 하고 樵牧을 금하여 지나가는 사람은 내리게 하
였다."

이에 대해 安鼎福은 덧붙여 기록하길, "삼국의 여러 왕릉은 오직 경주에 약간 있을 뿐 고구
려, 백제 두 나라의 왕릉은 알려진 것이 없다. 만일 후왕들이 현종의 정사와 같이 하였던들
어찌 그것이 없어질리 있겠는가?" 하고 애석해 했다.

원에서 관리 및 보수에 많은 노력을 보였음을 알 수 있다.[9] 특히 순조 18년(1818)에는 고려왕릉 57능에 대한 전면적 조사를 실시하였다.[10]

고종 4년(1867)에 와서는 고려왕릉에 대한 대대적인 수리공사가 있었

---

9) "고려 8능(陵)에 수호인(守護人)을 두도록 명하였다. 능에 각각 2호를 두고, 매호에 전지 1결(結)을 주고, 부근에 나무하고 나물캐는 것과 불을 놓는 것을 금지하였다." (『太宗實錄』 태종 6년(1406) 3월 24일 기사.)

"예조 좌랑을 보내어 여조(麗朝)의 왕릉(王陵)을 간심(看審)하게 하였다. 이에 앞서 여조의 여러 왕릉이 투장(偸葬)당하고 집터가 되고 전지(田地)로 경작되는 걱정이 많이 있었으므로 3년에 한 차례씩 순심(巡)하기로 정했다." (『顯宗實錄』 현종 6년(1665) 10월 19일 기사.)

무너진 신라·고려의 왕릉을 보수하다. (『肅宗實錄』 숙종 38년(1712) 6월 4일 기사)

예조 낭청을 보내 고려 왕릉을 적간(摘奸)하게 하다. (『肅宗實錄』 숙종 40년(1714) 8월 23일 기사)

"개성 유수(開城留守) 심공(沈珙)에게 여조(麗朝)의 여러 왕릉(王陵)을 수축하고 왕씨(王氏)의 자손도 찾아서 장문(狀聞)하도록 하였다." (『英祖實錄』 영조 3년(1727) 10월 21일 기사)

"전조 왕릉의 금표 내에 경계를 범하는 자는 도형과 유형에 처하게 하다." (『英祖實錄』 영조 41년(1765) 9월 18일 기사.)

"예관(禮官)에게 명하여 전조(前朝)의 왕릉(王陵)을 봉심(奉審)하게 하고 지방관(地方官)으로 하여금 수보(修補)하게 하였다." (『英祖實錄』 영조 49년(1773) 10월 21일 기사.)

"개성 유수 정범조가 관할 내 고려 왕조 39능의 실태를 파악해 보고하다.

실태조사 결과, 고려 태조 현릉의 병풍석 및 정자각이 일부 훼손되었으며, 냉정동(冷井洞) 제1릉·제3릉과 월로동(月老洞) 제1릉에는 사초(莎草)가 드문드문하였으며, 혜릉(惠陵)에는 사초가 많이 말라 죽었다." (『正祖實錄』 정조 16년(1792) 9월 7일 기사.)

10) 『純祖實錄』 순조 18년(1818) 3월 30일 기사.

다.[11] 특히 이때 고려왕릉 및 이에 준하는 실명왕릉失名王陵에 대한 석비를 세우게 하여, 후세에 능의 분실을 방지하고 봉심하는데 차질이 없도록 했다.[12]

이후 1872년과 1873년에도 그 지역의 수령으로 하여금 고려왕릉을 봉심奉審케 한 기록이 보이고 있다.[13] 따라서 대한제국 시에도 전례에 따라 고려왕릉을 보호해 왔음을 알 수 있다.

그런데 이로부터 40년 후인 1914년 6월 26일자『매일신보』'고려왕릉의 보호'란 제하의 기사에 따르면, "고려조 역대의 왕릉은 거의 퇴폐頹廢하여

---

11) 고려 왕릉을 수개하도록 하고, 수개(修改)하는 일을 지방관에게 거행하도록 했다.(『高宗實錄』고종 4년(1867) 5월 7일 기사)
     고려 왕릉을 3년에 한 번씩 봉심하게 하다.(『高宗實錄』고종 4년(1867) 6월 3일 기사 1867년 조선 개국(開國) 476년)
     "전교하기를, "고려 왕릉에 3년에 1번씩 예조 낭청을 보내어 봉심하는 것은 정해진 법전에 실려 있는 바이다. 그런데 근래에 들건대 곳곳마다 모두 능역(陵城)이 황폐해지고 의물(儀物)이 다 허물어졌다 하니, 수호하도록 한 뜻에 크게 어긋난다. 현재의 보수하는 일 등을 천천히 하도록 그냥 둘 수는 없다. 들어가는 물력(物力)을 호조에서 수송해 주고, 이어 수신(守臣)으로 하여금 길일을 잡아 역사를 시작하여 전적으로 관장하여 감독하도록 하고, 이후로는 꼴 베고 나무하는 사람들을 금지하고 봉축(封築)하는 방도에 있어 혹 소홀함이 없이 각별히 거행하도록 분부하라."하였다."(『承政院日記』고종 4년(1867) 6월 3일 기사.)
     "고려 제왕릉(諸王陵)을 수치(修治)케 하다."(『高宗實錄』고종 4년 정묘(1867년) 9월 19일 기사.)
     "보수가 끝난 고려 왕릉에 전작례를 섭행하도록 하다. 전교하기를, "고려 임금들의 능들이 이제 다 보수되었다. 고려 태조(太祖)의 능에는 예조 판서(禮曹判書)를 보내어 전작례(奠酌禮)를 섭행(攝行)하게 하고, 여러 능들은 유수(留守)에게 매년 봄가을마다 봉심(奉審)하고 나서 장문(狀聞)하도록 하며, 각 고을에 있는 여러 능들도 경기 감사(京畿監司)와 강화 유수(江華留守)에게 함께 시행하는 것을 영원히 정식(定式)으로 삼도록 하라." 하였다.(『高宗實錄』고종 4년 11월 3일 기사.)
12) 개성군 중서면 곡령리 칠릉동에 있는 능묘에 대해 "칠릉군 제1릉~제7릉", 개성군 중서면 곡령리 능현동에 있는 능묘에는 "선릉군 제2릉~제3릉" 등으로 석비를 세웠다.
13) 『高宗實錄』고종 9년(1872) 3월 6일자 기사;『承政院日記』고종 10년(1873) 5월 8일자.

겨우 그 형적이 남았을 뿐"이라고 한다.[14] 그리고 가와구치 우키쓰川口卯橘의『고려왕릉지』에는 당시 상태를 다음과 같이 기술하고 있다.

일청전쟁 후 무뢰한에 의하여 다시 근년에 이르러 불량 조선인에 의하여 적어도 능묘의 형을 하는 것으로서 도굴되지 않은 것이 없고 심한 것은 하나의 능묘로서 2회 3회에 미친 것도 적지 않다. 이미 봉토 석물을 잃고 외면으로나마 분묘인지 아닌지 불명한 것이라 하드라도 교묘하게 수색 발굴하여 황량 처참을 극하기에 이르렀다.[15]

가와구치는 고려왕릉 파괴의 상태를 모두 조선인의 책임으로 돌리고 있다.

이마니시도 전술한 고려조와 조선조의 고려왕릉 수호에 대해 "고려조와 조선조에서 공히 전조前朝의 능묘에 대하여 상당히 보존과 방법을 강구한 것에 경의를 표한다"라고 했다. 한말 이후의 파괴는 대부분이 일인 도굴꾼들에 의한 것이라는 것은 앞의 미야케 죠사쿠三宅長策의 증언으로 미루어 보아도 알 수 있는 것이다. 간혹 조선인에 의한 것이라 할지라도 그것은 악독한 일인의 꼬드김에 빠졌거나 그들의 앞잡이라는 것은 자명한 것이다.

---

14) 고려조 왕릉의 보호
고려조 역대의 왕릉은 거의 퇴폐(頹廢)하여 겨우 그 형적이 남았을 뿐인데 총독부에서는 이를 보호보존하기로 결정한 결과로 경기도 관내 개성에서 42, 고양군에서 1, 장단군에서 8, 풍덕군에서 3, 강화군에서 4, 합계 58개소에서 고려왕 태조현릉 외 역대의 왕릉이 존재함으로써 이를 보존 보호하기 위하여 58인을 선정하여 관리케 하였다. (『매일신보』 1913년 6월 26일자)
15) 川口卯橘, 『高麗王陵誌』, 開城圖書館, 1927, p.8.

고려시대 왕족의 능은『고려사』기록에 따르면 모두 59기이고, 강화군
은 고려조 천도의 관계로 개성 일대에서 이봉移封한 여릉麗陵 여묘麗墓가 많
이 있었는데 그 후 재차 천도시遷都時에 옮긴 것도 많이 있었으나 조선이
들어서면서 옮기지 못한 것도 상당수가 있었다. 그러나 연대가 경과하면
서 점차 그 소재를 잃게 되어, 조선 21대 영조英祖 때 유수留守 조복양趙復陽
이 상명上命에 의해 수색하여 겨우 4기의 능을 발견하여 표석標石을 세우고
수호守護하였다.[16]

조선 순조 18년(1818) 개성유수 조종영이 조사한 바에 따르면 고려왕릉
은 57기로 41기은 개성에 있고 장단, 풍덕, 강화, 고양에 16기가 있는 것으
로 밝혀지고 있다.[17] 구한국궁내부 장례원掌禮院에서 광무10년光武十年(1906)
12월까지 경기도내의 고려왕릉을 조사한 수는 54기로 전조전릉금표정식
前朝殿陵禁標定式을 하고, 융희2년隆熙二年(1908) 7월 칙령勅令 제50호에 의해 정
부소관政府所管으로 옮긴 것으로 기록하고 있다.[18] 그 후 1911년에 관통첩
제538호에 의해 경기도에 있는 능묘를 조사한 결과 신라 및 고려왕릉의
총수는 58기로 기록하고 있는데[19] 이는 주로 그 지역의 고노古老들의 전문
傳聞에 의해 대체적인 구역 등을 조사한 것으로 그 정확성에 있어서는 약
간의 차이가 있을 수도 있다. 그런데『다이쇼5년도고적조사보고大正五年度

---

16) 『江華府誌』陵墓 條, 1783.

17) 『純祖實錄』순조 18년(1818) 3월 30일 기사.;『大韓每日申報』1909년 3월 6日字.; 장호수,
「개성지역 고려왕릉」,『한국사의 구조와 전개』, 도서출판 혜안, 2000, p.147.

18) 內1第638號(1918년 4월 17日),「陵域決定에 관한 件」; 光武10년 12월 11日 上奏勅定, 隆
熙3年 2月 9日, 掌禮院 引繼,「前朝殿陵禁標定式」; 萬歲報, 光武10년 10월 13日字.;『古蹟及
遺物登錄臺帳抄錄』, 朝鮮總督府, 1924, pp.234~235.

19) 1916년 8月 30日 京畿道長官이 政務摠監에게 보낸 庶第510號「陵域決定에 관한 件」,『古
蹟及遺物登錄臺帳抄錄』, 朝鮮總督府, 1924, p.243.

_{古蹟調査報告}』에서 이마니시 류_{今西龍}가 제출한『고려제릉묘조사보고서_{高麗諸}
_{陵墓調査報告書}』를 살펴보면 경기도 일대의 고려 능묘를 53기로 밝히고 있다.
그 중 소재가 명백한 것이 30기이고 왕실 관계 능으로 전하나 능명_{陵名}을
실_失한 것이 23기이다. 능명은 있으나 소재불명릉_{所在不明陵}이 15기나 된다.
이는 외관상으로도 그동안 상당한 피해를 입었음을 말해주고 있다.

고려조 역대 능명이 나타난 능 중 소재지가 밝혀진 것과 소재지 불명의
능은 다음과 같다.

고려조 역대 왕릉명 및 소재지[20]

王代	능명(陵名)	소재지	비고
	원창왕후온혜릉 (元昌王后溫鞋陵)	개성군 송악면 만월정 쌍폭동	
	세조창릉(世祖昌陵)	개성군 남면 창릉리 영안성내	
1	태조현릉(太祖顯陵)	개성군 중서면 鵠嶺里 태조릉동	神惠王后 祔葬
	신성왕후정릉 (神成王后貞陵)	개성 상도면 상도리 봉곡동	
2	혜종순릉(惠宗順陵)	개성군 송도면 자하동	義和王后 林氏 부장
3	정종안릉(定宗安陵)	개성군 청교면 안릉리 안릉동	文恭王后 朴氏 부장
4	광종헌릉(光宗憲陵)	개풍군 영남면 심천리	
5	경종영릉(景宗榮陵)	장단군 진봉면 탄동리	
追尊	대종태릉(戴宗泰陵)	개성군 중서면 곡령리 해안동	
6	성종강릉(成宗康陵)	개성군 청교면 배야리 강릉동	

---

20) 참고: 今西龍,「高麗諸陵墓調査報告書」,『大正5年度 古蹟調査報告』, 朝鮮總督府, 1917; 川
口卯橘,『高麗王陵誌』, 開城圖書館, 1927.; 汲月堂學人(高裕燮의 雅號),「高麗王陵과 그 形
式」,『高麗時報』1940년 10월 1일자.

王代	능명(陵名)	소재지	비고
7	목종의릉(穆宗義陵)	소재지 불명(顯宗 3년 移葬, 城東)	川口는 비고란에 "花谷陵?"으로 의문을 표시
追尊	안종무릉(安宗乾陵)	개성군 영남면 현화리	
	헌정왕후원릉 (獻貞王后元陵)	개성군 영남면 현화리	
8	현종선릉(顯宗宣陵)	개성군 중서면 능현동	
9	덕종숙릉(德宗肅陵)	소재불명(葬于北郊)	川口는 비고란에 "月老洞陵の內?"로 표시
10	정종주릉(靖宗周陵)	소재불명(葬于北郊)	川口는 비고란에 "月老洞陵の內?"로 표시
11	문종경릉(文宗景陵)	장단군 진서면 경릉리	
12	순종성릉(順宗成陵)	개성군 상도면 풍천리 풍릉동	
13	선종 인릉(宣宗 仁陵)	소재지 불명(葬于城東)	川口는 비고란에 "韶陵群の內?"
14	헌종은릉(獻宗隱陵)	소재지 불명(葬于城東)	川口는 비고란에 "韶陵群の內?"
15	숙종영릉(肅宗英陵)	장단군 진서면 판문리 구정동	
16	예종유릉(睿宗裕陵)	성군 청교면 배야리 총릉동	
17	인종장릉(仁宗長陵)	소재지 불명 『신증동국여지승람』에 "인종릉호는 장릉으로 城西 碧串洞에 있다"고 하는데, 벽곶동(碧串洞)이라는 지명을 알 수 없다.	도굴로 인해 諡册이 세상에 나와 유물이 발견되었으나 도굴지가 은폐되어 소재지는 알 수 없다. 川口는 비고란에 "宣陵群の內?"로 표시
18	의종희릉(毅宗禧陵)	소재불명(明宗 5년 5월 葬于城東)	川口는 비고란에 "韶陵群の內?"로 표시
19	명종지릉(明宗智陵)	장단군 장도면 두매리 지릉동	

王代	능명(陵名)	소재지	비고
20	신종양릉(神宗陽陵)	개성군 청교면 양릉리 양릉동	
21	희종석릉(熙宗碩陵)	강화도	
22	강종후릉(康宗厚陵)	今西龍은 '소재지 불명'으로 표시하고, 川口와 고유섭은 '영남면 현화리'로 보고 있다.	川口는 비고란에 "安宗武陵の側?"
23	원덕태후곤릉(元德太后坤陵)	강화군 양도면 능내리	
23	고종홍릉(高宗洪陵)	강화군 국화리	
24	원종소릉(元宗韶陵)	개성군 영남면 소릉리	
	순경태후 가릉(順敬太后 嘉陵)	강화군 양도면 가릉리	
25	충렬왕경릉(忠烈王慶陵)	소재지 불명(『與地勝覽』에는 "府西12里")	川口는 비고란에 "高陵里附近?"
	제국공주 고릉(齊國公主高陵)	개성군 중서면 여릉리 고릉동	
26	충선왕덕릉(忠宣王德陵)	불명(『與地勝覽』에는 "府西12里")	川口는 "明陵群の內?"
27	충숙왕의릉(忠肅王毅陵)	소재지 불명	川口는 "明陵群の內?"
28	충혜왕영릉(忠惠王永陵)	소재지 불명	川口는 "진봉면 탄동리?"
29	충목왕명릉(忠穆王明陵)	개풍군 중서면 여릉리 명릉동	
30	충정왕총릉(忠定王聰陵)	개풍군 청교면 배아리	
31	공민왕현릉(恭愍王玄陵) 및 노국공주정릉(魯國公主正陵)	개성 중서면 여릉리	
32	우왕(禑王)		폐위로 묘호와 시호가 없음
33	창왕(昌王)		폐위로 묘호와 시호가 없음
34	공양왕(恭讓王)	소재지 불명(고양군 건달산, 혹 삼척)	묘호가 없음

고려왕릉으로 전하거나 이에 유사한 능으로 이미 능명을 잃어 고종 4년
(1867)에 능비를 세워 '제1릉', '제2릉' 등으로 새겨 표시했다. 누구의 능인
지 능명을 잃은 것은 실명릉失名陵은 다음과 같다.

실명릉(失名陵)

능명	소재지
칠릉군(七陵群) 제1~제7릉	개성 중서면(中西面) 곡령리
선릉군 제2~제3릉	개성 중서면(中西面) 곡령리 능현동
명릉군 제2릉~제3릉	개성군 중서면 여릉리 명릉동
서구릉(西龜陵)	개성군 중서면 여릉리 두문동
소릉군(韶陵群) 제2릉~제5릉	개성군 영남면 소릉리 내동
냉정동(冷井洞) 제1~제3릉	개성군 영남면 소릉리 냉정동
동구릉(東龜陵)	개성군 영남면 용흥리 팔자동리
전(傳) 화곡릉(花谷陵)	개성군 영남면 용흥리 화곡
월노동 제1, 제2릉	개성군 중서면 곡령리 대월로동

이상 23기는 실명릉으로, 소재 불명릉 중 이곳에 많이 섞였을 것으로
추정되고 있다.

고려자기에 혈안이 된 불법자들에 의한 고려 고분의 파괴가 얼마나 심
했는지, 이마니시가 1916년에 조사한 『고려제릉묘조사보고서』(『1916년도
고적조사보고』)를 보면 당시의 도굴로 인해 고려릉묘는 성한 고분이 없을
정도로 황폐 처참하게 파괴된 것으로 조사되었다.

이후 1918년 7월 3일~7월 16일에 경기도 개성군, 장단군에 소재한 고
려릉묘 47기를 조사한 야쓰이 세이이치谷井濟一의 『봉산군, 개성군, 장단군

고적조사 복명서』[21]에 의하면, "47기 중 온혜릉을 제외한 46기가 전부 근년에 도굴의 화를 당했다."고 보고하고 있다. 하지만 실제상에는 개성뿐만 아니라 전 지역의 고려릉은 모두 도굴된 것으로 보인다.

---

21) 『국립중앙박물관 소장 총독부박물관 공문서』 관리번호: F002-004.

2. 일본인의 고려 능묘 조사

1) 야기 쇼자부로의 조사

야기 쇼자부로八木奘三郎는 1차로 1900년 10월부터 1901년 3월까지 한국에 대한 조사를 마치고, 2차로 1901년 10월초부터 11월까지 한국 전토의 대략적인 유적 유물을 살핀 것으로 나타나 있다.[22] 그가 한국에 건너와 무엇을 어떻게 조사했는지 정식 보고서가 나오지 않아 상세한 내용은 알 수 없다.

『고고계』 1902년 4월호에는 1902년 3월 30일자 『시사신보』에 실린 야기의 「조선고고담朝鮮考古談」을 옮겨 실었는데 그 내용은 조선의 고분과 부장품에 대한 일반적 설명이다. 야기는 고분을 탱석撑石, 고려총, 후고려의 고분 등 시대 순으로 3종으로 구분하고 있다. 또 후고려 고분에서는 고경,

22) 『考古界』 第1篇 第6號, 1901년 11월.; 『고고계(考古界)』 제1편 제5호(1901년 10월), '야기 쇼자부로(八木奘三郎)씨의 한국행'에서, "본회 평의원 야기 쇼자부로(八木奘三郎)씨는 도쿄 이과대학으로부터 파견되어 작년 겨울부터 본년 여름까지, 수월 간 한반도에 인류학 연구 여행을 하고 〈중략〉 동씨(同氏)는 본년에 역시 동국 탐구의 명을 받아 본월 3일 당지로 출발"이라고 밝히고 있어 그의 조사활동은 도쿄제국대학의 명임을 알 수 있다.

마구, 부斧, 전도剪刀, 시匙, 고전古錢, 고려자기 등이 부장되어 있음을 설명하고 있다. 또 고분의 분포를 설명하여 후고려의 고분은 경기도의 송도에 가장 많다고 하고 있다.[23]

또 야기는 한국도자기를 시대적으로 분류를 하고 있는데, 제1기 신라소新羅燒, 제2기 고려소高麗燒, 제3기 조선소朝鮮燒로 분류하고, 신라소는 소소素燒와 축부소祝部燒로 분류하고, 고려소는 청고려靑高麗와 백고려白高麗, 조선소는 청회수靑繪手와 소소素燒로 다시 분류하고 있다. 또 기술상의 분류로는 소소素燒와 유소釉燒로 분류하고 소소는 적소赤燒와 청서소靑鼠燒로 나누고 유소釉燒는 청유무지소靑釉無地燒, 청유모양수소靑釉模樣手燒, 백유소白釉燒, 상안입소象眼入燒, 청회수소靑繪手燒로 분류하고 있다.[24] 이런 조사는 후일 이왕가박물관에 근무하면서 특히 전국 도요지를 조사한 것과 무관하지 않는 것 같다.

이런 등으로 보아 그가 직접 고분을 발굴했는지는 알 수 없지만 최소한 고려 왕릉을 답사했을 것으로 보이나 구체적인 설명이 보이지 않는다.

야기의 조사는 세키노의 한국건축조사에도 일조를 했을 것으로 보인다. 1902년 세키노가 한국건축조사 후 1904년에 간행한『한국건축조사보고서』의 '만월대' 조에서 고려왕궁지를 기술함에 있어서, "우인友人 야기 쇼자부로 씨가 일찍이 여기를 다녀가 그 조사한 도면을 기여함에 의하여 이를 게재하여 설명이 불충분한 곳을 돕고, 이울러 유지의 상황의 일반을 표시하려한다"라고 하고 있어 야기는 고려왕궁지에 대한 도면까지 그렸음을 알 수 있다.

---

23) 「八木奘三郎君の朝鮮考古談」,『考古界』第1篇 第11號, 1902년 4월호.
24) 八木奘三郎,「韓國の美術」,『考古界』第4篇 第2號, 1904년 7월.

2) 세키노 다다시의 조사

학자로서 두 번째로 한국에 건너와 한국의 고건축을 조사한 자는 세키노 다다시關野貞다. 세키노는 1902년 7월 23일~30일까지 개성 고려궁지 등을 조사할 때 고려 태조 현릉의 외형적 조사 외에는 구체적인 조사는 생략하고 있다. 당시 고려자기를 수집한 일본인들을 만나고 귀국한 후에 1904년 도쿄제국대학조사보고서로 제출한 『한국건축조사보고서』에서, "나는 경성 및 개성 재류의 일본인에게서 이들 도기의 다수를 보았다. 야마요시 모리요시山吉盛義 씨는 일찍이 한국공사관에 재직할 당시 수백 점에 이르는 도기를 수집했는데, 지금 도쿄제실박물관에 특별히 전시실 하나를 마련하여 진열하고 있다."하고, 박물관 및 야마요시의 소장품 중에서 복사

개성 만월대 회경전 석단(『조선고적도보』)

한 도판('圖 76')을 제시한 정도이다.[25] 그리고 1904년『역사지리』에 발표한 「고려의 구도開城 및 왕궁유지滿月臺」에서 "만월대에서 약간의 당초와唐草瓦 2종 및 파와巴瓦 2종 잔편을 채집했다."[26]하는 정도이다.

그 후 1909년 8월에 탁지부건축소 고건축물 조사 촉탁으로 임명되어, 1909년 10월 3일부터 4일까지 고려 왕릉을 답사했는데 공민왕 현릉, 동 왕비 노국대장공주 정릉, 가릉에서 다소의 고려자기파편을 채집한 것으 로 나타나 있다.[27] 당시에 고려시대의 유물을 많이 수집했다. 수집한 유물 중에서 1912년 5월에 개최한 도쿄제국대학 건축학과 제4회 전람회에 개 성 만월대 왕궁지 발견 와, 고려 희종릉 발견 고와를 비롯한 왕릉 발견 도 기파편, 동경 5점, 순청자, 상감청자(기사己巳, 경오庚午, 임신壬申등 문자명文字 銘) 수 점, 흑유, 백자 등이 진열되었다.

『고고학잡지』제2권 9호(1912년 5월)에 실린 이 전람회의 관람기(「동경공 과대학 건축학과 제4회전람회」)의 내용 일부는 다음과 같다.

제8 고려시대의 개성 만월대 왕궁지 도면은 현지 답사를 통해 당시
건조물의 배치를 추정한 것이다. 공민왕릉(사진)은 왕비의 능(사진)과
함께 나란히 만들어져 공민왕의 말로를 기린 것으로, 그 석각에는 이
조의 기치인 태극이 나타나 있는 점에 주의해야 할 것이다. 〈중략〉
도기(실물)는 이른바 고려자기라 불리어 그저 감상하는 데에 그치지
않고, 골동품 수집으로 천금을 들여도 아깝지 않은 것이어서 고려시

---

25)　關野貞,『韓國建築調査報告書』東京帝國大學工科大學, 1904, p. 105.

26)　關野貞,「高麗の舊都(開城)及王宮遺址(滿月臺)」,『歷史地理』제6권 제7호, 日本歷史地理學 會, 1904년 7월.

27)　谷井濟一,「韓國葉書だより, 第2信」,『歷史地理』제14권 5호, 歷史地理學會, 1909년 11월.

대 요업의 발전을 여실히 보여주고 있다. 초기에는 드물게 무광택인 자기(실물)도 있지만, 나중에 송나라 요업의 영향을 받은 민무늬, 음각, 양각 및 상감, 상감청자(실물) 등 일품이라 할 수 있는 것이 많으며, 백자(실물) 및 흑유 자기(실물) 역시 볼 만하며 그 형태 역시 다양하다. 또한 강화도에서 다수 출토된 상감청자(실물)에 기사己巳, 경오庚午, 임신壬申 등의 명문이 있는데 아마도 원종 시대의 작품으로, 이는 일본의 가마쿠라鎌倉 분에이文永 시대의 것으로 인정되므로 청자의 연대를 명확하게 하는데 좋은 자료가 된다. 더불어 왕릉 부근에서 발견되는 도기의 파편 역시 고려시대 도기의 연대를 명확히 하는데 귀중한 자료이다.[28]

이 전람회에서는 세키노가 기명記銘이 있는 고려청자를 출품한 것으로 보인다.『조선고적도보』제8책에는 세키노가 개성일대에서 수집한 유물을 싣고 있는데, 다음과 같은 것이 있다.

청자상감경오명운학문완靑瓷象嵌庚午銘雲鶴文盌
청자상감임신명유로수금문완靑瓷象嵌壬申銘柳蘆水禽文盌
청자상감임신명운학문완靑瓷象嵌壬申銘雲鶴文盌
청자상감기사명유로수금문완靑瓷象嵌己巳銘柳蘆水禽文盌
청자상감갑술명유로수금문완靑瓷象嵌甲戌銘柳蘆水禽文盌

---

28) 이 내용은 황수영 편,『일제기 문화재 피해자료』에도 수록하고 있는데, 이것을 최근에 국외소재문화재재단에서 보완, 해설을 첨가하여 2014년에 발간했다.
인용한 본 내용은 2014년에 국외소재문화재재단에서 보완한 내용을 재인용하여 그대로 옮김.

청자상감기사명국화문팔각완青瓷象嵌己巳銘菊花文八角盌

청자상감경오명국화문팔각완青瓷象嵌庚午銘菊花文八角盌

청자상감계유명국화문팔각완青瓷象嵌癸酉銘菊花文八角盌

이들 경오庚午(1269), 경오庚午(1270), 임신壬申(1272), 계유癸酉(1273), 갑술甲戌(1274) 등의 기명을 가진 청자는 고려 24대왕 원종元宗(재위: 1259~1274)대에 재작된 귀중한 자료라 할 수 있다.

세키노의 보고서에는 고려고분을 직접 발굴했다는 기록은 보이지 않는 점으로 보아 지표상에서 수습했거나 골동상들로부터 매입한 것임을 짐작할 수 있다.

關野貞 소장 청자상감경오명운학문완과 청자상감기사명유로수금문완(조선고적도보 8권)

1909년 세키노의 고려왕릉 조사에 대해『조선예술지연구朝鮮藝術之硏究』와『한홍엽韓紅葉』에 발표하고 있는데, "태조의 현릉은 도선道詵의 점괘로 정한 곳인데 지형이 만월대와 약간 비슷하지만 규모는 현저하게 작다. 분墳은 구릉의 중복에 있는데 남면하고 약간 높은 산으로 이어지며 그 앞을 동쪽으로 향해 흘러가는 소류가 굽어지는데, 좌우 작은 구릉 앞으로 나와서 용호의 모양을 띤다."라고 하며 능묘의 지세와 그 외 석물과 정자각丁字閣 등의 배치를 약간 기술

하고 있다. 그 외 개성, 강화도에 있는 능명을 거론하는 정도이다.[29]

그 이후 발표한『조선의 미술공예』(東洋史講座, 제10권)와『조선미술사』에서는 고려시대의 능묘의 외부 석물 배치 등에 대해서 "신라 제도를 모방했으나 새로 망주석, 석등, 정자각을 설비하고 석양石羊, 석호石虎를 분의 주위에 배치"하고, "분의 내부는 장방형의 현실로 사방벽은 돌로 축성하고, 내부 벽천정은 모두 석회로 칠한 다음 성진星辰을 그리고 사방의 벽에는 사신도십이지상 등을 그렸다."고 하며 주로 능묘의 외형과 내부구조에 대해 설명하고 있다. 능묘의 도굴에 대한 내용은 생략하고 현실 내의 부장품에 대해 "근년에 이런 등은 기만幾萬의 고분이 도굴당하여 당시의 문화를 드러내 각종 귀중한 공예품을 다시 세상에 나오게 했다"라고 기술하고 있다.[30]

3) 이마니시 류의 고려 능묘 조사

1909년 이후 계속된 고적조사와 함께 약탈자들에 의한 고분의 도굴이 성행하여 일반 민중들의 반발反撥과 항의가 고조되어 갔다. 조선총독부에서는 고적조사 사업을 뒷받침할 법제도의 필요성을 느껴[31] 이른바 고적급유물보존규칙을 제정하게 된다. 「고적급유물보존규칙」은 1916년 7월 4일에 조선총독부령 제 52호로 제정制定 공포公布하였으며, 「고적조사위원회

---

29) 關野貞,『朝鮮藝術之研究』, 度支部建築所, 1910; 關野貞, 「韓國藝術の變遷に就て」,『韓紅葉』, 年代未詳(凡例를 보면 1909년의 조사 내용)
30) 關野貞,『朝鮮の美術工藝(東洋史講座. 제10권)』, 雄山閣, 1931년 6월, pp. 158~159. 關野貞은『朝鮮美術史』(朝鮮史學會, 1932, pp. 153~159)에서도 동일 내용을 담고 있다.
31) 京城府,『京城府史』第3卷, 1934, p. 347.

「규정」은 1916년 7월 4일 조선총독부 훈령 제29호로 발포하였다.

1916년 8월 12일에 개최된 제2회 고적조사위원회에서는, '고적조사 5개년 계획', '다이쇼5년도 고적조사계획 및 설명', '유적 및 유물등록', '고적 및 유물보존' 등이 안건으로 되어 있다. '고적조사 5개년 계획'에는 1916년부터 1920년까지의 고적조사 범위와 연도별 조사지역을 구분하고 있다. 고적조사 5개년계획에 따라 1916년도의 조사는 주로 고적조사위원 세키노, 구로이타, 이마니시, 도리이 류조, 촉탁의 야쓰이와 구리야마

이마니시의 『고려제릉묘조사보고서』 원고
(1917년 8월)

그리고 총독부에서 파견한 오바 쓰네키치小場恒吉, 노모리 겐野守健, 사와 슌이치澤俊一가 보좌했다.

각 조사위원의 주요한 역할 중에서 이마니시今西 위원은 1916년 8월부터 경기도 일대의 고적조사를 주로 하되, '특별조사'로서 "도굴의 보고가 있는 개성과 강화의 고분을 조사하고 동시에 고려 능묘의 소재지를 조사할 것"으로 명시되어 있다.

이마니시 류今西龍는 '특별조사'인 고려 능묘 조사를 위해 1916년 10월 4일 총독부 기수 세키야 쵸노스케關谷長之助와 동행하여 경성을 출발 개성군, 장단군, 강화군, 평산군을 조사하고 10월 30일 경성으로 귀환했다. 그

일정과 조사내용은 다음과 같다.[32]

10월 4일 실측자 및 사진사, 총독부 기수 세키야關谷와 동행하여 경성을 출발 개성에 도착하여 만월대를 일람했다.

10월 5일 서구西龜, 현玄, 정正, 태泰, 명릉군明陵群을 조사하고 개성에 숙박했다.

10월 6일 칠릉군, 선릉군宣陵群 등을 조사하고 개성에 숙박했다.

10월 7일 소릉군, 냉전동군을 조사하고 개성에 숙박했다.

10월 8일 강릉康陵 외 3릉, 강감찬건립탑을 조사하고 개성에 숙박했다.

10월 9일 온혜溫鞋, 헌릉憲陵을 조사하고 개성에 숙박했다.

10월 10일 칠릉군七陵群의 제7릉의 내부를 조사하고 개성에 숙박했다. 개성군 중서면 선릉군宣陵群 제3릉 및 칠릉군 제7릉의 영역 내에서 각 1개의 타제석부를 채집했다.

10월 11일 두문동 고려분묘를 조사하고 개성에 숙박했다.

10월 12일 개성에 체재하면서 서류조사 및 기타 채집유물을 정리했다.

10월 13일 개성 발, 장단에 도착했다.

10월 14일 명종지릉明宗智陵의 내부 조사하고 장단에 숙박했다.

10월 15일 지릉에서 유물 검출, 개성으로 돌아왔다.

10월 16일 개성 출발 강화 도착했다. 강화군 강화도, 지석묘, 삼랑성, 강화사고, 전등사, 기타 강화도에 있는 사원을 조사했다.

---

32) 今西龍,「京畿道廣州郡, 利川郡, 楊州郡, 驪州郡, 高陽郡, 加平郡, 楊平郡, 長湍郡, 江華郡, 黃海道, 平山郡 遺蹟調査報告書」,『大正5年度 古蹟調査報告書』, 1917년; 今西龍,「大正5年 調査旅行日程」,『국립중앙박물관 소장 조선총독부박물관 공문서』.

10월 17일 강화읍 출발 건평에 도착했다.

10월 18일 외포리 고려고분을 조사하고 건평에 숙박했다.

강화도 망산 남쪽 기슭의 고분도 경릉庚陵[33]을 포함하여 상당수가 도
굴을 당하였다. 이 지역에는 많은 고려시대 분묘가 산재되어 있는데
외포동 근처 소사지小寺址로 여겨지는 부근에는 고려시대 분묘가 구
시대에 발굴된 것 또 근년에 상당수가 도굴된 흔적이 산재되어 있었
다. 강화도 일대는 1916년에 이미 거의 다 파괴되었다고 보아야 할
것이다.[34]

10월 19일 건평 출발, 가릉嘉陵을 조사하고 마니산에 올랐다.

강화군은 고려조 천도의 관계로 개성 일대에서 이봉移封한 여릉麗陵
여묘麗墓가 많이 있었는데 그 후 재차 천도시遷都時에 옮긴 것도 많이
있었으나 조선이 들어서면서 옮기지 못한 것도 상당수가 있었다. 그
러나 연대가 경과하면서 점차 그 소재를 잃게 되어, 조선 21대 영조英
祖 때 유수留守 조복양趙復陽이 상명上命에 의해 수색하여 겨우 4기의 능
을 발견하여 표석標石을 세우고 수호守護하였다.[35]

---

33) 今西龍, 「高麗諸陵墓調査報告書」, 『大正5年度 古蹟調査報告』, 朝鮮總督府, 1917, p.547,
　　도판 134~147.

34) 1916年頃 殖産局山林課에서 調査한 記錄(朝鮮寶物古蹟調査資料)을 보면,
　　松海面 下道里- 小形古墳 무수히 散在함, 全部 發掘
　　府內面 菊花里- 小形古墳 무수히 散在함, 全部 發掘
　　內可面 古川里- 小形古墳 무수히 散在함, 全部 發掘
　　佛恩面 三成里- 高麗時代 共同墓地, 이미 發掘
　　仙源面 錦月里- 高麗時代 共同墓地, 이미 發掘
　　良道面 陵內里- 嘉陵, 發掘
　　양호한 것이 단 한 基도 없었다.

35) 『江華府誌』陵墓 條, 1783; 『續修增補江都誌』.

이마니시는 『강화지江華志』의 기록을 인용하여 "순경태후릉 원종비 호가릉 재붙이在府治 남 35리 4릉(석릉, 홍릉, 가릉, 곤릉) 모두 조복양趙復陽 유수 때 찾아 개봉改封"했다고 한다. 이마니시는 『신증동국여지승람』에는 24리라 하는데『강화지』에는 35리라 하여 11리의 차이를 보이고 있는데, 이마니시는 이에 대해『신증동국여지승람』편찬 이후 그 소재를 잃어, 조복양(1609~1671)이 다시 찾아 기록하면서 차이를 보인 것으로 추정하고 있다. [36]

그 4기는 양도면 길정리 21대 희종熙宗의 석릉碩陵, 부내면 국화리 23대 고종高宗의 홍릉洪陵, 양도면 길정리 23대 고종高宗의 비妃 원종태후元德太后의 곤릉坤陵, 양도면 능내리 24대 원종元宗의 비 순덕태후順德太后의 가릉嘉陵 등으로 사람이 수호守護하고 있었으나 모두 도굴의 화禍를 면치 못했다. [37] 가릉嘉陵의 경우에는 1916년 경 토목국에서 조사할 때 부락민이 전하는 말에 도굴 당시에 마등馬鐙이 나왔다고 한다. [38]

강화도 일대의 고분들은 일찍부터 도굴꾼들의 주목을 받아와 이마니시가 조사할 당시에는 이미 대부분이 도굴을 당하였다.

> 왕씨 고려시대의 분묘는 본도 및 속도本島及屬島에 많은데 모두 강화재도江華在都 40년간에 매장한 것으로 … 우수한 유물이 있는 고로 도굴이 성행盛行하여 이 시대의 발굴품이 한때 시정市井에 무수히 나와 지금은 거의 발굴이 다하였다. [39]

---

36) 今西龍,「高麗諸陵墓調査報告書」, p. 401.
37) 『京畿地方の名勝史蹟』, 朝鮮地方行政學會 發行, 1937, p. 307~308.
38) 『朝鮮寶物古蹟調査資料』, 朝鮮總督府, 1942.
39) 今西龍,「京畿道江華郡 遺蹟遺物調査報告書」第3 江華島 古墳 條,『大正5年度 古蹟調査報告』朝鮮總督府, 1917, pp. 227~228.

라고 기술하고 있다.

10월 20일 전등사를 경유하여 강화읍에 도착했다.

10월 21일 홍릉洪陵을 조사하고 청련사를 경유하여 지석묘를 조사하고 강화읍에 도착했다.

10월 22일 강화를 출발하여 개성으로 돌아왔다.

10월 23일 개성을 출발 오룡사 법경대사비法鏡大師碑를 조사하고 화장사에 도착했다. 화장사를 조사했다. 이 사에는 패엽경을 소장하고 있는 것으로 유명한데 십 수 년 전에 산일되었다. 지공정혜영조지탑指空定慧靈照之塔, 지공화상상指空和尙像, 7층석탑, 공민왕화상恭愍王畫像 등을 조사했다. 공민왕화상은 종 6척4촌5분, 폭 5척1촌5분으로 일우一隅에 '고려성군공민대왕지릉高麗聖君恭愍大王之眞'의 표제가 있는 우수한 작품이라고 평하고 있다.

10월 25일 월노동月老洞 제2릉을 조사하고 개성에서 숙박했다. 월노동의 제1, 2호분이 도굴 당하였고, 개성군 진봉면 봉동리의 속설俗說 영릉永陵도 도굴을 당하였으며[40] 일대의 공동묘지에 있는 고분들도 남김없이 도굴을 당하였다.[41]

10월 26일 순릉順陵 및 정릉貞陵을 조사하고 개성에 숙박했다.

10월 27일 동구릉東龜陵, 귀법사지, 화곡릉花谷陵을 조사하고, 오룡사법 경국사비, 강감찬조탑, 귀법사지의 당간지주석, 석조, 석탑 등을 조사했다. 귀법사지당간지주석이 있는 곳은 일본인 모가 과수원으로 만

---

40)   今西龍,「高麗諸陵墓調査報告書」, pp. 491~492.
41)   『朝鮮寶物古蹟調査資料』, 朝鮮總督府, 1942, p. 40.

들어 과수원 내에 있으며 부근에는 개간을 하면서 출토한 와편이 다수 산재하고 탑개석 및 초석이 있다고 한다. 귀법사석탑의 경우에는 탑신을 잃고 기단 및 개석 수개가 유존하는데 허물어져 있는 사진을 게재하고 근년에 적한이 이같이 파괴 했다고 한다.

개성군 영남면 용흥리의 동구릉은 이미 도굴을 당하여 능은 황폐가 심하고 그 배후구背後丘의 토중土中에는 고와편古瓦片이 산란했다. [42]

개성군 영남면 용흥리에는 속칭 '얼구리릉'이라고 하는 화곡릉花谷陵이 있다. 이 능도 도굴 당한 흔적이 명백하였다. [43]

10월 28일 토성리 토성, 창릉昌陵 등을 조사하고, 세키야關谷 기수는 영릉榮陵을 실측했다.

10월 29일 개성을 출발 평산군에 이르러 다시 개성으로 돌아왔으며, 세키야 기수는 칠릉군 등 제릉을 실측했다.

10월 30일 현릉顯陵을 재조사하고 오후에 개성을 출발 경성으로 돌아왔다.

1916년도 이마니시 류今西龍의 조사는 1916년 8월 27일 불암사 조사를 시작으로, 9월 2일부터 9월 13일까지 경기도 광주군, 이천군, 여주군을 조사하고, 9월 18일부터 9월 30일까지 경기도 가평군, 양평군, 여주군을 조사하고, 10월 4일부터 10월 30일까지 경기도 개성군, 장단군, 강화군을 조사한 후 다음과 같은 자료를 제출했다.

42)   今西龍, 「高麗諸陵墓調査報告書」, p. 470.
43)   今西龍, 「高麗諸陵墓調査報告書」, p. 480.

1. 다이쇼5년도 유적유물 조사보고서 2책

1. 고려릉묘 조사보고서 2책

1. 사진 162매

1. 세키야 쵸노스케闕谷長之助 실측 작성 시측도 44면

1. 고려릉 소재지 표시기입 5만분의 1도 3매

1917년 9월 제출

1916년 10월에 조사한 고려릉묘의 조사는 별도로『다이쇼5년도 고적조
사보고』의「고려제릉묘조사보고서」로 제출되었다. 1916년 10월 4일부터
10월 30일까지 조사한 이마니시의「고려제릉묘조사보고서」는 이마니시
의『다이쇼5년도 고적조사보고』의 261~555쪽에 해당하는 내용이다.

이마니시의「고려제릉묘조사보고서」는 제1편 제릉묘개설, 제2편 제릉
각기고려, 제3편 고려릉묘조사기로 구성하고 있는데, 능묘의 소재지, 능
명에 관한 내용, 제왕릉의 고려사를 비롯한 각종 기사, 지세, 구조, 현상
등을 구체적으로 밝히고 있는 점에서 고려왕릉에 대한 가장 구체적인 자
료라 할 수 있다.

4) 가와구치 우키쓰의『고려왕릉지』

이 책자는 표지에는 '개성왕릉지'라 하고, '범례'와 '목차'에서는 '개성군
고려왕릉지'라 하고 있다.[44]『고려왕릉지高麗王陵誌』는 총 53쪽이지만 이마
니시의 조사를 재검토하는 점에서 의의가 크다고 할 수 있다. 책자의 구

---

44) 이하 혼란을 피하기 위해『高麗王陵誌』로 통일함.

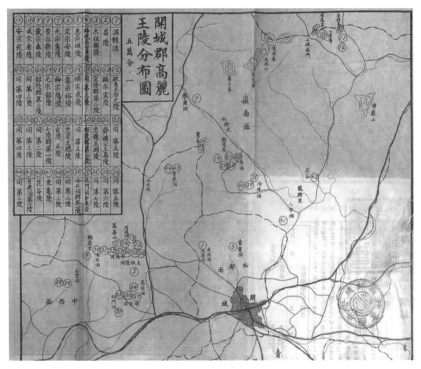

개성군고려왕릉분포도(川口卯橘, 『高麗王陵誌』)

성 및 목차, 서술 방식과 내용의 요점은 1916년에 조사한 이마니시의 보고서를 따르고 있다. 그리고 이 책의 '범례'에서 "고려사를 통해 각 왕의 사적을 약설하여 능과의 관계를 알리고, 또한 내가 최근에 실사한 현상을 함께 기록한 것"이라는 것과 같이 이마니시의 조사 이후의 현상에 대해 본인이 조사한 내용을 일부 첨가하고 있으며, 특히 '고려왕릉 분포도'는 그의 실지 답사에서 만들어진 역작으로 볼 수 있다. 그는 고려왕릉의 도굴과 관련해서는 이마니시의 기록을 다시 확인하고, 자신이 전문한 내용을 첨가하고 있다.

「고려역대왕릉명」에서는 능명, 소재지, 비고로 표를 만들어 제시하고

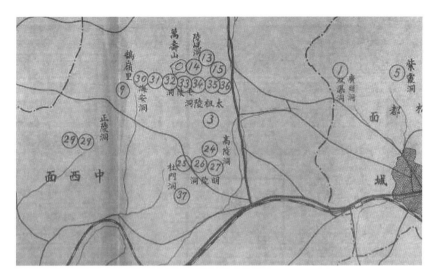

개성군 고려왕릉 분포도(『고려왕릉지』 ①온혜릉 ③태조현릉 ⑤혜종순릉 ⑨대종태릉 ⑬순종선릉 ⑭선릉
군 제2릉 ⑮선릉군 제3릉 ㉔제국공주고릉 ㉕충목왕명릉 ㉖명릉군 제2릉 ㉗명릉군 제3릉 ㉙공민왕현릉,
노국공주정릉 ㉚칠릉군 제1릉 ㉛칠릉군 제2릉 ㉜칠릉군 제3릉 ㉝칠릉군 제4릉 ㉞칠릉군 제5릉 ㉟칠릉
군 제6릉 ㊱칠릉군 제7릉 ㊲두문동 서구릉)

있는데, 특히 '비고'란은 이미니시의 기록에서는 볼 수 없는 나름대로의
추론을 '화곡릉花谷陵 ?', '월노동내月老洞內의 ?', '소릉군내韶陵群內의 ?', '명종
릉安宗陵의 측側?' 등으로 자신이 그동안 조사한 나름대로의 추론을 제시하
고 있다. 이에 대한 것은 해방 이후 북한에서 고려 능묘를 조사하는데 영
향을 미쳤을 것으로 보인다.

3. 고려 능묘의 현상現狀

1) 원창왕후 온혜릉

원창왕후元昌王后 온혜릉溫鞋陵은 태조 왕건의 조모의 무덤이다. 개성군 송도면 만월정 쌍폭동의 송악산 남록에 있다. 『신증동국여지승람』에는 "온혜능: 광명사 북쪽에 있으니. 세상에 전하기를, '용녀가 서해로 돌아가서 다시 오지 않으므로 남겨두고 간 신발만으로 장사하였다.'하여 이 무덤을 온혜능이라 한다."라고 기록하고 있다.

이마니시의 조사보고서에는 "능 앞쪽의 토사가 흘려내려 원형이 변하였음, 수리한 부분이 있다"[45]하며, 가와구치 우키쓰川口卯橘의 『고려왕릉지』에는 "능은 현재 심하게 황폐해 있고, 그 잔존 석물의 조각이 영남면 소릉군 제5능의 수법과 동일하여 그와 동시 또는 그 이후 창조한 것"이라 한다.[46]

2019년에 북한 김일성종합대학 역사학부와 송도사범대학에서 전면적

---

45)　今西龍,「高麗陵墓調査報告書」,『大正5年度 古蹟調査報告』, 朝鮮總督府, 1917, p. 297.
46)　川口卯橘,『高麗王陵誌』, 開城圖書館, 1927. p. 15.

인 조사발굴을 실시하였다. 조선중앙통신을 인용한 국내 언론에는, 이미 도굴을 당했으나 회색, 금은색 도기, 연록색 자기 등이 일부 발견되었다고 한다.

2) 세조 창릉

세조世祖 창릉昌陵은 왕건의 부친 무덤이다. 개성군 창릉리 영안성내에 소재한다. 『신증동국여지승람』에는 "고려 세조릉: 능호는 창릉이니 예성 강 위에 있는 영안성永安城에 있다."라고 한다.

이 능은 고려 고종 4년 3월 몽고 침입으로 재궁梓宮을 봉은사로 봉천奉遷 하고 동왕 19년에 강화로 이장하고, 원종 12년에 옮겨 구도 개경 니판동 에 권안權安하고, 충렬왕 2년 9월에 창릉에 복장復葬했다.

가와구치의 『고려왕릉지』에는 "오직 토성의 흔적이 남아 있고 포중圃中

세조 창릉(건판030330)

에 와편瓦片과 고려자기 파편破片이 출토되었다" 하는 것으로 보아 이미 도
굴 당한 것으로 보인다.[47]

3) 제1대 태조 현릉

고려 태조太祖의 현릉顯陵은 개성에서 조금 떨어진 여릉리麗陵里 태조동太
祖洞에 있는데[48] 태조동은 옛날에는 파지동巴只洞이라 불렀다. 『신증동국여
지승람』에 의하면, "송악산 서쪽에 있다는 파지동 남쪽에 있다. 성임의 시
에 …… '능을 지키는 몇 호만 있고 적막하여 거마車馬 오는 이 없네'"라고
기록하고 있다.

이 능은 국가에 변란이 있을 때마다 이동하였다. 제8대 현종원년顯宗元年
에는 거란이 침입하자 재궁梓宮을 서울 북한산 향림사香林寺에 이봉移奉하였
고, 현종 7년 정월에 복장復葬하고, 동 9년 11월에 재차 향림사로 이안移安
하고, 그 다음 해 11월에 복장復葬하였다. 문종 13년 5월에는 도적이 현릉
의 묘실廟室에까지 침입하였으며, 23대 고종高宗 4년 3월 몽고군의 침입으
로 그 재궁梓宮은 강화도의 봉은사에 봉천奉遷하였다가 고종 19년 강화에
이장移葬, 제25대 충렬왕忠烈王 2년 9월에 이르러 지금의 현릉에 복장復葬하
였다. 그 뒤 제31대 공민왕 때 홍건적紅巾賊의 침입이 있었다. 조선 때에는
청병淸兵의 침입이 있었으나 다행히 도굴을 모면하였다. 세종世宗 때에는

---

47) 川口卯橘, 『高麗王陵誌』, 開城圖書館, 1927. pp. 15~16
48) 이곳은 현재 개성시 개풍군 해선리라 부르고 있으며, 능은 만수산 산줄기에서 완만하게
     뻗은 능선에 만들어졌다. 이 능선의 동, 서, 북쪽의 3면은 만수산에서 뻗어 내린 나지막한
     언덕에 의하여 막혀 있으며 남쪽에는 평지가 펼쳐 있다. (김인철, 『고려무덤 발굴보고』, 사
     회과학출판사, 2002)

태조 현릉(1916년, 건판사진)

이곳에 '고려시조현릉高麗始祖顯陵'이라는 표석標石을 세우고 보호하였다.[49] 유호인俞好仁의 『유송도록遊松都錄』에는 다음과 같은 내용이 있다.

서쪽으로 돌아서 파지동巴只洞으로 들어가 고려의 능침陵寢이 있는 곳을 물으니 마을 할멈이 가까이 끊어진 잔등 밖을 가르킨다. 과연 보니 하나의 구릉이 덤불속에 있고 곁에는 한 자쯤 되는 비가 섰는데 표하기를, '고려시조 현릉顯陵'이라 하였다. 풀이 엉킨 돌상을 깔았던 자리가 쌓여 케를 올린 형상이 있다. 능을 지키는 몇 명이 와서 고하기를 '저희들은 소인으로 이곳에서 소래 살았는데, 명절 때는 반드시 술, 고기를 조촐하게 장만하여 올려야 합니다. 그렇지 않으면 음침한 황혼이나 비 오는 밤에 반드시 북을 치고 나팔을 불며 군왕이 행차하

---

49) 『世宗實錄 卷59』 世宗 15年 2月 12日 條.

는 것 같은 소리가 들리고 그렇게 되면 사람이 병을 앓게 되어 열 명
에 한 명도 낫지 못합니다.'한다.[50]

이를 통해 이후에도 상당히 보존이 잘 되었음을 알 수 있다. 1902년 세
키노 타다시關野貞가 한국에 왔을 때 현릉에 대해 비교적 자세히 조사한
적이 있었는데, 당시의 조사에는 도굴 흔적 등은 전혀 나타나 있지 않았
다.[51]

『황성신문』1899년 4월 14일자에는 "고려 현릉顯陵에서 한식절제寒食節祭
(양력 4월 5일)를 맞아 어떤 무지도한無知盜漢이 고려 현릉 태묘에 침입하여
제수물품祭需物品을 훔쳐갔다. 4월 13일에 이 능관陵官은 고등재판소에 이
사실을 알리고, 이 능속該陵屬들도 다 중죄를 당하게 되었다."는 기사가 보
인다.

『고종실록』1905년 7월 24일자에 의하면, 고려 태조 현릉顯陵이 파헤쳐
졌다는 기사가 있는 것으로 보아 이미 1차 도굴을 당했음을 알 수 있다.
그 후 6개월도 채 지나지 않아 1905년 12월 23일에 또 다시 불법자들이 현
릉을 도굴했는데『고종실록』1906년 1월 16일자에는 다음과 같은 도굴 기
사가 있다.

예식원 장례경禮式院掌禮卿 남정철南廷哲이 음력 11월 8일 밤에 머리를
깎고 검은 옷을 입은 도적 수십여 명이 고려 왕조의 현릉을 파헤친 문

---

50) 『續 東文選 第21卷』.
51) 關野貞,「韓國建築調査報告」,『東京帝國大學 工科大學 學術報告』第6號, 東京帝國大學 工
科大學, pp. 96~99.

제를 아뢰니, 제칙制勅을 내리기를,

"전대의 능침에 이런 전에 없던 변고가 있으니, 듣기에 너무도 놀랍다. 해당 범인을 즉시 탐문하여 체포한 다음 조율하여 엄하게 다스리고, 해당 입직 재관은 우선 본관을 면직하고 수복守僕과 산지기들은 각별히 엄하게 다스리라. 개수하는 일은 지방관으로 하여금 속히 거행하게 하고, 개수하는 일이 끝난 후에는 비서감승祕書監丞을 파견하여 치제致祭하도록 하라."

하였다.

이 같이 수십 명이 도굴단을 만들어 도굴을 했는데 이 도굴단은 능을 수호하는 관리가 보는 앞에서 관리를 총칼로 위협을 가하면서 도굴을 자행했다. 『대한매일신보』 1906년 1월 21일자에는 다음과 같은 기사가 있다.

『대한매일신보』 1906년 1월 21일자

음력 11월 8일(양력 12월 23일) 밤에 삭발을 한 흑의의 적한 수십여 명이 고려 현릉顯陵을 무난범굴無難犯掘하는 고로 이 능령陵令 장익방이 수복守僕 등 4,5인을 지휘하여 그곳으로 나아가 막으려 하니 흑의黑衣의 적이 총칼을 휘둘러 접근을 할 수 없는 즉 중과부적衆寡不敵하여 당해 낼 수가 없어, 경지범훼竟至犯毁하야 길이가 7척여요. 광이 5척여라 하는데 능령陵令이 수호하는 곳에 이 같은 작변作變이 있으니 문극경해聞極驚駭라 범인은 각기형착刻期詞捉하여 조법감처照法勘處하고 장익방은 면본관免本官하고 릉의 수개는 해당 지방관으로 하게하고 례식원에서 상주하야 수개하며 마친 후에는 비서승을 보내어 치제致祭한다더라.

이 기사에서 도굴한 적한은 '삭발한 흑의인'이라는 것으로 보아 청일전쟁 이후 한국으로 대거 몰려온 일본 무뢰한들로 보인다. 『고종실록』 1906년 7월 24일자에는 "지방관으로 능을 수개케 하며 필역 후에도 비서승을 보내어 치찰致察토록 하다."라는 가사가 보이고 있어 1906년 7월 이후 현릉을 수리했던 것으로 추정된다.

능을 수리한 후 세키노 등이 1909년 이후 몇 번 조사를 한 바 있었으나 도굴에 대한 언급이 보이지 않는다. 그런데 1차 도굴이 있은 10년 후 이마니시가 조사할 때 또다시 도굴을 당하여 광의 일부가 함락陷落되어 있었다.[52]

1992년에는 북한 사회과학원 고고학연구소에서 현릉을 조사하였는데

---

52) 今西龍,「高麗諸陵墓調査報告書」,『大正5年度 古蹟調査報告』, 朝鮮總督府, 1917, p.308. "此陵近代盜掘"

현실에는 도굴공과 천정으로부터 빗물과 함께 흘러든 흙이 3, 40㎝ 두께로 퇴적되어 있었다. 현실 벽에는 벽화가 그려져 있었는데 벽화는 남쪽 벽을 제외한 3벽과 천정에 그려져 있었다. 잔존殘存 부장품副葬品으로 옥띠장식, 금동고리놋주전자, 막새기와, 금동불상, 원통형금구 등이 나왔다.[53]

1992년 현릉에서 발견된 '금동불상'은 당시 현릉의 봉분 북쪽 5m 떨어진 지점에서 출토되었다고 하는데, 연구 결과 고려 태조 왕건의 상

고려 태조 왕건상

이라는 것이 밝혀졌다. 이 상은 2006년 국립중앙박물관에서 빌려와 일반에게 공개되었다.

4) 신성왕후 정릉

신성왕후神成王后 정릉貞陵은 고려 태조의 제5비의 능으로 개성군 상도면 상도리 봉곡동에 소재한다.

조선 고종 4년(1867)에 고려왕릉에 대한 수리를 하면서 '고려신성왕후정릉'이라는 석비를 세웠다. 이마니시의 보고서에는 도굴에 대한 기록은 보

---

53) 장호수, 「개성지역 고려왕릉」, 『한국사의 구조와 전개』, 도서출판 혜안, 2000.

신성왕후 정릉의 비 귀부(今西龍, 「高麗諸陵墓調査報告書」)

이지 않고 외부의 훼손 상태만 기술하고, 능역의 전면 좌측에 유존한 능비
의 귀부를 사진으로 남기고 있다.

5) 제2대 혜종 순릉

혜종惠宗 순릉順陵은 고려 제2대 왕 혜종과 왕비 의화왕후를 합장한 능으
로, 개성군 송도면 자하동에 소재한다. 『신증동국여지승람』에 의하면, "혜
종릉: 능호는 순릉이니 탄현문 밖 경덕사 북쪽에 있는데, 속칭 추왕릉이라
한다"고 기록하고 있다.

안정복의『동사강목東史綱目』혜종 2년(945) 9월 조에, "왕이 훙薨하여 순
릉順陵에 장사지냈다. 송악의 동쪽 기슭 탄현문 밖에 있는데 세상에서는

추왕릉鶖王陵이라 부른다"고 한다. 고유섭 선생은 「고려릉과 그 형식形式」에서, "추왕鶖王의 능, 즉 혜종 순릉惠宗 順陵이라고 생각한다. '얼구리' 즉 국석菊石(곰보)왕의 능이란 말이니 전설에 혜종은 그 모후母后가 낳을 적에 삿자리에 떨어뜨려 삿자리 자국이 왕의 얼굴에 잔뜩 나서 추왕鶖王이라 하였다는 것과 부합되는 까닭이다"라고 한다.[54]

조선 고종 4년에 세운 표비에는 '고려혜종왕순릉高麗惠宗王順陵'이라 새겨져 있으나, 이마니시는 "(전傳)혜종순릉惠宗順陵"으로 표기하고 있다. 이 능도 도굴 당한 흔적痕迹이 명백하였다.[55]

『연합뉴스』2019년 10월 22일자에 의하면, 조선민족유산보존사와 사회과학원 고고학연구소에서 혜종의 순릉을 발굴했다고 한다. 또 조선중앙

혜종 순릉(『谷井보고서(1918)』)

---

54) 高裕燮, 「高麗陵과 그 形式」, 『高麗時報』1940년 10월 1일자.
55) 今西龍, 「高麗諸陵墓調査報告書」, p. 480.

통신의 보도를 인용하여 "발굴 과정에 '고려왕릉高麗王陵'이라고 새긴 비석과 청자 새김무늬 잔 받침대, 꽃잎무늬 막새기와 용 모양의 치미 조각들을 비롯한 유물들이 발견됐다"고 전했다.

6) 제3대 정종 안릉

고려 제3대 왕 정종定宗과 비 문공왕후를 안장한 안릉安陵은 개성군 청교면 안릉리 안릉동(현 개성 고남리)에 위치한다. 『신증동국여지승람』에는 "능호는 안릉이니 남소문 밖에 있다"고 한다.

『고종실록』1905년 6월 2일조에, "고려 정종定宗 안릉安陵에 지난 음력 4월 12일 어떤 놈이 능을 팠고 13일 밤에는 또 능현陵峴의 제2릉에 침범하였습니다."라는 기사가 보이고 있다. 이 같은 1차 도굴 후 1년이 지나 또다시 도굴을 당하였다. 『고종실록』1906년 6월 17일 조에도 안릉安陵이 도굴되었다는 기사가 보이고 있으며, 이 도굴 행위는 몰래 한 것이 아니라 능을 수호하는 자가 있음에도 불구하고 도굴을 감행한 대단위 도굴단의 행위라고 한다. 1906년 6월 21일자 『관보』에는 "음력 정월 10일 밤에 청교면 양릉리 소재 고려 정종 안릉安陵을 훼파毀破했는데 길이와 폭이 각 6, 7척, 깊이 2장여나 되었다."는 기록이 보인다.56

『고종실록』에는 1906년의 도굴 후 곧바로 수리한 것으로 나타나 있는

---

56) 『대한매일신보』1906년 6월 21일자: 『황성신문』1906년 6월 22일자.

정종 안릉(『조선고적도보』)

데,[57] 가와구치의 『고려왕릉지』에는 "이 능은 황폐가 심하여 봉토의 전방 일부분이 노출되었다"고 한다.[58] 그 사이 또 다른 도굴행위가 있었던 것으로 추정된다.

고려 정종의 안릉은 1978년 북한 사회과학원 고고학연구소에서 발굴하였는데 역시 완전히 도굴되어 있었다. 무덤 안에는 유물 받침대를 따로

---

57) 『高宗實錄』1906년 6월 17일자 기사.
   지키고 보호하는 곳에서 이처럼 전에 없는 변고가 생긴 것은 듣기에 지극히 놀라운 것입니다. 도굴한 놈을 기한을 정해놓고 체포하여 법에 따라 엄하게 처리하고, 사고가 난 곳을 수리하는 일은 지방관으로 하여금 편리한 대로 거행하게 하는 것이 어떻겠습니까?"하니, 제칙(制勅)을 내리기를, "전 왕조의 능들에 계속하여 이런 변고가 생겨 놀라움과 개탄을 금할 수 없다. 해당 범인들을 며칠 안으로 체포하여 조율(照律)하여 엄하게 다스릴 것이며, 수리하는 일은 전례대로 지방관으로 하여금 빨리 거행하게 하고 수리가 끝난 후에 비서감 승(祕書監丞)을 보내어 치제(致祭)하게 하라."하였다.
58) 川口卯橘,『高麗王陵誌』, 開城圖書館, 1927, p. 21.

만들어 놓았을 뿐 아니라 네 벽 모서리와 네 벽의 윗면 중심에는 유물을 걸어 놓기 위한 긴 쇠못이 박혀 있었다. 무덤 바닥에 널려져 있는 금은 부스러기들과 관대 위에는 도굴자들에 의해 부스러진 뼈 조각들이 널려 있었다. 깨어진 두개골 조각에는 녹색 물이 들어서 파랗게 되어 있었다. 이것은 왕의 머리에 금동관金銅冠이 씌어져 있었던 것으로 보인다. 이곳에서 고려자기 수 점, 금동자물쇠, 은장식품, 청동제품 등이 출토되었다.[59] 이 능의 발굴은 도굴 후의 발굴이지만 일제가 물러간 후 정식 발굴한 고려 능묘의 발굴인 바, 이곳에서 출토된 고려자기 등은 초기의 고려자기 편년編年의 중요한 자료가 되고 있다.

7) 제4대 광종 헌릉

광종光宗 헌릉憲陵은 개풍군 영남면 심천리 적유현에 위치한 광종과 비인 대목왕후의 합장릉이다. 『신증동국여지승람』에 의하면 "송악산 북쪽 적유현 밖에 있다."고 한다. 이마니시와 가와구치의 기록에는 "2회에 걸쳐 도굴되었다"하며 유물은 발견하지 못했다고 한다.[60]

8) 제5대 경종 영릉

경종景宗 영릉榮陵은 장단군 진봉면 탄동리(현 개성특별시 개풍구)에 있는

---

59) 김종혁, 「개성 일대의 고려왕릉 발굴 보고」, 『조선 고고연구』, 제1호, 북한 사회과학원 고고학연구소, 1986.

60) 今西龍, 「高麗諸陵墓調査報告書」, p.328; 川口卯橘, 『高麗王陵誌』, p.21.

광종 헌릉(『조선고적도보』)

경종 영릉(『조선고적도보』)

경종과 경종비 현숙왕후를 합장한 능이다. 『신증동국여지승람』에는 "진
봉산 밑에 있다."고 한다.

9) 대종 태릉

대종戴宗 태릉泰陵은 제6대 성종의 아버지 대종의 능으로 개성군 중서면 곡령리 해안동(현 북한 황해북도 개성시)에 소재한다. 광종 20년에 졸하였고, 그 아들 성종이 즉위하여 선경대왕宣慶大王이라 추존하고 묘廟는 대종 태릉이라 했다.[61] 『신증동국여지승람』에는 "능호는 태릉이니 해안사 밑에 있다"고 한다. 1916년에 10월 5일 태릉을 조사한 이마니시는 "근년에 도굴"이라 하고, 가와구치는 이마니시의 조사를 참고하여 "십 수 년 전에 도굴을 당했다"고 기술하고 있다.[62]

대종 태릉(『조선고적도보』)

61) 『高麗史節要』卷2, 981년 11월; 『高麗史』列傳 卷第3. 太祖 王子 戴宗 王旭 條.
62) 今西龍, 「高麗諸陵墓調査報告書」, p.341; 川口卯橘, 『高麗王陵誌』 p.22.

10) 제6대 성종 강릉

성종成宗 강릉康陵은 개성군 청교면 배야리 강릉동(현 북한 황해북도 개풍군 청교면 강릉동)에 소재한다. 『고종실록』 1906년 6월 17일 조에, "고려조 성종成宗의 강릉康陵이 도굴당하는 변고가 있었으며, 지키고 보호하는 곳에서 이처럼 전에 없는 변고가 생긴 것은 듣기에 지극히 놀라운 것이다. 도굴한 놈을 기한을 정해놓고 체포하여 법에 따라 엄하게 처리"하라는 기사가 보인다. 그리고 1906년 6월 21일자 『관보』에는 "음력 정월 초팔일(양력 2월 1일) 밤 알 수 없는 어떤 적한이 개성부 청교면 배야동에 있는 고려 성종 강릉을 훼파毀破했는데 길이와 폭이 각 6척 깊이 10여척"이나 되었다고 한다.[63] 하루 밤에 파괴당한 정도가 이 정도라면 한 두 명의 소행이 아니

성종 강릉(今西龍 보고서)

---

63) 『皇城新聞』 1906년 6월 22일자.

라 대단위의 도굴단에 의해 자행된 것으로 보인다.

이마니시의 보고서에 의하면, 병석屛石은 모두 흩어져 없어졌으며 봉토도 유락遺落되었으며, 난간석欄干石의 일부가 남아 있고 석수石獸는 모두 넘어져 있다고 한다. 이마니시는 부근의 민묘를 조영하면서 석재를 많이 도거盜去해 갔다고 한다. 후일 성종 강릉을 조사한 가와구치도 "석수 수개는 두부를 잃고 석인 1개는 도괴, 제능諸陵 중 가장 황폐, 부근에는 민묘가 많이 보이고 석재는 많이 도거되었다"고 한다.[64]

『고종실록』1906년 6월 17일자 기사에는 "개성부윤 서리 장단군수 윤종구尹宗求의 보고에 따라 굴변掘變을 당한 고려조 성종 강릉, 원종 소릉, 문종 경릉을 지방관으로 하여금 속히 개수改修하고 필역畢役 후 비서승秘書丞을 보내 치찰致察케 하다."라는 기사가 보인다. 성종 강릉은 1906년에 도굴을 당한 후에 곧 바로 수리했던 것이다. 그런데 10년 후의 이마니시의 조사를 보면 "봉토가 유락"되었으며, 가와구치의 조사에서는 "제능 중 가장 황폐"했다는 것은 1906년 이후 또 다른 도굴의 화를 당한 것으로 추정되며, 이후 근처에 민묘가 조영되면서 성종 강릉의 석재들을 가져다 사용한 것으로 추정된다.

11) 제7대 목종 의릉

목종穆宗 의릉義陵은 소재지 불명이다. 『신증동국여지승람』과 『송도지松都誌』(1648)에는 "목종 의릉 재성동在城東"으로만 기록하고 구체적인 소재지가 나타나 있지 않다.

---

64) 今西龍, 「高麗諸陵墓調査報告書」, p. 342; 川口卯橘, 『高麗王陵誌』, p. 23.

가와구치는 『고려왕릉지』 '고려조역대왕릉명'의 '비고란'에서 "화곡릉花
谷陵?"이라고 의문을 표시하고 있으나, 명확한 근거를 제시하지 않고 있다.

12) 안종 건릉

개성군 영남면 현화리(현재 지명 황해북도 장풍군 월고리)에 위치한 안종安宗
건릉乾陵은 고려 제8대 현종의 부친인 안욱의 능으로, 현종이 즉위한 후 아
버지 왕욱을 왕으로 추존해 묘호를 안종安宗이라 하고 시호를 효목대왕孝
穆大王이라 했다.[65] 안종릉은 처음에 건릉이라 칭하였는데, 후에 무릉武陵이
라 했다

안종 건릉(今西龍 보고서)

---

65) 『高麗史』列傳 卷第3, 太祖王子 安宗 王郁.

헌정왕후 원릉(『조선고적도보』)

13) 헌정왕후 원릉

헌정왕후獻貞王后는 고려 5대왕 경종의 제4비로 능은 개성군 영남면 현
화리(현 북한 황해북도 장풍군 월고리)에 위치한다. 능호는 원릉元陵이다.

이마니시의 보고서에서는 '소재지가 밝혀진 능묘'로 분류하고, '제릉각
기諸陵各記'에서는 "미조사"라고 한다. 『고려왕릉지』에는 '고려역대왕릉명'
에서 소재지만 "개성군 영남면 현화리"라 하고, '왕릉의 구조'에는 언급하
지 않고 있다.

14) 제8대 현종 선릉

현종顯宗은 1031년(현종 22) 5월에 승하하여 송악산松嶽山 서쪽 기슭에 장

사를 지내니, 능호는 선릉宣陵이다.[66] 개성군 중서면 곡령리 능현동(현 북한 해선리) 만수산 동록에 위치한다.

『황성신문』 1904년 4월 23일자 '궁정록사宮廷錄事'란에는 "음력 1903년 12월 20일 밤에 적한이 선릉宣陵을 훼파毀破하였다."는 기사가 보이고 있다. 고려왕릉 중에서도 이른 시기에 도굴의 화를 당했다. 『고종실록』 1905년 3월 2일 조에는 다음과 같은 기사가 보인다.

> 고려 현종顯宗 선릉宣陵의 산지기가 보고하기를, '음력 정월 14일(양력 2월 17일) 밤에 알지 못할 어떤 놈이 능을 허물었습니다.'라고 하기에 즉시 달려가 봉심하니 능이 허물어 진 곳이 3분의 1이나 되고 앞면의 판 곳은 깊이가 3, 4자 가량 되었습니다.'라고 하였습니다.
> 더없이 중요한 능침에 연이어 변고가 일어난 것은 듣기에 놀랍고도 두려움을 이길 수 없는 일이므로 본 부의 윤尹이 달려가 살펴본 다음 산지기와 능 밑에 사는 백성을 잡아다 공초를 받아보니 과연 능의 관리의 공문 내용과 같았습니다. 그래서 한편으로 기찰하는 군교를 엄하게 신칙하여 기어이 범인을 염탐하여 잡아내도록 하였는데 능을 수리하는 일이 한시가 급합니다.'라고 하였습니다.

『고종실록』 1905년 3월 2일 조에 나타난 도굴범에 대해서는 『국권회복운동 판결문집』(총무처 기록보존소)에는 일본 전문 도굴꾼 4명과 한국인 3명이 선릉宣陵을 도굴하다가 미수에 그치고 이튿날 다른 고분을 도굴하여 매

---

66) 『高麗史』 世家 卷第5, 1031년 5월 25일 기사.

현종 선릉(『조선고적도보』)

매한 사실이 발각되어 형사처벌을 받았다는 재판 기록이 보인다.[67] 그러
나 도굴품을 찾았는지에 대해서는 알려져 있지 않다.

그 이후 다시 도굴을 당했는데 1906년 3월 4일자 『관보』에는 "장례원경
조병필이 고려 신종神宗의 양릉과 고려 현종顯宗의 선릉宣陵을 일본인이 도
굴하였음을 상주하다."는 기록이 보인다.

- 선릉군 제2릉

개성군 중서면 곡령리 능현동 선릉의 남쪽에 있다. 능명을 잃은 고로
사史에는 기록이 결하며, 능역은 심하게 황폐하다. 병석의 반이 토중에 매

---

67) 『國權回復運動 判決文集』, 총무처 기록보존소, 1995.

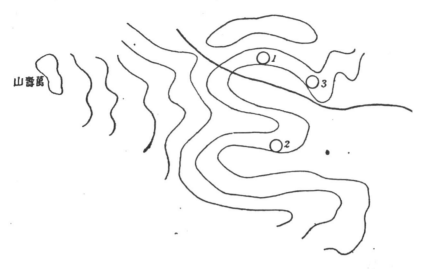

선릉군 위치도(今西龍 보고서)

몰되고, 석인 2구 중 1구는 결실되고 1구는 지상에 넘어져 있다.[68]

- 선릉군 제3릉

　개성군 중서면 곡령리 능현동 선능의 아래쪽에 위치, 능명을 잃은 고로 사에 결, 능역은 4단으로 나누어졌으며, 능은 12각의 병석을 두르고 면석에는 12방위신장을 양각했다.[69]

15) 제9대 덕종 숙릉

　덕종德宗 숙릉肅陵은 '소재지 불명'으로 알려져 왔다. 『고려왕릉지』에는

---

68)　今西龍,「高麗諸陵墓調査報告書」, p. 347; 川口卯橘,『高麗王陵誌』, p. 27.
69)　今西龍,「高麗諸陵墓調査報告書」, p. 347; 川口卯橘,『高麗王陵誌』, p. 27.

"개성 북교北郊에 장葬"하였다고 하나 위치불명이라 한다. 비고란에는 "월노동 동의 내內?"으로 기록하고 있다.

1934년에 발간한 『개성지開城誌』(林鳳植)에는 월노동月老洞의 고분 중에 덕종 숙릉德宗肅陵과 정종 주릉(靖宗周陵)이 있을 것으로 추정하고 있다.

이마니시의 「고려릉묘조사보고서」와 가와구치의 『고려왕릉지』에는 별도로, '실명릉失名陵'으로 분류하여 "개성군 중서면 곡령리 월노동 제1릉, 제2릉"으로 조사 기록하고 있다. 이마니시의 조사에서는 월노동 제1릉, 제2릉은 "12년 전 도굴"(1904)되었다고 한다. 가와구치는 "22, 3년 전 도굴"되었다고 한다.[70]

2016년에 와서 북한에서 덕종 숙릉의 소재지를 확인했다고 한다. 『경향신문』 2016년 6월 28일자에 의하면, 조선중앙통신은 28일 북한 사회과학원 고고학연구소 박사 리창진의 말을 인용해 이같이 보도했다.

"왕릉들은 왕건 왕릉이 자리 잡은 개성시 해선리 소재지에서 북동쪽으로 4㎞ 정도 떨어진 매봉 남쪽 경사면에 250m 간격을 두고 동서로 나란히 놓여 있다"고 말했다. 그리고 "고고학적 발굴 자료와 『고려사』 옛 문헌 기록에 기초해 새로 발굴한 '1릉'과 '2릉'을 각각 9대 왕 덕종과 10대 왕 정종이 묻힌 숙릉과 주릉으로 확증했다"고 말했다.

리창진은 "왕릉들이 화강석 축대에 의해 각각 3개의 구획으로 나뉘어 있다"면서 "오래전에 일제 침략자들에게 도굴당해 적지 않게 파괴되어 있었다."고 말했다. 통신은 무덤에서 금동활촉, 금동장식판, 은장식품, 청자기 조각을 비롯한 유물이 나왔다고 전했다.

2016년 북한에서 발견했다는 덕종德宗 숙릉肅陵과 정종靖宗 주릉周陵이 이

---

70)　今西龍, 「高麗諸陵墓調査報告書」, p. 487; 川口卯橘, 『高麗王陵誌』, p. 48.

2016년 북한에서 발굴한 덕종 숙릉으로 비정한 고분(사진: 뉴시스 2020년 4월 6일자)

마니시의 보고서에서 "개성군 중서면 곡령리 월노동 제1릉, 제2릉"(현 북한 개성시 해선리)으로 '실명릉失名陵'으로 분류하고 있는 것이다.

16) 제10대 정종 주릉

정종靖宗 주릉周陵은 '소재지 불명'으로 알려져 왔다. 『고려왕릉지』에는 "개성 북교北郊에 장葬"하였다고 하나 위치 불명이라 한다. 비고란에는 "월노동 동의 내內?"으로 기록하고 있다. 제9대 덕종 숙릉과 함께 2016년에 와서 북한에서 정종 주릉의 소재지를 확인했다고 한다.

17) 제11대 문종 경릉

1083년(문종文宗 37) 7월 왕이 죽으니 8월 갑신일甲申日에 불일사佛日寺 남

문종 경릉(『조선고적도보』)

쪽 기슭에 장례를 지내고 경릉景陵이라 하였다.[71] 장단군 진서면 경릉리(현지명 황해북도 장풍군 대덕산리)에 소재한다.

『고종실록』고종 42년(1905) 6월 30일 조에, "고려 왕조의 제1릉 경릉景陵이 파헤쳐진 변고가 있었다."는 기사가 보인다. 1906년 2월 28일에 또 다시 고려 문종 경릉景陵이 도굴 당했다. 봉분의 북방을 깊이 1장여를 파고 부장품을 훔쳐 달아난 것이다.[72] 1910년 5월 19일에 도적이 장단군에 있는 고려조 경릉을 파굴하였다고 그 고을 군수가 내부로 보고하였다.[73]

이마니시의 보고서에는 "이 능은 6년 전 도굴, 근년近年 도적盜賊이 발굴

71) 『高麗史節要』卷5 1083년 8월 10일(음력);『고려사』世家 卷第9, 1083년 7월 18일(음력) 조.
72) 『官報』1906년 6월 17일;『皇城新聞』1906년 6월 22일자.
73) 『大韓每日申報』1910년 5월 22일자;『皇城新聞』1910년 5월 22일자.

한 흔적이 있다"고 한다.[74] "6년 전"이라는 것은 1910년 5월의 도굴 행위를 지목한 것으로 보인다. 그런데 "근년 도굴"을 더하고 있는 것으로 보아 1910년 이후 1916년 사이에 또 다른 도굴의 화가 있었던 것으로 보인다.

18) 제12대 순종 성릉

순종順宗 성릉成陵은 『신증동국여지승람』에는, "능호는 성릉이니 진봉산 남쪽 양양현에 있다"한다.

개풍군 상도면 풍천리 풍릉동에 소재한다. 이마니시의 보고서에는 "능은 황폐가 심하여 능 앞의 석단도 거의 산일"되었다고 하며, 가와구치의 『고려왕릉지』에는 "1912년경에 도굴"되었다고 한다.[75]

순종 성릉(『조선고적도보』)

74) 今西龍, 「高麗諸陵墓調査報告書」, p.363.
75) 今西龍, 「高麗諸陵墓調査報告書」, p.354; 川口卯橘, 『高麗王陵誌』, p.28.

19) 제13대 선종 인릉

선종宣宗 인릉仁陵은 "개성 성동城東에 장葬하였다"하나,[76] '소재지 불명'이다. 가와구치는 『고려왕릉지』의 '고려역대왕릉명'에서 '비고란'에 "소릉군의 내?"라고 의문을 표하고 있다.[77]

20) 제14대 헌종 은릉

헌종獻宗 은릉隱陵은 "개성 성동城東에 장葬하였다"하나,[78] '소재지 불명'이다. 가와구치는 『고려왕릉지』의 '고려역대왕릉명'에서 '비고란'에 "소릉군의 내?"라고 의문을 표하고 있다.

21) 제15대 숙종 영릉

숙종肅宗 영릉英陵은 『고려사』에는 송림현에 장사지냈다고 하며,[79] 『신증동국여지승람』에는 "송림현 정원에 있으니 영릉이다."고 한다. 소재지는 장단군 진서면 판문리 구정동이다. 숙종 영릉은 1904년 9월에 도굴의 화

---

76) 『高麗史』 世家 卷第10, 1094년 5월 2일(음) 조; 『高麗史』 世家 卷第10, 1094년 5월 14일 (음) 조.
77) 『동아일보』 2010년 12월 7일자에 의하면, 북한의 개성고려박물관과 사회과학원 고고학 연구소가 최근 황해북도 장풍군의 고분군을 공동 답사해, 고려 13대 선종과 18대 의종 왕릉을 찾아냈다고 평양방송이 7일 전했다고 한다. 그리고 "(이들 기관) 학자들이 고려사, 중경지(中京誌) 등의 고문헌을 토대로 고분군 현지를 답사하고, 무덤 내 구조물 짜임새와 판석, 판돌 규모, 출토된 유물 등을 분석해 이 같은 사실을 과학적으로 고증했다"고 한다.
78) 『高麗史』 世家 卷第10, 1095년 10월 7일(음) 조.
79) 『高麗史』 世家 卷第12, 1105년 10월 2일 조.

숙종 영릉(『조선고적도보』)

를 입었다. 『고종실록』 1904년 9월 20일조에, "고려高麗 왕조의 영릉英陵에
대해 어떤 도적놈이 능상陵上 남쪽을 둘레 2척尺 5촌寸, 깊이 1척 9촌으로
파헤쳤다."는 기사가 보인다.

　『고종실록』 1904년 9월 20일조의 기사로 보면 파괴된 능은 그 해 바로
수리를 한 것으로 짐작되는데, 그 후 2년이 지나 또 다시 도굴을 당했다.
『고종실록』 1906년 11월 4일 조를 보면, "예식원 장례경 조정희趙定熙가,
'고려 왕조 숙종肅宗 제2릉, 제3릉을 어떤 도적놈이 파헤쳤다.'라고 상주上
奏하니, 제칙制勅을 내리기를, 수개修改하는 일은 전례대로 지방관을 시켜
빨리 거행할 것이며 수개가 끝나면 비서감 승을 보내어 치제致祭하도록 하
라"는 기사가 보인다. 그런데 "숙종肅宗 제2릉, 제3릉"이라는 것은 숙종 영
릉의 인근에 있는 무덤을 지칭하는 것으로 보이는데 명확하게 어떤 능을
지칭指稱하는지는 알 수 없다.

1910년 5월에 장단군에 소재한 고려 영릉이 또 다시 도굴을 당했다. 『대한매일신보』1910년 5월 13일자에는, "장단군에 있는 고려 영릉을 적한賊漢이 파굴破掘하였다고 해군수該郡守가 내부로 수보修報하였는데 동부同部에서 장차 경비를 지발支撥하야 개봉改封할 터이라 하더라."는 기사가 있다.

1916년경에 작성한 『고적대장古蹟臺帳』을 기초로 하여 만든 『조선보물고적조사자료』의 기록을 보면, 경기도 장단군 소남면 유덕리 왕릉동王陵洞에는 어느 왕의 능인지는 불명이나 주민들이 왕릉이라 부르고 있는 거대한 능이 있는데 직경 3칸 반이나 파여져 무참히 도굴을 당하였으며, "경기도 진서면 납목리 고려 숙종왕肅宗王 영릉英陵도 7, 8년 전에 도굴을 당했다"[80]고 기록하고 있는데, 바로 1910년 5월의 도굴을 지적하는 것으로 보인다. 1916년 이마니시 류今西龍의 조사 때에는 그간에 또 다른 도굴이 있었는지 심하게 황폐해 있었다.[81] 이같이 수차의 도굴과 수선공사가 반복되었다.

1904년 9월에 도굴된 숙종의 영릉에서 나온 유물들은 어느새 일본으로 건너가 일본학계에 소개되기도 했다. 일본 고고학회본회 총회가 1906년 6월 16일 도쿄 우에노 공원上野公園 내의 도쿄미술학교에서 개최되었는데, 이 때 회원들이 수집한 유물들이 많이 출품되어 진열되었다. 그 목록을 보면 다음과 같다.[82]

---

80) 『朝鮮寶物古蹟調査資料』, 朝鮮總督府, 1942, pp.57~61.
이 외에도 津西面 納木里의 高麗 名妓 黃眞의 묘를 비롯한 津西面 田齋里의 調査된 80여 기의 고분도 완전히 도굴을 당하였다.
81) 今西龍, 「高麗諸陵墓調査報告書」, p.364.
82) 「考古學會記事」, 『考古界』第6篇 第1號, 1906년 11월.

품명	출토지	출품자
銅製水鉼	한국 肅宗陵址 발굴	黑田太久馬
雲鶴手鼎	한국 肅宗陵址 발굴	黑田太久馬
雲鶴手豆	한국 肅宗陵址 발굴	黑田太久馬
雲鶴手合子	한국 肅宗陵址 발굴	黑田太久馬
雲鶴手香爐	한국 肅宗陵址 발굴	黑田太久馬
雲鶴手盃 및 臺(菊花紋)	한국 肅宗陵址 발굴	黑田太久馬
雲鶴手盃 및 臺	한국 발굴	黑田太久馬
華華式香爐	한국 발굴	黑田太久馬
靑磁盃 및 臺	한국 발굴	黑田太久馬
靑磁細口鉼	한국 발굴	黑田太久馬
韓雙魚鏡		黑田太久馬
韓獅子鏡		黑田太久馬
五華式鴛鴦寶花鏡	한국 발굴	黑田太久馬
八花素文鏡	한국 발굴	黑田太久馬
?華鏡	한국 발굴	黑田太久馬
韓寶花文方鏡		黑田太久馬
韓寶花蜻蛉文方鏡		黑田太久馬
八稜鏡	한국 발굴	黑田太久馬
韓雙龍鏡	한국 발굴	黑田太久馬
兩面方鏡	한국 발굴	黑田太久馬
雙鳳寶花八稜鏡	한국 발굴	黑田太久馬
韓柄鏡		黑田太久馬
六花式湖?鏡	한국 고분 발견	黑田太久馬
韓十二肖鏡	한국 발굴	黑田太久馬
菊花雙鳥鏡		黑田太久馬
韓寶花鏡	한국 발굴	黑田太久馬
素背雙紐鏡	한국 발굴	黑田太久馬
七寶地文鏡	한국 발굴	黑田太久馬
素背鏡	한국 발굴	黑田太久馬
沙文鏡	한국 발굴	黑田太久馬
韓獅子鏡	한국 발굴	黑田太久馬
韓四乳鏡	한국 발굴	黑田太久馬
響銅鏡	한국 발굴	黑田太久馬

품명	출토지	출품자
韓國懸佛	한국 고분 발견	黑田太久馬
寶花文鏡	한국 발굴	도쿄미술학교
寶花文方鏡	한국 발굴	도쿄미술학교

이 중에서도 가장 주목되는 것은 구로다 다쿠마黑田太久馬가 출품한 동제 수병銅製水缾, 운학수정雲鶴手鼎, 운학수두雲鶴手豆, 운학수합자雲鶴手合子, 운학 수향로雲鶴手香爐, 운학수배雲鶴手盃 및 대臺로 "한국숙종릉지발굴韓國肅宗陵址發掘"이라고[83] 기록하고 있어, 1904년에 도굴된 고려 숙종릉에서 출토된 유물임을 알 수 있다. 고려 숙종릉에서 나온 도굴품들은 곧 바로 흩어져 그 중 일부가 구로다 다쿠마黑田太久馬의 손에 들어가 이때 전시가 된 것이다.

구로다는 그의 저택에 '관심당觀心堂'이라는 진열관을 두고 많은 골동들을 수집하였는데 "주된 고물은 조선 고려조의 유품 중 금속품으로 고경古鏡, 고전古錢, 어미식의 시저匙箸, 모자식구帽子飾具, 고동인古銅印, 동완銅椀, 수병水瓶, 동제불탑銅製佛塔, 형형衡, 불상 등"[84]으로 그의 수장품은 대부분 개성 등지에서 도굴한 부장품이 주를 이루고 있었다고 한다.

22) 제16대 예종 유릉

예종睿宗 유릉裕陵은 개성군 청교면 배야리 총릉동에 소재한다.

『고종실록』 고종 42년(1905) 6월 30일자에는 "예종릉睿宗陵이 파헤쳐지는 변고가 있었다."는 기사가 있다. 『고종실록』 1906년 7월 8일자에는 "예종

---

83) 「考古學會記事」, 『考古界』第6篇 第1號, 1906년 11월.

84) 「黑田氏底に於ける觀心堂」, 『考古學雜誌』제1권 제3호, 1910년 11월. pp.65~66.

예종 유릉(『조선고적도보』)

릉이 굴훼堀毁되었다."는 기사가 보인다.

이마니시의 보고서에는 "이 능 역시 도굴, 능의 부속지 내의 고려 소묘
小墓도 발굴한 흔적이 많이 있다. 유물파편이 산재"한 것으로 기술하고 있
다. 『고려왕릉지』에는 "도굴을 당하여 심하게 황폐"하다고 한다.[85] 이를 보
면 1906년에 도굴을 당하고 수리를 했는데, 그 후 또 다시 도굴을 당한 것
으로 추정된다.

1978년 북한 사회과학원 고고학연구소에서 발굴하였는데 부장품들은
여러 차례 도굴을 당하였기 때문에 제자리에 놓여 있지 않고 파손되어 흩

---

85)　今西龍, 「高麗諸陵墓調查報告書」, p. 368; 川口卯橘, 『高麗王陵誌』, p. 29.

어져 있었다. 청동합, 동경, 화폐 등이 발견되었다.[86]

23) 제17대 인종 장릉

『고려사』에는 1146년 2월 28일(음력)에 왕이 보화전에서 승하하여, 묘호
廟號 인종仁宗, 능왈陵曰 장릉長陵이라 하여, 1146년 3월 15일(음력) 성남城南에
서 장사를 지냈다고 한다.[87]

『신증동국여지승람』에는, "성서城西 벽곶동碧串洞에 있다."고 한다. 즉 장
릉의 위치에 대해『고려사』에는 '개성의 남쪽'이라 하는데,『신증동국여지
승람』에는 '개성의 서쪽'이라 하여 서로 다른 위치를 지목하고 있다.

이마니시는 '제왕 및 왕족릉묘의 소재지'에서 '소재지 불명의 왕릉'으로
분류하고 있으며,[88] 가와구치는『고려왕릉지』의 '고려역대왕릉명'에서 '비
고란'에 "선릉군宣陵群의 내內?"라고 의문을 표하고 있다. 그런데 '소재지 불
명'으로 남아 있던 인종 장릉의 유물이 세상에 나타났다. 이를 처음 거론
한 자는 아유카이 후사노신鮎貝房之進으로, 1914년에 간행한『조선급만주지
연구朝鮮及滿洲之硏究』제1집에 아유카이의 「고려소高麗燒」란 글에 다음과 같
은 내용이 있다.

---

86) 『조선일보』2020년 3월 28일자에 의하면, 북한 사회과학원 고고학연구소는 1978년 이 무
덤을 발굴한 후 병풍석을 새로 쌓는 등 능역을 정비했다. 정비된 후 봉분의 높이는 1.9m,
직경은 8m였다. 발굴 당시 유릉은 여러 차례 도굴당해 대부분의 유물이 원래 위치에 놓
여있지 않고 여기저기 흩어져 있었다고 한다. 무덤칸(묘실)에서는 부장된 청동제품과 철
제품이 나왔다. 청동제품으로는 '청동원형 장식판', '청동화폐', '청동못', '청동 자물쇠' 등이,
철제품으로는 '쇠가위', '문고리보강쇠', '쇠조각' 등이 출토됐다고 한다.

87) 『高麗史』世家 卷第17, 1146년 2월 28일자, 1146년 3월 15일(음력)자 기사.

88) 今西龍,「高麗諸陵墓調査報告書」p.264.

근경近頃 인종대왕릉의 것을 발굴한 것이 있어서, 그 중에서 나온 것은 여러 개의 고려소高麗燒와 함께 하나의 묘지墓誌가 나왔다. 이의 묘지석(구로다 씨 소장)은 36개의 기장 일척 육분 각의 납석 쪽 기둥과 2장 길이 1척 폭 3치, 두께 6분의 납석. 판자와 더 성립된다는 것으로.

〈중략〉

한 곳에서 나온 고도기古陶器는, 그 제작으로 광택절품光澤絕品이라고 칭해야 하는 것으로, 모두 청자青磁로, 화병花瓶 1개, 뚜껑찻잔蓋付茶碗 3개, 합자盒子 1개(이상 구로다 씨 소장), 사각형의 대간大盃 3개(개인 소장) 모두 도침의 상청자上青磁로 있다.[89]

아유카이가 이 같은 내용을 기술하려면 소장자인 구로다 다쿠마黑田太久馬를 직접 만나 소장품을 관찰했을 것이다. 이 유물이 인종 장릉에서 출토되었다는 것은 옥책묘지玉冊墓誌에, "유황통육년병인삼월維皇統六年丙寅三月", "존익왈공효대왕尊謚曰恭孝大王" 등의 문자文字가 나타나 있는 바, '황통육년皇統六年'은 서기1146년에 해당하며, '공효대왕恭孝大王'은 인종仁宗을 지칭하는 것으로『고려사』세가 제17권 1146년의 기록과 일치하는 것이다.

아유카이는 "고려도경高麗圖經의 설과 인종대왕의 능 발굴의 결과, 고려 중세경에 고려소가 가장 진보"된 것이라고 하면서도, 인종 장릉의 소재지에 대해서는 아무런 언급을 하지 않고 있다.

구로다 다쿠마黑田太久馬가 도굴꾼으로부터 인종 장릉의 유물을 사들이면서 구체적인 소재지를 전해 듣지 못한 것으로 추정된다. 아유카이는 인

---

89) 鮎貝房之進,「尙麗の化(高麗燒)」,『朝鮮及滿洲之硏究』第1輯, 朝鮮雜誌社, 1914. pp. 353~354.

인종 장릉 출토의 청자화병과 시책탁본(黑田太久馬 구장)

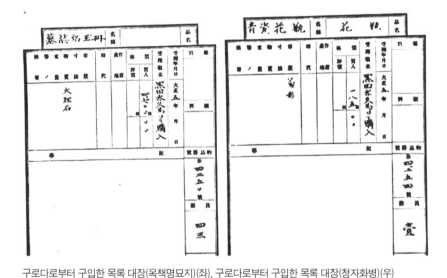

구로다로부터 구입한 목록 대장(옥책명묘지)(좌), 구로다로부터 구입한 목록 대장(청자화병)(우)

종 장릉의 도굴 시기를 "근경近頃"이라고 하여, 「고려소高麗燒」를 집필한 시기에서 가까운 시기임을 알 수 있다.

「고려소(고려의 화)」가 발표된 것은 1914년 이지만, 글의 말미에는 "41년年 11월月"이라 기록하고 있다. 즉 메이지明治 41년(1908) 11월에 탈고한 것으로, "근경"이라는 것은 1907,8년으로 이 시기에 인종 장릉이 도굴되었음을 짐작할 수 있다. 유물은 일부 나타났으나 소재지는 미상으로 남게 되었다.

아유카이의 주선인지는 확실치 않지만, 조선총독부박물관에서는 1916년에 구로다 다쿠마黑田太久馬로부터 상당한 유물을 구입하였다. 그 목록을 보면, 묘지석墓誌石 옥책玉册, 고려청자, 관식, 인장, 필관, 골함 등을 비롯한 문서 쪽수만도 102쪽에 달했으며, 물품번호 4,250~4,366호로 물품 수는 이보다 더 많다.[90]

그 중에서도 묘지석墓誌石 옥책玉册, 청자화병을 비롯한 인종仁宗 장릉長陵에서 나온 유물들이 주목된다. 장릉에서 나온 출토 유물의 일부는『조선고적도보』제7책 도판 3323~3335로 게재되어 있다. 인종 장릉의 출토유물은 2008년에《고려 왕실의 도자기》라는 주제로 국립중앙박물관에서 전시를 할 때 공개 진열되었다.

24) 제18대 의종 희릉

의종毅宗 희릉禧陵은 의종과 왕비 장경왕후의 합장릉이다. 의종은 1173년(명종 3) 10월 경신일에 이의민李義旼에 의해 경주 곤원사坤元寺 북쪽 연못 위에서 47세의 나이로 시해되었다. 이에 1175년(명종 5) 5월 병신일에 의

---

90) 「大正 5年度 陳列品 目錄臺帳」, 국립중앙박물관 소장 조선총독부박물관 공문서, 목록 번호: 97-진열02.

종의 시신을 호송케 하여 개성 동쪽에 안장하였으며 능호를 희릉禧陵이라 하였다.[91]

『신증동국여지승람』에는 "의종이 경주에서 시해 당하자 그곳에 장사하였더니, 명종 4년에 조의총이 군사를 일으키면서, 이의방이 임금을 시弑하고 장사하지 아니한 죄를 핑계로 하므로, 명종 5년에 새로 발상發喪하고 도성 동쪽에 옮겨서 장사하였으니, 능호는 희릉이다."라고 한다. 그동안 "성동城東에 장葬했다는 기록 외에는 다른 단서가 밝혀지지 않아 '소재지 불명'이 되었다.

이마니시는 '제왕 및 왕족릉묘의 소재지'에서 '소재지 불명의 왕릉'으로 분류하고 있으며, 가와구치는 『고려왕릉지』의 '고려역대왕릉명'에서 '비고란'에 "소릉군韶陵群의 내內?"라고 의문을 표하고 있다.

25) 제19대 명종 지릉

명종明宗 지릉智陵은 장단군 장도면 두매리 지릉동에 소재한다. 명종의 지릉은 『고려사』 세가 고종3년 3월조에 의하면, "판사천사判事天事 안방열安邦悅에게 명하여 지릉을 수리하게 하였는데, 이는 몽고병이 헐어놓은 까닭이다."라는 기록이 보인다.

명종 지릉은 고려자기가 세상에 재출현하는 즈음에 이미 도굴을 당한 것으로 짐작된다. 1884년 우리나라에 부임한 영국의 초대 주한영사 W. K 카알 씨는 1년도 안되는 재임기간 동안 개성부근의 한 분묘에서 출토된 고려청자를 사들였다. 그 일부를 그의 저서 『한국에서의 생활』에서 볼 수

---

91) 『高麗史』世家 卷第19, 1170년 9월 2일; 『高麗史』世家 卷第19, 1175 5월 22일자 기사.

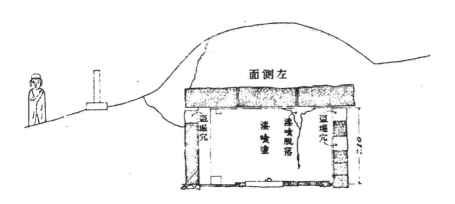

명종 지릉 도굴 단면(今西龍 報告書)

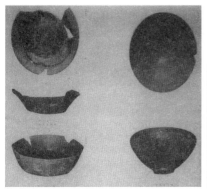

명종지릉출토품 (『朝鮮古蹟圖譜』에 의함)

있는데, 고려자기 연구가인 영국의 G. M 콤퍼어쯔는 그것들이 명종明宗의

지릉智陵에서 나온 출토품일 것이라고 말하고 있다.[92]

명종 지릉은 1916년 9월 중 도굴을 목적으로 악한이 누차 지릉을 염탐

---

92)　西田,「高麗 鐵繪靑磁에 對한 考察」,『美術資料』, 國立中央博物館, 1981. 12.

한 형적이 있으므로 관헌 및 능 간수인이 주의를 했는데, 잠시 관헌의 주의가 태만한 틈을 타 1916년 9월 22일 밤에 여러 명의 도적들이 이 고분을 도굴했다. 이 보고를 받고 조선총독부에서는 1916년 10월 14일 총독부기수 세기야 쵸노스게關谷長之助와 이마니시를 파견하여 조사를 하였다. 도굴 범들은 조선인 13인으로 구성되어 이마니시 등이 조사할 경에는 이미 그 다수가 포박되었다.

이마니시 일행의 조사는 전일 도둑들이 침입한 입구를 이용하여 현실 내로 들어가 내부에 쌓인 토사를 밖으로 반출하고 실측은 세키야가 했다. 조사 때 헌병 및 장단군 서기의 입회하에 조선인 인부를 사용했다. 현실의 4벽에는 벽화의 흔적이 있었다.

이 왕릉은 3회의 도굴을 당했는데 이마니시 일행의 조사 때 현실 내에서 약간의 청자상감반靑磁象嵌盤 등의 청자기와 작은 금환 잔편 1개, 동환 3개, 철정 등을 발견했다. 황송통보皇宋通寶 1개, 개원통보開元通寶 1개를 발견했다.[93]

이는 도굴이 되었지만 일제 때 학술적 발굴에 의하여 확실한 것이 발견된 예는 이 능에서 나온 유물 수 점 뿐이다.[94] 명종은 인종의 다음 제18대 의종의 동생으로 죽은 것은 1197년이다. 선화봉사 시(1123~1124)에서 73년 후이다. 오다 쇼고小田省吾의 말을 빌면, 보통 고려소는 출토지 불명인데, 이같이 "출처와 연대가 명료한 것으로는 희유稀有의 참고품"이라 할 수

---

93) 今西龍, 「高麗諸陵墓調査報告書」, 圖版 134~147, pp. 501~515.

94) 高裕燮, 「靑瓷의 傳世와 出土」, 『高裕燮全集』, 通文館, 1993, p. 71에,
     "도굴된 뒤이지만 학술적 발굴에 의하여 확실한 것이 발견된 예는 경기도 장단군 장도면 두매리 明宗 智陵에 있어서 수 개뿐이고 仁宗의 長陵에서 그의 玉册과 함께 발견되었다는 수점과 개풍군 토성면 여장리 노국대장공주 正陵에서 출토되었다는 象嵌香爐 같은 것은 학술적 발굴에 의하지 않은 듯하다."

있다. 명종 지릉에서 발견된 이
수 점은 상감청자의 편년編年을 추
정推定하는데 중요한 단서端緒를
제공提供하고 있다. [95] 수습한 유
물은『조선고적도보』제7책(도판
3342-3351)에 게재했다.

명종 지릉의 도굴 모습(건판4457)

　서긍徐兢이 지은『선화봉사고려
도경』에 고려청자에 대한 좋은 기
록을 남기고 있으면서 고려청자
에 있어서 가장 특색이라 할 수
있는 상감청자에 대하여 하등 말
한 바 없을 뿐 아니라 인종仁宗의 장릉長陵에서 나온 황통6년병인3월皇統六年
丙寅三月에 받든 공효대왕恭孝大王(인종仁宗의 시호諡號)의 옥책玉册과 함께 아름
다운 청자화병 등이 출토되었으나 어느 것이나 상감한 청자는 없었다. 그
런데 한 대를 사이에 두고 명종의 지릉에서 상감이 있는 청자명, 발 등 수
점이 발견된 까닭으로 상감청자는 결국 이 인종과 명종과의 사이 즉 의종
毅宗朝(1147-1170)에 생겼을 것이라고 추정하고 있다. [96]
　명종 지릉은 그 후 한참 후인 1932년 7월 5일에 또 다시 도굴을 당했다.
1932년 5월 30일자 경기도지사가 조선총독에게 보고한 '고려왕릉 도굴에
관한 건'에 의하면, 1932년 5월 22일 도적이 장단군 장단면 두매리 고려왕
명종의 지릉의 후방에 깊이 약 3척 정도 파내려 갔으나 현실 내에 까지 도

95)　小田省吾,『朝鮮陶瓷に關する若干の文獻』學藝書院, 1936, PP.11~12.
96)　高裕燮,「靑瓷의 變遷」,『高裕燮全集4』通文館, 1993.

달하였다고 한다. 1932년 5월 30일자 경기도지사가 조선총독에게 보고한
'고려왕릉 도굴에 관한 건'[97]의 내용은 다음과 같다.

1932년 5월 30일자 경기도지사가 조선총독에게 보고한 '고려왕릉 도
굴에 관한 건'

학제 호
1932년 5월 30일
　경기도지사
조선총독 전
　고려왕릉 도굴에 관한 건
수제의 건 좌기의 통보함

　　記
1. 왕릉명 및 소재지
　고려왕 명종지릉明宗智陵
　　장단군 장도면 두매리
2. 도굴 년월일　1932년 5월 22일 오전 2시경
3. 도굴 상황
　능침의 후방을 깊이 약 3자 정도 팠으나 현궁玄宮에까지 도달한 것
외에는 별다른 피해가 없음, 현궁 내의 고기물 등을 절취하려는 소위
所爲로 생각됨.

---

97) 「昭和4년~8년 古蹟保存」『조선총독부박물관 공문서』 관리번호: A058-038-001.

(본 능은 이미 누차 도굴을 통해 고기물 등이 있었던 것으로 전함)

4. 도굴에 대한 조치
발굴의 흔적은 원상으로 복구하도록 하고 관할 군수에 대해 단속을
통첩해 둠

1932년이면 분형을 가지고 있는 고려 고분은 모두 도굴당한 후인데, 이 같은 사실을 알지 못한 자들의 소행으로 보인다.

26) 제20대 신종 양릉

신종神宗 양릉陽陵은 개성군 청교면 양릉리 양릉동에 소재한다. 『고종실록』1905년 3월 2일 조에 다음과 같은 도굴 기사가 있다.

장례원 경掌禮院卿 조병필趙秉弼이 아뢰기를,
지금 고려高麗 현릉顯陵의 영令 장익방張翼邦의 공문에 의하면, 고려 신 종神宗 양릉陽陵의 수호군守護軍 전동호全東浩가 와서 알리기를, '음력 정 월 12일(양력 2월 15일) 밤에 능에서 어떤 사람들이 떠들어대기에 알아 보기 위해 나가 보았더니 많은 사람들이 문을 에워싸고 칼을 번쩍번 쩍 휘둘러대고 있었습니다. 목소리를 가려보니 한인과 일본 사람이 모두 해서 수십여 명이었습니다.'라고 하였습니다. 적은 수로는 큰 수 를 대적해 낼 수가 없어 변고가 생기는 지경에 이르렀습니다. 그래서 본 참봉이 즉시 달려가 봉심奉審하니 능이 허물어 진 것이 3분의 1이 나 되고, 앞에 한 개의 구멍을 뚫었는데 넓이가 1자이고, 깊이가 5, 6

자 가량 되었습니다. 라고 하였습니다.

양릉을 도굴한 자들은 일본인과 한인으로 조직한 수십여 명의 도굴단
이다. 그들은 수호군이 보는 앞에서 칼로 위협을 가하면서 도굴을 자행한
것이다. 이 같은 악행이 있은 후 개성부에서는 탐문 조사를 하여 도굴범
고한이高漢伊와 박영진朴永鎭 만을 겨우 체포하여 "이미 붙잡은 해당 범인은
법부로 하여금 형률에 따라 죄를 주게 하고 아직 붙잡지 못한 자에 대해서
는 며칠 내로 탐문 체포하여 또한 엄하게 다스리게 하라."는 기사는 보이
나, 이들을 고용하여 도굴한 일본인에 대한 기사는 보이지 않는다.

그 후 1906년 3월에 또 다시 고려 신종神宗의 양릉陽陵이 일본인에 의해
도굴되었다.[98] 1916년에 이마니시 류今西龍가 조사한 기록을 보면, 신종神
宗의 양릉陽陵은 석인石人, 능비陵碑 등 석재들까지도 도난당한 상태였다.[99]

1986년 북한 사회과학원 고고학연구소에서 이를 다시 발굴하였는데 막
음돌 윗면이 깨어져 무덤 칸으로 통하는 도굴구멍이 있었다. 문턱에는 도
굴구멍으로 흘러든 흙이 30cm 두께로 쌓여 있었고 관대의 좌우에는 파헤
쳐진 자리들이 있었다. 또 흙을 처리하는 과정에서 금동자물쇠, 꽃무늬가
있는 둥근 금동판, 고려자기편, 깨어진 거울조각 등이 흙 속에 널려져 있
었다. 무덤의 천정에는 직경 1.23m의 원안에 해, 북두칠성을 비롯한 27개
의 별자리가 표시되어 있는 별그림이 그려져 있었다.[100]

---

98) 『高宗實錄』1906년 3월 4일자; 『官報』1906년 3월 4일자.

99) 今西龍, 「高麗諸陵墓調査報告書」, p.369, p.470.

100) 김종혁, 「개성 일대의 고려왕릉 발굴 보고」, 『조선 고고연구』제2호, 북한 사회과학원 고
고학연구소, 1986,

27) 제21대 희종 석릉

희종熙宗 석릉碩陵은 강화군 양도면 능내리에 소재한다. 『신증동국여지
승람』'개성강화부'에서, "부의 남쪽 21리에 있는데 이름은 석릉이다."라
한다. 『매일신보』1914년 2월 21일자에는 다음과 같은 기사가 있다.

고려왕릉 발굴
1914년 2월 2일 밤에 경기도 강화군 길상면 진강산 중록 고려왕 희종
熙宗의 석릉碩陵을 발굴하고 석곽을 파破한 자가 있었는데 고기물 절취
의 목적에 출出함인 듯하며 해릉該陵은 수년전에도 1차 발굴된 일이
있어 이미 고기물은 존재치 않은 듯하다더라.

이마니시의 조사보고서에는 "이 능은 덕정산 남쪽에 있는 다른 여러 능

희종 석릉(『朝鮮古蹟圖譜』)

과 같이 황폐하고 근년에 도굴되었다는 소문이 있다"[101]고 하는바, 1914년에 2차 도굴 후 또 다른 도굴의 화를 당한 것이 아닌가 의심된다.

고려 21대 희종(재위기간 1204~1211년)의 무덤인 석릉碩陵은 현재 사적 제369호로 지정되어 있는데, 2001년 9월부터 주변 정비를 위해 문화재연구소에서 발굴을 하였다. 발굴 결과 이미 세 차례에 걸쳐 도굴을 당한 것으로 확인되었다. 도굴구는 석실을 덮은 큰 돌의 남쪽과 서쪽, 그리고 북서쪽에 나 있었다. 석실 내부에는 세 번째 도굴에서 바닥을 헤집어 놓아 쓰

1975년의 희종 석릉 모습(『동아일보』 1975년 7월 19일자 사진, "제각(祭閣)은 커녕 상석, 석등, 문무인 석상 등 왕릉으로 갖춰야 할 석물이 없는 초라한 고려 희종의 석릉, 강화군에서 보수한다면서 잡석으로 볼품없게 곡장(曲墻)을 쌓아놓고 목만 남은 석상을 돌 위에 얹어"라고 설명하고 있다.)

---

101)   今西龍,「高麗諸陵墓調査報告書」, p.372,

레기더미 같이 만들었다. 이곳에 부장된 청자들은 청자의 제작기술이 가장 발달하였던 12~13세기에 만들어진 명품들이나 잇따른 도굴로 온전한 것은 1점도 발견되지 않았고 일부의 도굴꾼들이 파괴한 청자 파편 약간이 발견되어 2002년 1월에 공개되었다.

28) 제22대 강종 후릉

『고려사』에는 1213년 8월 9일(음) 왕이 수창궁 화평전에서 서거하여 능호 강릉, 능왈 후릉厚陵이라 하고, 1213년 9월 9일 후릉에 장사지냈다고 한다.[102] 여러 차례 전화를 겪으면서 어느 때인가 그 소재지를 잃고 말았다. 이마니시는 '소재불명의 왕릉'으로 분류하고 영남면 현화리로 추정하고 있다. 가와구치川口는 『고려왕릉지』에서 '소재지 불명' 능으로 분류하고 "안종安宗 무릉武陵의 측側?"이라고 의문의 표기를 하고 있다.

29) 원덕태후 곤릉

『신증동국여지승람』에 "원덕태후릉元德太后: 부의 남쪽 23리에 있는데, 고려 고종비로 이름은 곤릉坤陵이다."라 한다. 강화군 양도면 능내리에 소재한다. 이마니시의 조사에서는 "황폐하고 2, 3회 발굴(도굴)"되었다 한다.

---

102) 『高麗史』世家 卷第21, 1213년 8월 9일(음); 『高麗史』世家 卷第21, 1213년 9월 9일(음).

원덕태후 곤릉(『朝鮮古蹟圖譜』)

30) 제23대 고종 홍릉

고종高宗 홍릉洪陵은 1259년 6월에 고종이 사망한 뒤 3개월 뒤인 9월에 장사지냈다.[103] 『신증동국여지승람』에 "고려 고종릉: 부의 서쪽 6리에 있는데, 이름은 홍릉이다."라 한다. 강화군 국화리에 소재한다. 1906년 10월에 도굴꾼이 고종의 홍릉 서변을 파굴하여 길이 6척, 광이 3척 깊이 5척이나 되었다.[104] 『고종실록』1906년 10월 15일 조에는 다음과 같이 기록하고 있다.

---

103) 『高麗史』世家 卷第24, 1259년 6월 30일(음);『高麗史』世家 卷第24, 1259년 9월 18일(음).
104) 『皇城新聞』1906년 10월 19일자;『梅泉野錄』1906년 10월.

이도재가 고려 왕조 홍릉을 도적맞은데 대해 보고하다

장례원 경掌禮院卿 이도재李道宰가 아뢰기를,

"방금 강화군수江華郡守 안학주安學柱의 보고를 보니, 본 군에 있는 고려 고종高宗의 홍릉洪陵을 파헤치는 변고가 있었다고 합니다. 지키고 보호하는 곳에 이런 변고가 생긴 것은 듣기에 지극히 놀라운 일입니다. 해당 범인은 기한을 정해놓고 염탐하여 체포해서 법에 비추어 감처勘處하고, 탈이 생긴 곳을 개수하는 일은 지방관으로 하여금 편리한 대로 거행하게 하는 것이 어떻겠습니까?"

하니, 제칙制勅을 내리기를,

"전대 왕조의 능침陵寢에 이처럼 전에 없던 변고가 생겼으므로 놀라움과 한탄을 금할 수 없다. 해당 범인을 며칠 안으로 염탐하여 붙잡아 법에 비추어 엄하게 다스리도록 하라. 개수하는 일은 전례대로 지방

고종 홍릉(『朝鮮古蹟圖譜』)

관으로 하여금 속히 거행하게 하고 개수가 끝난 뒤에 치제致祭하게 하
라."
하였다.

고종 홍릉은 1906년에 도굴을 당하고 그 해 바로 수리했으나, 이후 계
속된 도굴로 10년 후에는 심하게 황폐되었다. 1916년 이마니시는 조사보
고에서 "본 능은 3, 4회 발굴이 있었다는 설說이 있다"고 한다.[105]

31) 제24대 원종 소릉

고려 24대 원종元宗 소릉韶陵은 개성군 영남면 소릉리 내동(현, 북한 개풍군
장남면 소릉리)에 소재한다. 1904년 6월 18일(음력 5월 5일) 밤에 고려 원종의
소릉이 도굴되었는데, 다음과 같은 기사가 있다.

1904년 '음력陰曆 5월 5일 밤에 어떤 놈이 고려高麗 왕조의 소릉韶陵을
훼손하였습니다. 급히 달려 나아가 적간摘奸해 보니, 너비 5척尺에 깊
이 10여 척 가량을 팠고 병풍석의 치마돌과 깨진 질그릇들이 앞에 어
지럽게 쌓여 있었다. (『고종실록』 1904년 6월 22일 조)

1904년. 도둑이 개성 소릉韶陵을 도굴하였다. (『매천야록』)

1904년에 도굴로 훼손된 능을 수리했으나, 1906년에 와서 또 다시 도굴

---

105)   今西龍, 「高麗諸陵墓調査報告書」, p. 380,

의 화를 당했다.

『고종실록』1906년 6월 17일 조
에는 "원종元宗의 소릉昭陵이 도굴
당하는 변고가 있었다고 합니다."
라는 기사가 보이고,『황성신문』
1906년 6월 22일자에는 "음력 정
월 12일 밤에 흑의의 적한 기십명
이 총을 들고 북동면 소릉에 들이
닥쳐 원종 소릉을 파헤쳤다."는
『관보』를 게재하고 있다.

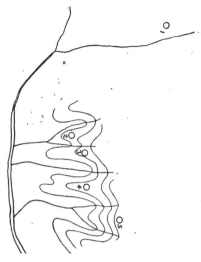

소릉군 위치도(今西龍,「高麗諸陵墓調査報告書」)

이후에도 계속적으로 수난을
당하였는데, 1916년 10월 7일 소릉을 조사한 이마니시 류今西龍의 보고서
를 보면, "수호원의 말에 의하면, 본 능은 4,5년 전에 도굴을 당하여 그 때
광내를 살펴보니 석축 광벽에 칠한 석회가 박락剝落되고 내부에 말안장과
같은 물품이 유존했는데 그대로 수리복토修理覆土했는데, 그 후 도적이 재
차 발굴하여 가져갔다"고 한다. 1916년의 시점으로 4,5년 전이라면 1911,
2년 경으로 이때 3차 도굴의 화를 입었던 것이다. 가와구치도 "본 능은 메
이지말경 도굴당했는데, 수리 후 재차 도굴을 당했다"고 한다.[106]

- 소릉군

소릉군韶陵群의 능은 고려 원종 소릉과 동일하게 개성군 영남면 소릉리
내동에 있다. 현재 그 능명은 잃었으나 고종 4년(1867)에 각 능 앞에 건비

---

106) 今西龍,「高麗諸陵墓調査報告書」, p.388; 川口卯橘,『高麗王陵誌』, p.31.

를 세울 때 '고려제2릉', '고려제3릉', '고려제4릉', '고려제5릉'으로 표기表記했다. 이를 총칭하여 소릉군韶陵群이라 한다.

- 소릉군 제2릉

소릉과 같이 개성군 영남면 소릉리 내동에 소재하며, 소릉과는 계곡을 건너 동쪽 아래에 있다. 황폐가 심하고 석단 등이 산일하고, 능 앞은 2단으로 능이라기엔 조금 적었다.[107]

- 소릉군 제3릉

영남면 소릉리 내동 제2릉 좌의 상방에 있다.

1904년 음력 5월 2일 소릉군 제3릉이 도굴당했다.[108]

- 소릉군 제4릉

제3릉의 좌방 약 30칸에 있다.

- 소릉군 제5릉

제4릉의 좌방 동북에 있다.

32) 순경태후 가릉

순경태후順敬太后 가릉嘉陵은 강화군 양도면 가릉리에 있다. 『신증동국여

---

107)　今西龍, 「高麗諸陵墓調査報告書」, p. 390; 川口卯橘, 『高麗王陵誌』, p. 31.
108)　「宮廷錄事」, 『皇城新聞』1904년 6월 27일자.

部 一 墻 石 陵 古 部 後 陵 同 （號八〇一眞寫）

순경태후 가릉 후면(今西龍 보고서)

지승람』 '강화도호부'편에, "순경태후릉: 부의 남쪽 24리에 있는데, 고려
원종비로 이름은 가릉이다."라 한다. 가릉嘉陵은 1916년경 토목국에서 조
사할 때 부락민이 전하는 말에 도굴 당시에 마등馬鐙이 나왔다고 한다.[109]

이마니시의 보고서에는 "다이쇼大正 5년으로부터 8년 전 약 20인의 일
본인이 도굴하여 다수의 유물을 획득獲得하여 귀도歸途에 당시 횡행하던
폭도暴徒의 습격을 받아 총기를 버리고, 낭패를 당해 살육을 당했다고 한
다. 그 후 한 석공이 광내를 수색하여 등鐙 1개를 손에 넣었다"고 한다.[110]
1916년으로부터 8년 전이면 1908년경으로, 이 당시는 개성, 강화도 일대
에서 도굴을 하던 일본인들이 의병들에게 들켜 사살당하는 예가『통감부

---

109) 『朝鮮寶物古蹟調査資料』, 朝鮮總督府, 1942.
110) 今西龍,「高麗諸陵墓調査報告書」, p.409.

문서』에 실려 있는 「한국독립운동사 자료」에 여러 건이 있다.

가릉의 내부에 대해 이마니시는 "현재 건평에 주재한 우에무라上村 순사
巡査가 전문한 풍문風聞에, 이 능은 석축방광石築方壙으로 광벽壙壁을 따라 석
조선반 위에 유물을 진열하고 중앙에 석곽石槨을 안치했다한다. 옳고 그름
을 가리기는 어렵다."라고 한다.[111]

33) 전傳 제25대 충렬왕 경릉

충렬왕忠烈王은 1308년 10월(음)에 경릉慶陵에 장사지냈다고 하나,[112] 그
소재지는 불명不明이다. 『신증동국여지승람』에 의하면, "능호는 경릉이니,
개성부 서방12리에 있다."고 하나 그 소재가 명확하지 않다.

이마니시는 '소재지 불명의 능'으로 분류하고 있으며, 가와구치 우키쓰
川口卯橘는 『고려왕릉지』에서, 충렬왕 경릉의 비고란에 "고릉동高陵洞 부근
附近?"으로 기록하고 있다. 가와구치에 의하면, 충렬왕 경릉으로 의심되
는 것으로 중서면 여릉리 고릉동의 동곡東谷(개성으로부터 서 약 1리)에 하나
의 언덕이 있고 언덕 꼬리의 완만한 아래에 삼포에 접한 곳에 2, 3의 민묘
가 있고 그 중단에 오래된 석물(난간석의 지주와 같이 중앙에 원형의 불통공不通
孔)과 석단의 열석으로 생각되는 것이 있다. 그 위에는 소나무가 자라고,
석광의 상부에는 도굴자가 뚫은 구멍이 있고 광내는 절석으로 축하고 천
정은 3매의 큰 반석으로 덮었다. 광의 길이 11척5촌, 폭 9척 9촌. 4면과 천
정에는 칠식한 흔적이 있는데 모두 박락되었으나 어떤 물상이 남아 있었

111)   今西龍, 「高麗諸陵墓調査報告書」, p. 402.
112)   『高麗史』世家 卷第33, 1308년 10월 12일(음).

다. 북면에는 현무의 곳곳에 흑색과 적색의 선이 남아 있었다. 광내는 어떤 물건도 남아 있지 않고 도굴공으로 흘러내린 흙이 바닥에 고착되어 있었다고 한다.[113]

34) 제국공주 고릉

제국공주齊國公主 고릉高陵은 개성군 중서면 여릉리 고릉동에 소재한다. 충렬왕忠烈王의 비妃인 제국공주 고릉은 "매장埋葬 당시 귀중품이 부장副葬되었다는 풍설風說이 있어 충혜왕忠惠王 2년 임신壬申에 이르러 도적盜賊에 의

제국공주 고릉(『조선고적도보』)

---

113)　川口卯橘, 『高麗王陵誌』, pp. 52~53.

해 도굴의 화를 당하였는데, 근년에 또 다시 도굴盜掘[114]"당했다고 한다.

고릉은 1978년 북한 사회과학원 고고학연구소에서 발굴 복원하였다. 당시 조사에서 무덤벽면과 천정에는 회벽이 거의 떨어져 나갔으나 일부 남아 있는 회벽에는 벽화를 그렸던 흔적이 부분적으로 나타나 있었으며, 자기파편 2개, 일부 장식품파편이 발견되었다.[115]

35) 제26대 충선왕 덕릉

충선왕忠宣王 덕릉德陵은 소재지 불명이다. 『신증동국여지승람』에 의하면, "능호는 덕릉이니, 개성부 서방 12리에 있다."고 한다. 가와구치는『고려왕릉지』에서 "개성군 부서 12리 선리(위치불명)"이라 하고 비고란에는 "명릉군明陵群의 내內?"로 기록하고 있다.

36) 제27대 충숙왕 의릉

충숙왕忠肅王 의릉毅陵은 소재지가 불명이다. 『신증동국여지승람』에는, "능호는 의릉이다"라고만 기록하고 구체적인 소재를 밝히지 않고 있다.

37) 제28대 전傳 충혜왕 영릉

충혜왕忠惠王 영릉永陵은 소재지가 불명이다. 『신증동국여지승람』에는,

---

114) 今西龍, 「高麗諸陵墓調査報告書」, p.411.
115) 『고려무덤 발굴보고』, 사회과학출판사(백산자료원, 2003).

"4년에 원나라에서 대경, 타적 등을 보내어 왕을 잡아가서 게양에 귀양 보냈는데, 그곳에 도착하기 전인 다음 해(5년)에 악양현에서 돌아가니, 그 해 6월에 상喪이 원나라에서 돌아와 장사지냈다. 능호는 영릉永陵이다."라 한다.

이마니시는 "충혜왕 영릉은 이미 그 소재를 잃어버렸다. 2.3년 전에 도적이 진봉면 탄동리 고총을 발굴發掘하였는데 이 무덤을 영릉永陵이란 설이 조선인사들 사이에 있다."고 하며, 이는 어디까지나 전설이라는 것을 전제하면서도, '속설俗說 영릉永陵'이라 명기하고 소재지는 "개성군 진봉면 진봉리"로 추정하고 있다. 그리고 "총塚은 진봉산 동록 작은 언덕 위에 있다. 능 높이는 3척 5촌, 경 18척으로 전방에는 도굴 흔적이 있고 석실의 일부분이 노출"되었다고 하면서 조사 당시의 도굴 상태를 사진으로 남기

傳 고려 충혜왕릉 도굴 모습(『高麗陵墓調査報告書』)

고 있다.[116]

가와구치는 『고려왕릉지』에서 "진봉산 동록의 작은 구릉상에 있고, 총 앞에는 열석지가 있다. 능은 적지만 높고 전방에 도굴흔적이 있어 석실의 일부가 노출되어 광내의 장식과 석물이 존재했다. 이 총塚은 왕릉이라기에는 규모가 적고 … 규모가 적다고 하여 왕릉이 아니라고 부정하기도 어렵다. 또 왕릉이라 단정할 수 있는 증거도 없다."라고 하며, 소재지에 대해 "본군 진봉면 탄동리?(불명不明)"이라 표기하고 있다.[117]

38) 제29대 충목왕 명릉

충목왕忠穆王 명릉明陵은 개풍군 중서면 여릉리 명릉동에 소재한다. 명릉

충목왕 명릉(『조선고적도보』)

116)   今西龍, 「高麗諸陵墓調査報告書」, pp. 491~492.
117)   川口卯橘, 『高麗王陵誌』 p. 50.

명릉군 제2릉(『조선고적도보』)

은 1905년 음력 1월 23일에 도굴 당했다. 도적은 야음을 틈타 능의 위 부분을 팠는데 길이 및 폭이 3, 4척 깊이 역시 4척을 파고 도굴했다.[118]

- 명릉군 제2릉

개성군 중서면 여릉리 명릉동 명릉의 동에 가까이 있다. 이마니시의 보고서에 의하면, 능 앞에는 고종 4년에 건립한 소비에 '고려왕제2릉'라 새겨져 있고, 중단지中段地 부근에 전의 파편이 산재했다.

- 명릉군 제3릉

개성군 중서면 여릉리 명릉동 제2릉의 동에 있다. 능 앞에는 고종 4년에 건립한 석비에 '고려왕제3릉'라 새겨져 있다. 『고종실록』 고종 42년

118) 『高宗實錄』 고종 42년(1905) 4월 12일 조; 『皇城新聞』 1905년 4월 17일자.

명릉군 제3릉(건판4673)

(1905) 4월 12일 조에 의하면, "1905년 음력 1월 23일 도둑이 제3릉을 파헤쳐 병풍석屛風石 3개를 허물고 구멍을 뚫었는데 깊이가 3, 4자 가량 되고 넓이가 6, 7자 가량 되었다."고 한다.

39) 제30대 충정왕 총릉

충정왕忠定王 총릉은 개풍군 청교면 배아리에 소재한다. 충정왕 총릉聰陵은 1905년 음력 6월 11일에 도굴을 당했다. 『승정원일기』1905년 6월 22일(음)자에는 "개성부윤開城府尹 최석조崔錫肇의 보고서를 보니, 음력 6월 11일 밤에 부府의 남쪽 배야동리排也洞里에 있는 고려조 충정왕의 총릉을 파헤쳤는데 길이와 너비가 각각 여섯 자 남짓이 되고 깊이는 어두워 헤아리기 어려웠다고 하였습니다."라 한다.

『고종실록』1905년 7월 24일자에는, 례식원 장례경 남정철이 개성소재

충정왕 총릉(『조선고적도보』)

고려조의 현릉 및 총릉이 굴훼掘毁된 바 범인을 법부로 하여금 형착詞捉케 하고 능을 전례에 준하여 지방관으로 하여금 수개修改케 할 것을 상주上奏한 내용이 보인다.

1916년 이마니시가 이 능을 조사할 시에는 능 후방의 완만한 경사지에는 고려시대의 분묘가 있는데 많은 것이 도굴흔적의 유물파편이 있었다. 충정왕 총릉 역시 도굴당한 것으로 보고 있다.[119]

40) 제31대 공민왕 현릉 및 노국공주 정릉

공민왕恭愍王 현릉玄陵과 노국공주魯國公主 정릉正陵은 개성 중서면 여릉리 봉명산鳳鳴山의 지맥支脈인 무선봉舞仙峰 기슭에 있다. 1920년대의 기준으로

---

119)　今西龍, 「高麗諸陵墓調査報告書」, p. 421.

개성정차장에서 서쪽으로 약 1리에 고려태조 현릉이 있고, 다시 서쪽 25, 6정町에 공민왕릉에 이르고, 도중에 명릉군이 있다.[120]

공민왕은 초년에는 원의 기반에서 벗어나려는 자주적인 정책을 과감히 펼쳐 나갔으며 그림과 글씨에도 뛰어난 예술가였다. 그러나 1365년에 왕비 노국공주가 죽자 그 비통이 지나쳐 그 후 왕은 정치적으로 혼란을 가져오고 인간적으로 완전히 이성을 잃은 상태에 이르렀다. 죽은 비를 위하여 왕 자신이 직접 무덤을 경영하였으며, 자신의 사후를 위하여 공민왕 21년 6월에 정릉 곁에 자신의 무덤을 경영해 두었다가 1374년 10월에 자신이 그곳에 묻혔다. 이와 같이 현릉, 정릉은 공민왕이 죽은 처에 대한 애절한 추모의 정으로 전후 7년간에 걸쳐 만든 것으로 유례없는 규모와 장식, 시설을 완비하였다.

공민왕 현릉 앞 석물(국립중앙박물관 소장 건판035151)

---

120) 川口羊羴, 「高麗恭愍王陵」 『京城日報』, 1927년 2월 19일자.

대체로 고려시대에 있어서는 국왕과 왕비와의 능은 각각 딴 곳에 이를 쌓았던 것인데 공민왕에 이르러 비로소 그 능과 왕비의 능을 한 곳에 나란히 쌓기로 하고 먼저 왕비의 능을 만들고 그 다음에 그 옆에 왕자신의 능을 만들어 놓아 종래의 형型을 깨뜨리고 능제陵制의 전기轉機를 만듦으로써 조선릉제朝鮮陵制의 표본이 된 것이다. [121] 『동사강목東史綱目』에 다음과 같은 내용이 전해진다.

> 4일에 정릉에 장사를 지내기로 하였는데 왕은 장례의 의장 행렬의 차례와 산릉제도山陵制度를 그리도록 하여 이것을 보며 눈물을 흘렸다. 상사喪事는 제국장주齊國長主(충렬왕비忠烈王妃)의 전례前例에 의거하였는데 사치를 극해 부고府庫가 텅 비게 되었다. 왕이 불교의 설에 미혹되어 화장을 하려 했으나 유탁이 불가함을 주장하여 이에 그쳤다. 왕은 손수 공주의 초상화를 그리고 밤낮으로 음식상을 대하여 슬피 흐느껴 울며 3년 동안 육식을 하지 않았다. …… 수호守戶 1백14호, 전토 2천 2백 40결, 노비 46구口, 포布 1만 5천 2백여 필을 두어 명복을 비는 재원으로 하고서 왕은 군신과 함께 맹세하기를, '후대에 침탈 도용하는 자는 반드시 신이 죽이리라' 하였다. 운암사雲巖寺를 정릉의 원찰願刹로 삼고 절의 중들에게 매월 쌀 30석씩 지급하여 무릇 공급이 이르지 않는 데가 없었다. [122]

---

121) 崔石泉,「松都의 古蹟」『開城』, 藝術春秋社, 1970,
122) 安鼎福,『東史綱目』恭愍王14年(1365年) 4月 條.

이 두 능은 공민왕이 전력을 다하여 호화롭기 그지없게 만들었으며[123] 그 속에 부장품副葬品도 엄청나리라는 것을 짐작할 수 있다.

이태왕李太王시대에 청병淸兵이 발굴發掘하여 금물金物을 얻었다는 풍설風說이 있다. 그 후 1, 2회 도굴의 화를 입었다고 한다. …… 정릉正陵 광壙의 벽화는 '채색彩色이 새 것 같다'한다. [124]

이마니시 류今西龍의 기록에 위와 같이 언급하는 것으로 보아 이미 여러 차례 도굴의 화를 당했음을 알 수 있다.[125] 『고종실록』 42년(1905) 6월 30일 자에는 공민왕릉과 노국공주릉에 대한 다음과 같은 기사가 있다.

궁내부 대신 겸 예식원 이재극李載克이 아뢰기를,
"개성부윤開城府尹 권태익權泰益, 장단군수長湍郡守 윤종구尹宗求의 보고를 받아보니, '고려 왕조의 제1릉 경릉景陵, 제3릉 공민왕비恭愍王妃 노국공주릉魯國公主陵, 제4릉 예종릉睿宗陵, 공민왕恭愍王 현릉玄陵에 모두 파헤치는 변고가 있었습니다.' 하였습니다. 더없이 중하여 수호守護하는 곳에 이처럼 파헤치는 변고가 있은 것은 듣기에 매우 놀라운 일입니다. 범인은 기한을 정해놓고 붙잡아 조법엄처照法嚴處하고, 수개修改하는 일은 지방관에게 시급히 편리할 대로 거행하라고 분부하는 것

---

123) 『高麗史』卷41, 恭愍王15年 5月 條, 恭愍王 21年 6月 條,
124) 今西龍,「高麗陵墓調査報告書」, p.408.
"本陵은 旣掘한 痕이 明白"
125) 川口卯橋 編,『高麗王陵志』p.34.
"내부에 예부터 귀중품이 매장되었다는 說이 있어 3, 4회 도굴을 당하였다고 한다."

이 어떻습니까?"

하니, 제칙制勅을 내리기를,

"이전 왕조의 능침陵寢들에 이처럼 전에 없던 변고가 생겼으므로 두려움을 금할 수 없다. 해당 범인은 시급히 잡아서 의율依律하여 엄하게 다스리고 수개하는 일은 지방관에게 속히 거행하게 하며 수개가 끝난 다음에는 비서감祕書監의 승丞을 보내어 제사를 지내주라."

하였다.

1905년에 일본 도굴꾼들이 집요하게 도굴을 감행하였는데, 당시 그들은 무장한 군병들로 삼엄한 경계망을 치고 야만적인 도굴을 하였는데 그때마다 지방 주민들과 포수 그리고 현릉의 수비병들이 화승총으로 무장하고 완강히 대항하여 내쫓곤 하였다. 그러나 13번째는 폭우가 쏟아지는 틈을 타서 대노한 지방민들을 막고는 깡그리 도굴을 하여[126] 10대의 달구지에 실어 갔다. 이들은 도굴의 합법성을 표방하기 위하여 매수한 친일 관료들을 앞세워 주민들을 강제 동원하여 도굴했다.[127] 그 후 1920년 초에 다시 일본 도굴꾼들에 의하여 도굴을 당하였다.[128]

도굴을 당하기 직전의 모습은 어떠했을까? 1921년에 공민왕릉을 답사한 가자봉인茄子峯人이란 필명을 사용한 사람의 여행기에는 다음과 같이 기술하고 있다.

---

126) 전주농, 「고려 공민왕 현릉 발굴 개요」, 『문화유산』, 북한 고고학 및 민속연구소, 1960.
127) 송경록, 『북한 향토 사학자가 쓴 개성 이야기』, 도서출판 푸른 숲, p.106.
128) 김인철, 「공민왕릉 발굴보고」, 『고려무덤 발굴보고』, 사회과학출판사, 2002년, p.98.

이 능(고려 태조왕릉)을 뒤로 두고 서편西便으로 향할 때에 부근 구상丘
上에 보이는 역대제왕릉歷代諸王陵은 황량荒凉하여 능명陵名은 물론, 하
대왕何代王의 것인가도 모른다 한다. 한 10리를 또 걸려 공민왕의 현
릉과 동 왕비 노국대장공주의 정릉을 당當하였다. 이 두 릉의 석물 기
타 부속물의 웅대우려雄大優麗함은 이미 들어 안 바이지만 실지로 와
본즉 과연 점두點頭치 아니치 못하였다. 고려대 제왕릉諸王陵은 물론이
오 이조역대의 능으로도 이 능의 석물에 비比가 될 수 없다 한다. 일
방一方으로 이를 미루어 여말왕가麗末王家의 궁사극치窮奢極侈의 풍風을
가히 알 수 있었다. 이같이 굉장히 일으킨 능묘가 지금은 또한 황폐
함을 면치 못하였다. [129]

1922년에는 큰 비로 후방이 붕괴崩壞되고 봉토의 일부가 함몰陷沒하였다
고 하는데 이 능에는 고래古來로 많은 귀중품이 장藏하여 있다고 전해져 누
차屢次 도굴의 화를 입었기 때문에 붕괴되었을 것으로 짐작된다. [130] 가와
구치는 "무덤은 일찍이 있었던 일로 중간에 틈새가 있어서 1922년 7월 폭
우로 무너져 봉토가 유하流下한 것"이라고 한다. [131] 즉 1905년에 도굴을 당
한 후에 곧 수개修改를 했었다. 그 후 언제인가 또 다시 도굴을 당해 그 도
굴구(또는 수리 후의 틈새)를 통해 물이 스며들면서 봉토가 내려앉은 것으로
추정된다.
　이로 인하여 1927년 가을에는 총독부 고적조사과장 오다 쇼고小田省吾의

---

129)　茄子峯人,「淸秋의 旅」,『개벽』17호, 1921년 11월.
130)　『京畿地方の名勝史蹟』朝鮮地方行政學會, 1937.
131)　川口羊髥,「高麗恭愍王陵」,『京城日報』1927년 2월 19일자.

공민왕릉과 노국공주릉(『조선고적도보』)

시찰이 있었는데, 정자각지丁字閣址 앞의 전지畑地에서 '정릉正陵'으로 추정되는 문자가 있는 청자 파편을 습득하여 총독부박물관에 보관했다.

　1928년 6월에는 총독부 박물관의 노모리 겐野守健과 오가와 게이키치小川敬吉가 전라남도 강진군 대구면의 도요지 조사를 하다가 대구면 수동리의 아동으로부터 '정릉正陵'이란 문자가 상감된 청자파편을 구하기도 했다.132 이로 미루어 보아 공민왕 현릉과 공민왕비 정릉에 부장된 고려자기는 전남 강진군 대구면에서 맞춤 제작했을 것으로 추정된다.

　1929년에는 수차의 도굴로 인하여 붕괴된 공민왕릉을 수축했다. 1928년에 정릉의 봉토가 붕괴되고 석곽石槨이 노출되어 1929년 2월에 조사위원 후지타 료사쿠藤田亮策, 와다나베 아키라渡邊彰, 오가와 게이키치小川敬吉가 파견되어 조사를 한 후 다시 수축修築을 하였다.133

132)　小川敬吉, 「大口面 窯址の青瓷二顆」, 『陶瓷』第6卷 6號, 東洋陶瓷研究所, 1934年 12月, pp.48~49.
133)　「昭和3年度 古蹟調査 事務槪要」, 『朝鮮』, 朝鮮總督府, 1929年 7月, p.5.

수리 후의 1939년의 모습(국립박물관 소장 건판017490)

1956년에 북한에서 공민왕의 현릉에 대한 수리 공사를 하였다. 현릉 내부에 대한 발굴 조사는 바로 이러한 수리 공사를 계기로 이루어졌다. 그 결과 일제 때 팠던 도굴구를 확인할 수 있었다. 도굴구는 우선 밖에서 묘광 뒷벽까지는 여러 사람이 자유로이 드나들 수 있을 정도로 대대적인 것이었다. 이 도굴구에 메워진 흙 사이에는 화강암편들과 유리병 조각이 섞여 있었다. 또 묘실에는 누차에 걸친 도굴로 북벽 상단의 벽석 북단에 길이 70cm의 도굴 구멍이 있었는데 구멍을 내기 위하여 도굴자들은 착암기로 구멍을 뚫고 폭약으로 무참히 폭파시켜 현실 천정부는 폭파 순간에 튄 무수한 석편들에 의해 생긴 상처가 허다하다고 한다. 그리고 유물 잔존 상태는 엽전 84매

를 비롯한 약간의 못 파편을 출토한 외에는 아무것도 없었다. 또 관대석 위에는 공민왕의 유해가 무참히 짓밟혀서 완전한 것은 하나도 볼 수 없었다.[134] 당시 발굴조사에서 벽화가 발견되었는데 벽화는 동, 서, 북벽과 천정에 있었으며 내용은 12지신으로서 비교적 선명하게 남아 있었다.

41) 고려 칠릉군

고려 칠릉군七陵群은 개성 중서면中西面 곡령리 만수산萬壽山의 남쪽 태조동의 서북쪽에 있으며 고려왕릉 일곱이 있으므로 이곳을 칠릉동七陵洞이라 부르고 있다. 이 일곱의 능은 능명에 대한 문헌이 없어 어느 왕의 릉인지는 알 수 없으므로 다만 숫자로 표기하여 칠릉七陵이라 표기하고 있다.[135] 서쪽에서부터 동쪽으로 가면서 번호를 부여하였는데 제일 서쪽에 있는 무덤이 1릉이며 제일 동쪽에 있는 무덤이 7릉이다.

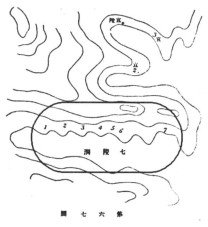

칠릉군 위치도(今西龍, 「高麗陵墓調査報告書」)

134) 전주농, 「고려 공민왕 현릉 발굴 개요」, 『문화유산』, 북한 고고학 및 민속연구소, 1960, pp. 73~87.

135) 『英祖實錄』 1755년 3월 20일소에 "칠궁(七陵)의 표석(表石)이 완성되다"하는 기사가 있다.

칠릉군 제1릉(『조선고적도보』)

칠릉군 제3릉(『조선고적도보』)

이 중 제6릉은 1906년 6월 21일자 『관보』에 의하면, "1906년 음력 정월 13일 밤에 도굴을 당하였는데 길이와 폭 6, 7척, 깊이 10여 척"이라고 한다.[136] 1916년에는 제3, 4, 7릉이 도굴꾼들에 의해 도굴을 당하였다는 사실이 총독부에 보고되어 이마니시 류今西龍는 1916년 10월 10일 총독부 기수 세키야關谷長之助의 도움을 받아 조사를 했다. 일본인 인부 3명을 사용하여 도적이 침입한 입구를 통하여 현실 내로 들어가 당일 조사를 종료했다.

제7릉은 2회에 걸쳐 도적이 침입하여 유물을 약탈해 갔다. 근일에 침입한 도적은 현실 내의 쌓인 흙을 옮기면서 유물을 수색한 흔적이 있었다. 조사 시에 황금제관식黃金製冠飾 1대對, 황금불상黃金佛像 1구軀, 동전銅錢 등을 발견하고 일부 잔존 유물을 박물관으로 옮겼으며,[137] 그 유물은『조선고적도보』제7책(도판 3336~3341)에 게재되어 있다. 제4릉도 도굴 흔적이 있었으며 와편과 자기, 토기편이 봉토 위에 산란했다.

칠릉군 제7릉 출토유물(『조선고적도보』제7책 (도판 3336~3341))

---

136) 『官報』1906년 6월 17일자;『皇城新聞』1906년 06월 22일자;『大韓每日申報』1906년 6월 21일자.
137) 今西龍,「高麗諸陵墓調査報告書」, p. 523.

이마니시의 보고서에는 7릉군 재1릉은 능의 높이는 10척여, 직경 약 30척으로 병풍석은 이미 산일되거나 일부가 매몰, 석인 1구는 도괴, 이마니시는 황폐한 사진을 싣고 있다.

칠릉군 제2릉은 제1릉의 동에 인접해 있다. 영역은 4단으로 이루어져 있고, 제1단에는 능은 12각의 병석을 둘렀다. 석난간 잔석, 석수 4개(2체는 매몰되어 두부만 나타남) 망주석 1대, 2단에는 표석 1대와 문인석, 제3단에는 1대의 무인석, 제4단에는 정자각지가 있고 와편이 산란했다.

칠릉군 제3릉은 제2릉의 동편에 위치하며, 이마니시는 고려릉 중 외형상 비교적 완전하게 유존한 것으로 영역塋域의 구조를 조사하는데 귀중한 자료를 제공한다고 보고하고 있다. 영역의 제1단은 능으로 12각의 병석屛石을 두르고, 병석은 정지대석正地臺石, 우석隅石, 면석面石, 인석引石을 완비하고, 각 면석에 12방위신 각 1을 장방형으로 구획하고 그 안에 양각했다.

칠릉군 제4릉은 발굴의 흔적이 있고 광내에서 나온 것으로 추측되는 토기파편이 봉토 위에 남아 있었다. 7릉군의 능들은 이후 계속적인 도굴을 당한 것으로 보인다.[138] 『조선일보』1931년 2월 26일자에는 다음과 같은 기사가 있다.

자기 절취할 양으로 고려왕릉을 발굴

제1왕릉과 제2왕릉을

---

138) 『每日申報』1931년 3월 4일자에,
"작년 12월 11일 오후 8시경부터 그 익일 오전 5시까지의 사이에 개성부외 중서면에 있는 고려왕릉의 제1, 제2릉을 발굴하야 봉분 속에 묻혀 있는 고가의 고려자기를 절취하려다가 목적을 달성하지 못한 범인 개풍군 한서면 설유동 외 2명을 18일 개성서원의 손에 체포되어 취조를 받는 중이다."라고 하는데 7릉군의 능으로 보인다.

혐의자 3명을 취조 중

(개성) 지난 12월 11일 오후 8시경에 개풍군 중서면 곡령리 칠릉동에 있는 고려왕 제1, 제2왕릉을 발굴한 자가 있었는바 제1릉은 북쪽으로 깊이 아홉 자와 폭 네 자 두 치 가량과 '奧行' 다섯 자를 발굴하였으며, 제2릉은 남쪽으로 깊이 여섯 자 세 치 폭 일곱 자와 오행 다섯 자 가량을 발굴하였는바 발굴한 목적은 고려 태조시대에 파묻은 고려자기를 절취하려던 것인바 주의의 굉장한 암석으로 막았음으로 목적을 달성치 못하였다는데 개성서에서는 전기 범인을 염탐 중이던 바 21일 오후에 능소 발굴 범행자로 개풍군 중서면 곡령리 설윤동과 동군 중서면 여릉리 강장군과 김봉준 등 세 사람을 검속하야 취조중이라

칠릉군 제7릉 도굴구(今西龍 보고서)

는데 피해는 그리 많지 않은 모양이라고 한다.

칠릉군은 북한사회과학원 고고학연구소에서 1983년에 발굴 정비하였는데, 당시 제1릉에서는 청자술잔 1개와 청자접시 파편, 금동장식띠 등이 발견되었다. 제2릉은 막음돌의 윗부분에 도굴구가 있었으며, 은전, 구슬, 청동손잡이 등이 발견되었다. 제4릉은 여러 차례 도굴 당하여 아무런 유물을 발견하지 못했다. 제5릉도 여러 차례 도굴을 당하여 청자파편 3개만 발견되었다. 제6릉은 도굴로 인하여 남쪽벽이 심하게 파괴되어 있었으며 부장품으로는 구슬, 청동장식띠 등이 발견되었다. 제7릉에서는 금제불상 1개, 금제장식 1쌍, 청자파편 일부가 발견되었다.[139]

42) 냉정동 고려 고분군

냉정동冷井洞은 개성군 영남면 소릉리 내의 한 동명으로 동내에는 약수로 유명하여 붙어진 동명으로, 냉정동 북에 한 산이 있다. 이 산은 소릉군산의 동에 해당하는 곳에 3개의 능이 있는데, 조선 고종 4년(1867) 건립한 표석에 '고려왕제1릉', '고려왕제2릉', '고려왕제3릉' 으로 표기하고 있다. 그 중 냉정동 제2릉은 심하게 황폐해 있었다.[140]

---

139) 김인철, 『고려무덤 발굴보고』 사회과학출판사, 백산자료원, 2003.
140) 수西龍 앞책, pp. 460.

43) 동구릉

이 능은 개성의 탄현문 밖 개성군 영남면 용흥리 팔자동리에 위치한다. 동구릉東龜陵이라는 이름은 두문동 구릉龜陵에 구별하여 붙여진 속칭이다. 능비에는 고종 4년에 세운 비에 '고려왕릉高麗王陵'란 4자가 새겨져 있다. 이 능은 1906년경에 도굴되어 수리를 했으나, 심하게 황폐하여 그 배후구背後丘의 토중土中에는 고와편이 산란했다. [141]

44) 고려 서구릉

이 능은 두문동 동쪽에 해당하며, 개성군 중서면 여릉리 두문동에 소재한다. 조선 고종 4년에 세운 석비에 '고려왕릉高麗王陵'란 4자가 새겨져 있다. '서구릉西龜陵'이란 명칭은 동구릉에 대비한 속칭이다. 1905년 음력 정월 23일 어떤 적한賊漢이 고려조 제3릉 및 서구릉을 파괴했다는 고로 살펴본 즉 서구릉은 왼쪽에 구멍을 뚫었는데 깊이가 1자 가량 되고 넓이가 1자 가량 되었다고 한다. [142]

서구릉은 1994년에 개성 고려박물관 연구원들에 의해 발굴 조사가 이루어 졌는데, 무덤입구의 윗부분에 도굴구가 있었다. 내부의 벽면과 천정에는 벽화가 있었으나 훼손이 심하였다. 부장품으로는 금동제품 파편, 청자파편이 일부 발견되었다. [143]

---

141) 今西龍,「高麗諸陵墓調査報告書」, p.470; 川口卯橋 編, 『開城郡 高麗王陵誌』, p.47.
142) 『高宗實錄』1905년 4월 12일; 『황성신문』1905년 4월 17일자.
143) 김인철, 『고려무덤 발굴보고』, 사회과학출판사(백산자료원, 2003.

45) 청교면 수락암동 벽화고분

　개성군 청교면 양릉리 수락암동 고분은 하등의 석물이나 석단이 없고 부근에는 민묘가 다수 있었다. 양릉리 수락암동에 있는 제1호 고분은 일찍 도굴을 당했는데, 1916년 6월 1일부터 개시한 야쓰이 세이이치谷井濟一와 우마즈카 제이치로馬場是一郞의 고분 조사에서 12지상을 그린 의관衣冠한 문관 12인의 벽화 등이 발견되었다. 무덤의 4벽은 길이 3.4척尺, 두께 1척尺의 화강암의 절석切石으로 이루어졌으며, 안쪽 4벽은 벽화가 장식되었는데 북에는 3인, 동에는 5인, 서에는 4인의 문관장속文官裝束의 12지十二支 상像이 묘사되어 있었다.[144]

　고려 벽화무덤의 발굴로는 이것이 최초라고 할 수 있다. 그러나 이에 대한 상세한 기록은 남기지 않고 다만『매일신보』기사와 1916년 야쓰이 세이이치谷井濟一가 일본고고학회의 월례회月例會 강연에서 약간의 기록을 남기고 있으며,『조선고적도보』제7책에 그 모사도模寫圖[145]가 실려 있다.

　『매일신보』1916년 6월 20일자에는 다음과 같은 기사가 있다.

　　희유의 벽화. 총독부 촉탁 곡정 문학사 담
　　야쓰이 세이이치谷井濟一는 지난 6월 1일부터 3일까지 3일간 개성부 근의 고분을 조사하던 중 제 2일 오후 개성군 청교면 양릉리 수락암

---

144)　『釜山日報』1916년 6월 18일자.
　　『每日申報』1916년 6월 16일자, 6월 20일자.
　　谷井濟一,「高麗時代の古墳(考古學會記事)」,『考古學雜誌』第6卷 11號, 1916年 7月.
　　谷井濟一은 이 고분은 袁世凱及內地人(일본인)이 도굴한 것으로 보고 있다.
145)　이 模寫圖는 후에 개성박물관에 진열하였다.

수락동 제1호분 벽화

동에 있는 고분을 조사하다가 고려시대의 진귀한 벽화를 발견했는데 이에 대해 곡정은 기자들에게 말하여 고분조사의 전말을 다음과 같이 기술했다.

나는 금회 총독부의 명으로 지난 6월 1일부터 박물관 바바馬場 촉탁과 여릉리에 있는 고분을 조사하였는데. 〈중략〉 6월 2일에는 개성 고남리古南里 비전동比殿洞의 고분 3좌를 조사하였는데 그 규모는 사직동소재 고분과 동일하더라.

그날 오후에는 서방으로 이동하여 개성 청교면 양릉리 수락암동에 있는 고분을 조사하였는데 이 고분은 이미 왕년에 수차 발굴한 흔적이 있어 대단히 황폐하였더라. 그러나 이 고분은 능묘로 인정할 것이 유하여 사벽을 화강석으로 둘리고 천정은 두께 3척 8촌 5분의 화강석으로 덮고, 〈중략〉 현실 중앙에는 폭 4척 4촌, 길이 8척 7촌 5분, 고 6촌의 관좌冠座가 있으니, 이는 필시 목관을 안치할 때 함께 한 것이며, 그리고 내부 4벽의 화강석 상에는 회로 칠하고 그 위에 12지의 상을 그린 의관을 한 문관을 그렸는데 안쪽 벽에는 3인, 서벽에 4인 동벽에 5인 합 12인이 상부만 남아 있더라. 〈중략〉 금회 발견한 벽화는 금년 9월경까지 준비하여 관람하도록 입구를 만들 계획인데 이 고분은 충분히 연구한 후가 아니면 확실하게 말할 수 없으나 양릉이 아닌지, 곽내를 조사할 때에 호의 파편, 석인 및 금도금의 목관금구木棺金具를 발견하였는데 도금의 금구는 총독부박물관에 진열케 되었더라. 〈중략〉 금회에는 고려소의 모양과 매장하는 모양을 조사하려다가 우연히 귀중한 벽화를 발견함은 신고학新古學을 위하여 무상한 사물賜物이라.

야쓰이 세이이치谷井濟一의 조사 후 얼마 지나지 않아 세키노關野의 답사가 있었다. 세키노는『조선미술사』에서, "수락암동의 고분은 1916년경에 벽화가 발견되었다. 현실은 장방형으로 좌우후 3면의 벽은 수층의 절석으로 중첩해 만들고 그 위에 칠식을 칠하고 벽의 하부에 백호, 청룡, 현무를 채색으로 그렸다. 그 상부에는 각 면에 방위신상을 조造하였다."[146]고 한다.

당시 조사를 마치고 1917년 10월에 수리를 하고 철조망을 주위에 둘렀는데, 그 후 어느 때 또 도굴을 당하였는지, 1925년 9월 경에 가와구치 우키쓰川口卯橘가 답사할 때에 정면의 중복中腹은 일찍이 도굴할 때 뚫은 것으로 여겨지는 구멍이 있어 현실 내에는 절석으로 장방형으로 만든 고 7, 8

---

146) 關野貞,『朝鮮美術史』朝鮮史學會, 1932, p. 181.

척이고, 벽면에는 칠식漆喰을 한
물상을 그린 형적形迹이 남아 있었
으나 박락하여 벽화가 알아보지
못하게 되었다고 한다. 광내에는
유물은 남아 있지 않았다.

중앙의 관대에는 부패한 관의
목편, 철정, 또 인골의 족지편으
로 여겨지는 것, 토기파편 등이
있었다. 이 고분은 1차 총독부에
서 보호를 거친 것으로 철조망을
두르고 좌측에 석표를 세웠다.[147]
석표에는 "경기도 개성군 청교면
양릉동 제1호분/ 다이쇼大正 5년 6
월 조사를 마치고 6년 10월에 수

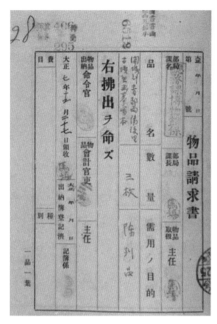

개성군 청교면 양릉리 고분벽화 모사본 물품청구서
(1918년 12월 27일)

리를 완료하고 7년 12월 벽화를 모사/ 다이쇼 8년 12월 조선총독부"이라
표했다.

1947년에 이곳을 탐방한 이홍직李弘稙 박사의 기록에는 주위에 둘렀
던 철망도 다 없어지고 전혀 황폐한 고분으로 되어 있으며 다만 그 옆에
는 "다이쇼 5년(1916) 6월 조사를 수행 6년 10월 수리를 완료하여 7년12월
벽화를 모사模寫하였다."고 하는 조선총독부 명의名義의 비만 남아 있었다
고 한다. 당시 이홍직, 김원룡, 최희순 등은 장단군 진서면 법당방의 벽화
고분을 발굴조사 하였는데 이는 도굴분으로서 동리 노인의 말에 의하면,

---

147)　川口卯橋 編,『開城郡 高麗王陵誌』p. 51.

수락동 제1호분(조선고적도보)

수십 년 전(한일합방 직후)에 왜인 도굴자 수명이 총을 가지고 동민을 위협하여 가까이 오지 못하게 하고 밤을 이용하여 고기古器를 꺼내 갔다고 한다.[148]

46) 전 경릉庚陵

강화도 망산 남쪽 기슭의 고분도 경릉庚陵을 포함하여 상당수가 도굴을 당하였다. 이 지역에는 많은 고려시대 분묘가 산재되어 있는데 외포동 근처 소사지小寺址로 여겨지는 부근에는 고려시대 분묘가 구시대에 발굴된

---

148) 李弘稙, 『朝鮮古文化論攷』 乙酉文化史刊, 1954.

것 또 근년에 상당수가 도굴된 흔적이 산재해 있었다. 전傳 경릉에 대해
이마니시今西는 보고서에서 다음과 같이 기술했다.

그 중 외형상 최대의 것은 속칭 경릉康陵으로 본원本員이 이 지역에 출
장을 명받아 조사할 때, (名稱은 경찰서 조서에 의해 康陵 혹은 庚陵으로 稱, 假
稱 庚陵으로 記述) 지방인들은 옛날에 군수가 부임해 오면 이곳에 와서
배례拜禮하였다는데, 사실에는 의문이 간다. 수년 전 한 일본인이 도
굴하여 유물일부遺物一部를 꺼냈는데 폭도에게 습격을 받아서 두고 갔
다는 설이 있으며 혹은 무사히 휴대携帶하고 갔다는 설이 있다. 1916
년 2월에는 조선인이 도굴을 하기 위해 후방後方 광내壙內를 침입하여

전 고려 경릉 도굴 흔적(今西龍 보고서)

미수未遂에 그쳐 경관에게 포박捕縛당했다. *(부근의 소분의 발굴은 조선인의 소행)*[149]

이마니시는 전 경릉의 관내를 조사하여, 제1차 도굴 시에 퇴적된 흙속에서 건원통보乾元通寶 등 18개의 동전을 발견했다.[150] 강화도 일대는 1916년에 이미 거의 다 파괴되었다고 보아야 할 것이다.[151]

47) 전傳 화곡릉

개성군 영남면 용흥리에는 고종 4년(1867)에 세운 석비에 '고려왕릉高麗王陵'이라 4자가 새겨진 속칭俗稱 '얼구리릉'이라고 하는 화곡릉花谷陵이 있다. 이마니시의 조사 시에는 심하게 황폐하고 도굴 흔적이 명백했다.[152] 그 외 영남면 용흥리의 화곡과 일대에 산재한 무수한 고분들도 남김없이 도굴을 당하였다.[153]

---

149) 今西龍, 「高麗諸陵墓調査報告書」, p.547.
150) 今西龍, 앞 책, p.554~555.
　발견된 동전은 乾元通寶, 唐國通寶, 皇宋通寶, 天聖元寶, 咸平元寶, 景德元寶, 祥符元寶, 元豊通寶, 熙寧元寶, 元祐通寶, 政和通寶이다.
151) 1916年頃 殖産局山林課에서 調査한 記錄(朝鮮寶物古蹟調査資料)을 보면,
松海面 下道里 - 小形古墳 무수히 散在함, 全部 發掘
府內面 菊花里 - 小形古墳 무수히 散在함, 全部 發掘
內可面 古川里 - 小形古墳 무수히 散在함, 全部 發掘
佛恩面 三成里 - 高麗時代 共同墓地, 이미 發掘
仙源面 錦月里 - 高麗時代 共同墓地, 이미 發掘
良道面 陵內里 - 嘉陵, 發掘
양호한 것이 단 한 基도 없었다.
152) 今西龍, 앞 책, p.480.
153) 『朝鮮寶物古蹟調査資料』, 朝鮮總督府, 1942, p.33.

48) 개성군 영북면 궁녀동 고분

 1916년 6월 3일 야쓰이 세이이치谷井濟一와 우마즈카 제이치로馬場是一郎에 의해 개성군 영북면 월고리 궁녀동에 있는 고분 2기가 조사되었다. 2기 중 하나는 석곽이 없고 폭 2척 3촌, 길이 8척, 깊이 4척의 광인데 그 중앙에 깊이 5촌 가량이 파여져 목관을 안치한 하부에 호壺를 도치倒置하였으며, 두부에서 소사발과 족부에서 병자甁子와 송전宋錢 24문을 발견하였다.

 또 다른 1기에서는 폭 1척 9촌, 길이 3척 2촌, 깊이 1척 3촌 6분을 반석盤石으로 조성한 석곽이 있어 그 속에 목관을 치한 것인데 개석상에 전錢을 두었고 묘지墓誌도 역시 나왔는데 '承安三年十二月十一日'이라 하였다.[154]

궁녀동 고분 출토 유물(건판019677)

---

154) 『每日申報』 1916년 6월 20일자.

49) 개성군 중서면 여릉리 두문동 고분

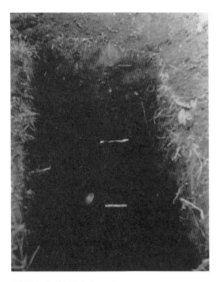

두문동은 광덕면 광덕산 서쪽 기슭에 있는 지명으로 고려가 망할 때에 그곳 사람들이 문을 닫고 절의節義를 지켰기 때문에 동네 이름을 두문동이라 하였다.[155] 이태조가 고려를 멸망시키고 건국하자 조선을 반대하던 고려의 귀족과 신하 72인이 끝까지 고려에 충성을 다하고 지조를 지키며 조선의 녹을 먹지 않고 항거하여 이태조에게 몰살당하여 순국한 곳이다.

두문동 제2호분(건판4683)

이곳의 고분군은 소분묘小墳墓가 군집群集되어 있는데 일찍부터 도굴꾼이 주목注目하던 곳으로 총독부에서 조사할 때 새로 도굴된 흔적이 수 개가 있었다. 이마니시 류와 총독부 기수 세기야 쵸노스게關谷長之助가 유적지의 동측 아래쪽의 3개의 분묘를 일본인 3인과 개성헌병분대 헌병, 개성군 서기 박모의 입회하에 1916년 10월 11일에 조사하였는데, 제1, 2, 3호분 등을 포함한 상당수가 이미 도굴 당하였다. 그중 제1호분에서는 잔존 유물로 청자호靑瓷壺, 청자발靑瓷鉢 2점, 동시銅匙 등이 발견되었고, 제2호분에서는 철정鐵釘, 청자호靑瓷壺, 청자명靑瓷皿(대, 중, 소), 동전銅錢 등이 발견되었다. 이 중 동전은 '상부통보祥符通寶'로 이 분묘는 상부통보가 사용된 시

---

155) 李肯翊,『練藜室記述』杜門洞 條.

대의 목종 12년~현종 7년경에 조영된 것으로 추정되었다. 제3호분에서는 청자발 1개, 소소호 1개 등을 발견했다.[156]

50) 공민왕릉 부장품의 행방에 대한 의문

공민왕릉과 노국대장공주의 능은 고려사를 보아도 가장 화려하게 건축하였다. 이 같은 능에는 부장품 역시 이에 부합하게 우수한 당시의 유물을 부장했을 것이다. 하지만 부장품에 대한 것은 알려진 것이 없다. 그런데 1939년에 고야마 후지오小山富士夫가 대구의 이치다 지로市田次郎의 저택을 방문 했을 때 공민왕릉의 도굴 부장품과 관련한 내용이 보인다. 고야마는 이치다의 저택에서 실견한 그의 비대한 수집품들을 보고 "특히 고려청자류는 뛰어난 우품優品으로 그 중에 '투각당초화장함입透刻唐草化粧函入', '흑백상감포도당초문호로병黑白象嵌葡萄唐草紋胡蘆瓶', '예수주猊水注', '원앙향로鴛鴦香爐', 공민왕릉 출토의 '청자인靑磁印' 등은 만나기 힘든 절품"이라고 하고 있다.

그 외에도 '고려청자박산로高麗靑磁博山爐', '비취유편구翡翠釉片口', '철사유국화형대합자鐵砂釉菊花形大盒子' 등을 소개하고 있다. 이치다의 수집품을 모아둔 별실을 돌아보고는 "신라흑유색토기, 연화녹유기軟火綠釉器, 와당, 전 등은 만나기 힘든 일품"이라고 하고, 신라, 가야 능묘에서 출토된 금석류 특히 순금제보관, 보관식구, 팔찌, 귀걸이, 허리띠 등의 찬란한 모습은 눈이 아찔할 정도였다고 한다. 기타 환두태도, 검두, 곡옥, 관옥, 검 등이 있었으며, 최후로 본 것은 '금동관세음보살상'으로 조선 3불상 중의 하나로

---

156)　今西龍,「高麗諸陵墓調査報告書」, pp. 537~542.

內科一般醫學士 市田次郎

今般當地に於て開業致候に付ては左の場所に
假療所を設け內科一般の診療に應ず

假診療所

大邱府平元町二丁目
中江五郎平方(電話二〇八番)

診療時間

午前八時より正午迄
午後一時より同五時迄
但し往診
急患者は此の限りに非ず

『조선시보』1917년 8월 21일자
광고
"내과일반 의학사 市田次郎
금번 당지의 개업 치후에는 왼쪽
위치에 가정료소를 차려 내과 일
반 진료에 응한다"는 내용과 함께
장소와 진료시간을 알리고 있다.

정평이 나있는 것이라고 하고 있다. 고야마小山
는 이치다가 이같이 많은 것을 수집할 수 있었
던 것은 "탁월한 식견과 부유한 재력을 가지고
오래 동안 수집하고 호적好適의 지역에 거주하
였기에 가능"하다고 하고 있다.[157]

이치다의 소장품 중에 공민왕릉에서 나온 청
자인靑磁印이 들어 있다는 것은 놀라운 일이 아
닐 수 없다. 1905년 일본 도굴단들이 무장을 하
고 도굴을 감행하여 10대의 달구지에 실어갔
다. 그 후 1920년 초에도 또다시 일본 도굴꾼에
의해 도굴을 당하였다. 이렇게 약탈당한 유물
들은 그 출처가 은폐된 채 그 행방이 전혀 알려
지지 않았는데, 이치다의 소장품 속에 공민왕
릉에서 나온 도인陶印이 숨어 있었던 것이다. 이
것으로 보아 공민왕릉에서 나온 도굴품들은 일
단 국내에서 매매되어 재한 일본인 수장가들의 손에 들어간 것으로 추정
된다. 그 중의 상당수는 이치다의 손에 들어간 것임을 짐작할 수 있다.

이치다가 대구에 정착한 것이 1917년 8월 이전. 미술품 수집도 그의 대
구 정착과 함께 시작되었던 것으로 추정된다. 오구라가 1921년경부터 미
술품을 수집한 것에 비하면 이치다는 오구라 보다 몇 년 앞서 우수한 미
술품을 수집한 것이다.

1910년대만 해도 고려청자가 시중에 많이 나도는 시기였으며, 1916년

---

157) 小山富士夫,「朝鮮の旅」,『陶磁』11-2, 東洋陶磁研究會, 1939年 7月, pp. 35~36.

경에는 고려왕릉의 도굴이 다하였으며,[158] 1920년대로 넘어오게 되면 나머지 고려고분도 형분이 있는 것은 모두 도굴되었다. 그래서 고려자기는 시중에서 거의 찾아볼 수 없을 정도로 대부분 개인 수장으로 들어가고 말았다. 이치다의 수집품 속에 우수한 고려자기가 많다는 것은 그가 1917년 경부터 수집을 했기 때문에 가능했던 것으로 보인다. 이치다의 수집품이 오구라에 견준다고 하지만 양적으로는 뒤졌지만, 고려자기에 있어서는 이치다가 우수한 것을 많이 소장했다. 이는 오구라 보다 일찍 수집을 시작했기 때문이다.

이치다의 소장품은 좀처럼 공개를 하지 않다가 1929년 대구역전 상품 진열소에서 개최한 《신라예술전람회》에 처음으로 출품하여 일반에 공개하였다. 이때 이치다의 소장품은 단연 돋보였다. 이치다가 내놓은 것은 각 시대를 고루 갖춘 것으로 삼국시대의 '순금제이식', '은제환도병두', '동제전립금구', '사리호' 등 대부분이 고분에서 나온 도굴품이었다. 총 300여 점이 출품되었다.

그 후 1년이 지나 이치다의 소장품이 경매장에 나타나 수집가들의 이목을 집중시켰다. 1930년 11월 14일부터 16일까지 경성 남산정 2정목(서울 남산동 2가) 경성미술구락부에서 보기 드문 고미술품 경매회가 열렸다. 출품자는 대구의 이치다 의원市田醫院의 원장 이치다 지로市田次郎다. 이치다는 삼국시대부터 조선시대에 이르는 서화골동 우수품 200여 점을 골라 경매에 붙였다. 이 중 고려자기 1백여 점은 어디에서도 비교할 수 없는 우수품이

---

158) 1916년에 今西龍에 의해 개성, 강화도 일대의 고려 능묘가 조사되었는데, 이마니시가 제출한 『大正5年度 古蹟調査報告書』에 의하면 외관 능으로도 대부분이 도굴을 당하였음이 나타나 있다.

高麗燒

一二百點

空前の賣立

十六日美術俱樂部では

南山町二丁目京城美術俱樂部で

來る十四、十五兩日下見、十六日賣

立を爲すといふ今回は稀なる優秀品揃

ひで出品者は大邱市田次郎氏である

同家所藏品はかつて閑院宮

殿下、山階宮殿下にて御覽

太子殿下の御覽あり又李朝初め

朝鮮の諸名士が鑑賞した朝鮮三團

『京城日報』1930년 11월 14일   『경성일보』1930년 11월 9일자 기사
자 광고

라고 한다.[159] 이 속에는 공민왕릉에서 나온 우수한 고려자기도 포함되었
을 것으로 추정해 보지만 애석하게도 도록이나 목록이 없어 알 길이 없다.

　해방이 되자 이치다는 그의 수집품들을 일본으로 반출하려다 상당수는
미군에 의해 접수되었다. 아리미츠 교이치有光敎一에 의하면, 1945년 12월
17, 8일경 K대위가 부산의 가시이 겐타로, 대구의 이치다 지로, 오구라 다
케노스케 등의 소장품 신라소, 불상, 회화 등 1천여 점을 뽑아 경주분관으
로 옮기고 경주분관에 보관 중이라고 했다.[160]

　중앙박물관의 『관보』 제1호(1947년 2월)에도 "1945년 12월 당시 미국인
교화국장 크네비치 대위의 주선으로 일인 미술품을 접수, 관원이 총동원
하여 목록을 작성하여 격납"하였다고 하며, 대구 이치다 지로市田次郎 수집
품은 토기, 옥석류, 도자기 등 325점이라고 한다.

---

159)　『朝鮮新聞』1930년 11월 14일자. 『京城日報』1930년 11월 9일, 11월 14일자.
160)　有光敎一, 「私の朝鮮考古學」 강재언, 이진희 편, 『朝鮮學事め』 청구문화사, 1997.

경매장 진열 모습(『京城日報』 1930년 11월 15일자)

이것은 반출 직전에 접수 처리된 것으로 보인다. 1945년 12월 당시 미국인 교화과장 크네비치 대위의 주선으로 관원이 총동원하여 목록을 작성하여 경주분관에 격납하였다. 그런데 이치다 등의 접수품이 경주분관으로 옮겨진 것은 12월 17, 8일경이지만 이치다의 소장품이 접수된 시기는 1945년 11월이었다. 『영남일보』 1945년 11월 29일자에는 다음과 같은 기사가 있다.

> 골동품 기부 일인日人의 특지特志
> 부내 동성정에 거주하던 일인 이치다 지로市田次郎(병원 개업)는 왜족倭族에 숨어있는 도의심道義心을 발휘하는 일방편—方便으로 소지하고 있던 골동품 325점(시가 15만여 원)을 군정청경찰부를 통하여 조선정부에 기부寄附하였다는데 ?품은 방금 경찰부에 보관하고 있다.

骨董品寄附 日人의特志

府內東城町에居住하든　日人市田次郎（病院開業어든）는　倭族에순어있　一道義心을發揮하는　一方便으로　所持하고있은　骨董品二百二十五点（時價十五萬餘圓）을　軍政廳警察部를通하야　朝鮮政府에寄附하였다는　現品은方今警察部에　管하고있다.

『영남일보』1945년 11월 29일자

이 기사에는 이치다가 골동품을 마치 기부한 것처럼 표현하고 있으나, 당시 사정으로 볼 때 정식 헌납(기부)을 하려면 대구부에 넘겨야 옳은 것이다. 몰래 반출하려다 적발되어 자진 기부한 것처럼 꾸민 것으로 보인다.

이치다는 그의 비대한 컬렉션을 여러 방면으로 반출을 시도했다. 일부는 당시 부산의 운송회사를 사칭한 사기단에 맡겨 반출하려 했지만 실패했다. 결국 이치다가 사기단에 맡긴 물건은 국제시장을 통해 흘러나와 부산 광복동 로타리의 '백양사'라는 골동상점을 운영하는 박종호에게 넘어갔다. 박종호에게 넘어가 그의 골동점에서 진열되어 판매되었다. 이 유물들은 경남 창령 등지의 고분에서 나온 금속물을 포함한 상당수로 국내 대학박물관 등으로 흩어졌다. 여기에도 우수한 고려자기는 하나도 보이지 않는다.

미군을 통해 경주박물관에 접수한 이치다 지로市田次郎의 수집품은 접수번호 1001~1184번으로 184건 373점이다. 2016년 4월 26일부터 6월 19일까지 국립경주박물관에서 《일제강점기 일본인들의 수집품(국립경주박물관 특별전)》을 가졌다. 도록을 보면, 이치다의 구장품으로 보이는 것 중에는 아주 뛰어난 것이 보이지 않는다.[161]

이치다는 고려자기 취급에도 뛰어나 해방 전 고려자기만 해도 400여 점이 넘었다.[162] 이영섭은 "개성 출신 거상 장봉문 씨 예기를 들었다"고 하며, "이치다는 개성근방에서 출토된 일급 고려자기를 많이 사들였고 그 중에서도 가장 자기의 인상에 남는 것은 직경 한 자가 넘는 비취빛 같이 연화형대접시인데 이것은 복판에 닭피 같이 새빨간 진사문이 손바닥만치 연화문으로 들어 있어 그가 고려자기를 안 본 것이 없으리만치 많이 보았지만 이에 비견할 물건을 보지 못하였다"고 예기한 적이 있다고 한다.[163] 이것이 국내에 없는 것을 보면, 그가 소장했던 공민왕릉 출토 '청자인'을 비롯한 우수한 고려청자는 해방 직후 모두 일본으로 반출한 것으로 보인다. 1939년에 고야마 후지오小山富士夫가 실견한 소장품이 국내에는 하나도 보이지 않는다. 부여 규암리 출토 금동관음보살입상을 비롯한 가장 중요한 문화재는 일본으로 반출한 것이다.

161)   『일제강점기 일본인들의 수집품(국립경주박물관 특별전)』, 2016.

162)   박현종, 『조선공예사』, 조선미술출판사, 1991, p.30.

163)   李英燮, 「문화재계 비화(1), 내가 걸어온 고미술계 30년」, 『월간문화재』, 1973년 1월.

제4부

박물관 주도의 고려자기 수집

1. 이왕가박물관의 설립과 고려자기 수집

1) 이왕가박물관 설립 과정

1907년 7월 19일 일제와 친일내각의 강제에 의해 고종황제가 순종황제에게 양위했다.[1] 1907년 11월 13일 순종황제가 창덕궁으로 이어하였다.[2] 이는 황제와 태황제가 함께 있으면 태왕제가 정치에 간섭할까 염려하여 일본이 압력을 가한 결과이다. 이에 따라 황제(순종純宗)가 덕수궁에서 창덕궁으로 이어移御함에 따라 창덕궁의 수선이 시작되었다. 1907년 10월 7일 궁내부로 하여금 창덕궁을 수리하라고 하여[3] 그 수선의 감독은 궁내부

---

1) 양위식은 7월 20일 오전 경운궁 중화전에서 약식으로 치렀다. 당시의 모습을『경성부사』제 2권에는 다음과 같이 기록하고 있다.
   "참열을 명받은 대부분의 문무관은 주저하며 참내하지 않았다. 오직 내각대신과 때마침 참내 중이던 두세 명의 중신만 참가한 가운데 적막한 대로 오전 10시에 무사히 양위식을 마쳤다. 예식이 끝나자 각 대신은 중명전에서 두 황제를 알현했는데, 구 황제가 '짐은 양위식을 마친 것을 기쁘게 생각한다. 황태자는 정치상 경험이 부족하기 때문에 첫째로 경들의 충실한 보필에 의지하지 않을 수 없다. 경들은 그것을 잘 헤아려라.'라는 칙어를 내리니 각 대신은 감격하여 퇴궐했다."
   1907년 7월 20일 고종이 퇴위하자 22일에는 고종에게 태황제라는 존칭을 바치고 대리 칭호를 폐하였다. 8월 2일 연호를 광무(光武)에서 융희(隆熙)로 고쳤다.
2) 『純宗實錄』隆熙 元年 11월 13일 조.
3) 『官報』隆熙 元年 10월 8일, 號外.

차관 고미야 미호마츠小宮三保松가 맡았다.

1907년 11월 4일 내각총리대신 이완용, 궁내부대신 이윤용이 당시 창덕궁 수리 공사를 지휘하던 고미야 궁내부차관에게 한국 황제가 창덕궁으로 옮겨감에 대해 황제가 취미를 가질 수 있는 적당한 시설을 마련 할 것을 의논하게 되었다. 그 결과 고미야 미호마츠는 11월 6일에 이르러 창경궁의 동부 약 6만평의 지구에 박물관 및 동·식물원을 병설하는 것이 가장 적당할 것이라고 제의提議하였다. 이에 바로 양 대신의 찬동을 얻어 사업의 대강을 결정하기에 이르렀다.[4] 즉 독자적인 박물관 설립에 앞서 궁궐을 유원지화 하려는 의도가 있었던 것이다.

1904년 8월 22일에 고문용빙협정顧問傭聘協定에 따라 1904년 가을에 재정고문으로 취임한 메가다 다네타로目賀田種太郎는 한국을 식민지하기 위한 기초 작업으로 재정정리에 착수하였다. 그 중 황실재산정리를 위해 먼저 1904년 황실제도정리국皇室制度整理局을 설치하였다.[5] 이어 1907년 7월 내각내內閣內 임시황실소유 및 국유재산조사국을 특설特設하고 황실재산과 국유재산을 분리하는 작업을 시작으로 동년11일에 황실재산정리국을 재설치하였다.[6] 일제가 구한국 황실의 재산을 소유한 것으로 간주하고 국유화 시켜[7] 1908년 6월에는 모든 재산을 관리하였다.[8] 이에 따라 황실의 모

---

4)　李王職,『李王家美術館要覽』, 1938, p. 1.
5)　1904年 10月 5日 詔勅.
6)　'帝室財産整理局官制(1907年 11月 27日)', 高宗實錄 隆熙元年 11月 27日.
　　'臨時帝室有 及 國有財産調査局官制(1907年 12月 27日)', 高宗實錄 隆熙元年 12月 27日.
7)　勅令 第39號(1908年 6月 25日).
8)　1908年 內閣記錄課에서 편찬한『隆熙二年(1908)六月職員錄』을 보면, 궁내부차관인 小宮三保松이 帝室財産管理局 長官을 兼任하고 있었으며, 整理課 과장은 權藤四郎介이었으며, 또 탁지부 차관이던 荒井賢太郎은 臨時財源調査局 국장, 회계김시 과 장관, 건축소 소장을 겸임하였으며, 임시재원조사국 조사과 직원 29명 중 한국인은 5명에 불과했다.

박물관 창설 전의 황폐한 창경궁(『이왕가박물관소장품사진집』(李王職 編, 1912))

든 재산은 1907년 이후 황실재산정리국 장관과 차관의 마음대로 재정관
리를 하게 되었다.

고미야는 1907년 9월에 궁내부 차관에 임명되어[9] 1907년 12월부터 제
실재산정리국 장관을 겸임하였다.[10] 통감부 시대에 차관이 모든 권한을
쥐고 있었던 점을 감안하면 박물관에 관한 모든 것은 고미야의 지휘 하에
이루어졌다고 볼 수 있다.

창경궁을 일본화로 만들기 위해 한국에 건너온 시모코리야마 세이이치
下郡山誠一는, "내가 창경원을 건조하기 위해 조선에 건너왔다. 이때 궁내부
차관으로는 고미야 미호마츠小宮三保松로 이때 총리와 상담한 결과 위안 장
소를 마련하기 위해 정원식으로 만들고 진귀한 식물 동물을 수집하고 고

---

9) 『官報』隆熙 元年 9월 26일.
10) 『官報』1907년 12월 2일자.

박물관 창설 후의 창경궁 모습(『이왕가박물관소장품사진집』(李王職 編, 1912))

화, 고기물을 수집하고자 했다."[11]고 한다.

말이 위안 장소이지 여기에는 젊은 순종의 취미 생활을 구실로 정치에 대한 관심을 멀어지게 하려는 의도가 깔려 있었다. 이 당시는 일제관리들과 친일 내각이 모든 것을 좌우하던 때이니 만치 그들의 의견을 반대해온 고종을 강제 양위케 하고 민족정신의 정점인 왕궁을 오락장으로 만들어 민족정신을 말살하려는 책동에서 나온 것이다.

1908년부터는 제실박물관과 동물원, 식물원 설치를 연속사업으로 시작하였다.[12] 1908년 9월 2일에 '어원사무국관제御苑事務局官制'를 발포하여 박물관, 동·식물원에 관한 사무를 관리하는 제도를 제정하고 점차 사업의 완비를 도모했다. 고미야 미호마츠小宮三保松 차관이 총장, 스에마쓰 구마

---

11)　下郡山誠一, 「昌慶苑の今昔感」, 『朝鮮及滿洲』 제33호, 1937.
12)　『大韓每日申報』 1908년 1월 9일자.

히코末松熊彦가 부장을 맡았다.[13]

1909년 5월 18일에는 '어원사무국사무분장규정'을 정하여 어원 사무국에 이사실 및 박물관부, 동물원부, 식물원부의 3부를 두었다. 이에 따라 박물관부에서는 역사, 미술, 공예 및 참고품 수집 진열 및 보관에 관한 사

---

13) 『皇城新聞』 1908년 9월 2일자.

『官報』 제4166호, 隆熙2년 9월 2일자에 의하면, 그 내용은 다음과 같다.

포달(布達)

어원사무국관제를 좌와 같이 정함이라

융희2년 8월 13일 봉(奉)

칙   궁내부대신 민병석

포달제180호

　　　　어원사무국관제

제1조 어원사무국은 궁내부대신의 관리에 속하야 박물관 동식물원에 관한 사무를 掌함

제2조 어원사무국에 좌개직원(左開職員)에 치(寘)함

총장　　　　1인　　　칙임(勅任)

이사　전임　1인　　칙임혹주임(勅任或奏任)

부장　　　　3인　　주임(奏任)

주사　전임　5인　　판임(判任)

기수　전임　6인　　판임

제3조 총장은 궁내부대신의 지휘 감독을 승(承)하야 국무(局務)를 총리(總理)하고 부하를 감독함

총장은 궁내부차관으로 겸임케 함

제4조 이사는 총장의 명을 승하야 국무를 장함

제5조 부장은 총장의 명을 승하야 박물관 동물원 식물원의 사무를 분장(分掌)함

제6조 주사는 상관의 지휘를 승하야 서무에 종사함

제7조 기수는 상관의 지휘를 승하야 기술에 종사함

제8조 궁내부대신은 국무의 수요(須要)를 의하야 어원사무국에 평의원을 치(寘)함을 득함

평의원은 각전문의 지식에 관하야 총장의 자순(諮詢)을 대하거나 또는 총장의 의촉을 응하야 국무에 참여함

제9조 궁내부대신은 국무의 실항을 의하야 필요가 유한 시에는 촉탁원을 치하야 부장 혹 주사기수의 직무를 행케 함

　부칙

　본 포달은 반포일로부터 시행함.

무를 맡았다.[14]

1차적 수집이 끝난 것이 1909년 여름이었다. 당시 고려분묘에서 출토된 청자와 금석품 등이 성하게 매매되고 있어 이런 호기에 많은 고려자기 등을 수집하였다. 이외 삼국시대에서 조선시대에 이르는 각종 유물들을 수집하였다.

『이왕가미술관요람』에 의하면, 1909년 9월에 박물관 진열관이 완비되고 진열관에 도자기, 금석류, 옥석류, 조상彫像, 회화, 공예품 기타 역사 풍속에 관한 수집품을 각 시대별로 진열하고 먼저 고종황제가 열람하고 함께 이토 통감, 각 대신 이하의 열람이 있었다고 한다.[15]

고종황제와 이토 히로부미伊藤博文가 진열장을 돌아보던 중 고종은 이것을 처음 보는 것이라 "이 청자는 어디서 만들어진 것이요?" 하고 묻자 이

---

14) 『官報』제4379호, 1909년 5월 18일.
　　그 내용은 다음과 같다.
　　　어원사무국분장규정
　　제1조 어원사무국에 이사실 및 박물관부, 동물원부, 식물원부의 3부를 둠
　　제2조 이사실에서는 아래 사무를 관장함
　　　1. 국인(局印) 및 총장관인(総長官印)의 관수(管守)에 관한 사항
　　　2. 문서의 기안 보관 및 통계 보고에 관한 사항
　　　3. 회계에 관한 사항
　　　4. 공중종람(公衆縱覽)에 관한 사항
　　　5. 평의원회에 관한 사항
　　　6. 기타 각부의 주관에 속하지 아니한 사항
　　제3조 박물관부에서는 역사, 미술. 공예 및 천산(天産)의 참고품 수집, 진열 및 보관에 관한 사항을 관장함
　　제4조 동물원부에서는 동물의 사양, 위생, 감수(監守) 및 번식, 부화(孵化)에 관한 사항을 관장함
　　제5조 식물원부에서는 어원사무국소관지 내의 식물의 배양 및 원예, 쇄소(灑掃)에 관한 사항을 관장함
15) 李王職,『李王家美術館要覽』, 1938, p.3.

토 히로부미는 말을 못하고 말았다는 일화가 전해진다. 아사가와 하구오시淺川伯敎의 「조선의 미술공예에 대한 회고」란 글에 당시의 이왕가박물관장 스에마쓰 구마히코末松熊彦로부터 들은 이야기라고 하면서 다음과 같은 일화를 싣고 있다.

> 이 태왕님이 처음으로 보시고 나서 "이 청자는 어디의 산産인가?"고 물으셨을 때 이토伊藤 공公은 "조선의 고려시의 것입니다"라고 설명하여 드렸더니, 전하는 "이러한 것은 조선에는 없다"고 말씀하셨다. 그래서 이토 공은 대답해 드릴 수가 없어서 침묵하고 있었어요. 아시다시피 출토품이라고 하는 설명은 이런 경우 할 수가 없으니까요. 또 이토 공은 돌아갈 때 "이렇게 훌륭한 것을 잘 모았는데 지금까지 값은 얼마나 지출하였는가?"하고 물어 보기에 회계원會計員이 "십만 원 조금 넘습니다"라고 하니, "그런 돈으로 이 정도 모았는가"하고 칭찬하셨다. 16

황제의 질문에 대해 이토로서는 '이것은 고려왕릉 등을 파괴하고 끌어낸 것입니다'라고는 대답을 할 수가 없었던 것이다. 열람 시기에 대해서는 약간의 의문이 남는다. 이토 통감은 1909년 6월에 일본 추밀원 의장으로 전임하게 되어 일본으로 귀국하고, 소네가 그 뒤를 이었기 때문에17 이토가 박물관 진열실을 돌아본 것은 1909년 6월 이전이 아닌가 생각된다. 1909년 5월에 "박물관과 동물원의 설비가 완료되고 5월 24일부터 일반 공

---

16) 淺川伯敎, 「朝鮮の美術工藝に 就いての回顧」 『朝鮮の回顧』(上卷), 近澤書店, 1945, p. 270.
17) 『朝鮮年鑑』 京城日報社, 1941.

중公衆에 종람縱覽을 개시하였다"는 기사가 있는 것으로 보아 이즈음이 아닌가 여겨진다.[18]

1909년 7월 19일에는 궁내부대신 고미야 미호마츠小宮三保松가 각도 관찰사를 인도하여 박물관과 동물원을 관람케 하고, "돌아간 후에 관하 각 군수에게 지도하여 기이한 진열품을 올려 보내라"고 요구를 했다.[19]

박물관의 수집품은 1909년 10월에 진열을 마치고, 관람 규정을 정하여 11월 1일 공개하기에 이르렀다.[20] 진열관은 창경궁내에 유존한 경춘전景春殿, 관경전觀慶殿, 통명전通明殿, 명정전明政殿 및 양화당養和堂 등 각 전당을 응급 수리하고 내부 설비를 가하여 이를 진열관으로 사용했다.[21]

1909년 11월 1일 창경궁을 격하시켜 창경원이라 개칭을 하고[22] 개원식을 한 다음 일반 시민에게 공개하였는데, 최초 얼마 동안은 매주 목요일을 황제만이 관람하도록 일반 시민에게는 공개하지 않았으나 그 후에 이

---

18) 　近日 昌德宮內의 舊有動物園과 博物館의 設備가 漸次完了혼 故로 壹般公家의 縱覽키 爲
　　혼야 日間에 公기혼다더라. (『大韓每日申報』1909년 3월 23일자)
　　近日 昌德宮內動物苑과 博物館에 設備가 旣爲完了홈으로 再昨日부터 壹般公衆에 縱覽을
　　開始호얏다더라. (『大韓每日申報』1909년 5월 26일자)
19) 　『大韓每日申報』1909년 7월 21일;『皇城新聞』1909년 7월 21일자.
20) 　어원종람(御苑縱覽)의 규정(『皇城新聞』1909년 11월 3일자)
　　1909년 11월 1일부터 일반인에게 관람을 허가하면서 다음과 같은 규칙을 정했다.
　　― 어원사무국소관 박물관, 동물원, 식물원을 관람하고자 하는 자는 창경궁 홍화문에 와
　　서 관람권을 매수해야 한다.
　　관람권의 정가는 1매에 금 10전이며, 단 5세 이상 10세 미만자는 반액, 5세 이하는 무료로
　　했다.
　　― 관람은 매주 일요일 및 목요일을 제한 외에는 매일 허락하며, 시간은 오전 8시로 오후 5
　　시까지로 함
　　― 관람인(縱覽人)은 추루(醜陋)한 의복차림은 불가함, 원내에서는 정숙할 것
21) 　李王職, 『李王家美術館要覽』, 1938, p. 2.
22) 　李王職, 『李王家美術館要覽』, 1938, p. 3.

르러 연중 공개하였다. 당시 『대한매일신보』 '고물진열소에서 고려자기를 보고 감탄함을 이기지 못하노라'는 제하의 논설에는 다음과 같이 기술하고 있다.

그 외에도 허다한 물품을 열람하고 옛를 생각하고 지금을 한탄하는 정을 금치 못할 것이 한 두 가지가 아니나 그 중에 가장 우리로 하여금 무한히 이상한 감탄의 마음이 솟아나게 하는 것은 고려자기로다. 그 대강을 말하여 우리 신문 보는 자에게 소개하노라.

근래에 한국 사람이 옛적 물건을 지키는 성질이 없어진 지 오랜고로 오늘날 이곳에 벌려놓은 자기가 비록 널리 구하여 얻은 것이라 하나 그 종류는 대개 병과 항아리와 사발과 차관 같은 것 몇 가지에 지나지 못하더라. 그러나 이 몇 가지 못 되게 벌려놓은 물건을 보아도 족히 당시에 제조하였던 솜씨가 더할 것 없이 발달된 것을 가히 증험하리로다.

그 형상이 혹 석류씨 같이 한 것도 있으며 혹 괴석의 모양으로 한 것도 있으며 혹 부처의 모양으로 한 것도 있으며 혹 동자의 모양으로 한 것도 있는데 그 외면에는 혹 꽃을 새겼으며 혹 풀을 그렸으며 혹 새와 짐승을 새겼으며 각기 공력을 극진히 하였더라.[23]

이처럼 고려자기가 조선시대 이후에 단절되어 한국인에게는 망각된 물건이었는데 일본의 도굴배盜掘輩들에 의해서 세상에 나온 것이기 때문에 기자의 눈에도 완전히 새로운 것이었다. 이왕가박물관에서는 진열품 수

---

23) 『大韓每日申報』 1910년 3월 25일자.

집에 계속적으로 박차를 가하는 한편,[24] 1910년 7월에 창경궁 내 통명전通明殿 뒤에 경비 30만원으로 새로 박물관을 건립하기 위한 계획을 수립했다.[25]

1911년 9월에 들어서자 강점의 한 단계로 일본 고유의 건축 양식인 천수관天守館을 모방하여 창경궁내 북쪽 언덕에 박물관 본관이 착공되었다.[26] 이곳은 원래 사도세자의 부인 혜경궁 홍씨가 거처하던 자경전玆慶殿이었던 곳이다. 이런 자경전을 헐고 그 자리에 일본 전통식 건물을 지어 박물관 본관으로 삼은 것이다. 즉 일본식 건물 속에 한국의 혼이 담긴 유물이 들어가게 된 것이다. 이 건물은 1912년 3월에 낙성되었다.

신설한 박물관 건물은 창고 겸용의 연와煉瓦 건축물(지하실 함께 연평 220

---

24)   다음과 같은 기사가 보인다.
       磁器貿易 御苑事務局主事李鵬增氏ᄂ 博物園에 出品件으로 高麗磁器七十五種을 貿易次
       로 再昨日慶州地方에 出張ᄒ얏다더라 區劃三十 內部에서 漢城內外를 三十區로 劃定ᄒ얏
       다ᄂᄃᆡ 區長은 官選ᄒ고 每朔月給을 支給ᄒ기로 內定되얏다더라.(『皇城新聞』1910년 1월
       25일자)
       高麗磁器七十五種을 買入ᄒ야 博物館에 陳列ᄒᆯ 次로 御苑事務局主事李鵬增氏가 再昨日
       慶州郡으로 出發ᄒ엿다더라.(『大韓每日申報』1910년 1월 25일자)
       古物買入員出張 宮內府博物館에서ᄂ 古物을 買入키 爲ᄒ야 該館事務員幾名이 日昨에 楊
       州等地에 出張ᄒ얏다더라(『皇城新聞』1910년 3월 2일자)
       昌德宮內博物館에 陳列ᄒ기 爲ᄒ야 古蹟書畵를 目下買入中이라더라. (『大韓每日申報』
       1910년 5월 6일자)
       古代磁器賣人 御苑事務局에서ᄂ 博物館陳列品으로 古物을 買入次로 各地方에 人員을 派
       送ᄒ얏다더니 近聞ᄒᆫ즉 慶州郡에서 千六百餘年된 磁器를 買入ᄒ얏다. (『皇城新聞』
       1910년 8월 20일자)
25)   昌德宮內博物館을 通明殿內에 一新建築ᄒ기로 決定ᄒ엿ᄂᄃᆡ 所入經費ᄂ 三十萬圓으로
       預算ᄒ엿다더라.(『大韓每日申報』1910년 7월 29일자)
       博物舘建築費 昌德宮內博物館을 通明殿後에 一新建築次로 着手起工中인ᄃᆡ 所入經費ᄂ
       三十萬圜으로 定筭ᄒ얏다ᄂ너라.(『皇城新聞』1910년 7월 29일자)
26)   李王職 編,『李王家美術館要覽』, 1938.

창경궁 내의 이왕가박물관

청자투각연화동자문주자 및 승반(원색사진 → p.375)
『매일신보』 1912년 5월 5일자에 '고려주전자'(이왕가박물관 소장)라 하여 사진이 게재되었다. 신문에 게재된 청자의 사진으로는 최초가 아닌가 여겨진다.

평)로 수집품을 진열하고 일반에게 관람케 했다. 1912년 12월의 총 소장품은 12,230점으로 기록하고 있다.[27] 이 건물은 이왕가박물관으로 사용하다가 1937년 일제가 덕수궁으로 미술품을 옮긴 후 이곳은 서고書庫로 용도 변경하여 사용하게 되었다. 이때부터 장서각이란 이름이 붙게 되었다. 이후 광복 이후까지 각종 도서와 문헌이 보관 되었다가 1981년 6만권에 달하는 장서가 정신문화연구원으로 이관되면서 빈 건물이 되었다.

27) 李王職 編,『李王家美術館要覽』, 1938;「덕수궁 내로 옮겨진 유서 깊은 이왕가박물관」,『조광』4권 5호 1937.

처음에는 박물관의 공식 명칭이 정해지지 않았다. 『승정원일기』나 『순종실록』에는 단순히 박물관으로만 지칭했다.

『대한매일신보』 1908년 1월 9일자에 "궁내부에서 본년도부터 계속사업으로 제실박물관과 동물원과 식물원 등을 설치할 계획으로 목하 조사 중이더라"하고 있지만[28] 정식명칭이 아니라 편의상 일본의 제실박물관의 명칭을 그대로 가져와 제실박물관帝室博物館이라 부르기도 했던 것으로 보인다.[29] 그 외에도 궁내부박물관[30], 이왕직박물관[31], 창덕궁박물관[32] 창경원박물관[33] 등으로 불리기도 했다. 1910년 12월 30일에는 일본 황실령 제34호로 이왕직관제 설치령이 발포되어 이왕가라는 명칭을 사용하게 되어 이왕가박물관이라 불렀다. 이는 일본 천황가에 복속한 식민지의 왕가란

---

28) 宮內府에서 本年度부터 繼續事業으로 帝室博物館과 動物園과 植物園等을 設置홀 計劃으로 目下에 調査中이라더라.(『大韓每日申報』 1908년 1월 9일자)
     各園設實說 宮內府에서 本年度에 帝室博物館, 動物園, 植物園等을 設實흠을 現今計劃中이라는 說이 有ᄒ더라.(『皇城新聞』 1908년 1월 10일자)
     宮內府에서 帝室所屬博物舘을 設置홀 計劃으로 韓國古來의 國書와 美術品等을 網羅홀 뿐 外라 人民의 智識을 啓發ᄒ기 爲ᄒ야 廣大ᄒ 世界現在文明의 機具珍品을 蒐集ᄒ야 觀覽케 홀 目的이라더라(『大韓每日申報』 1908년 2월 9일자)
29) 일본의 예를 보면, 1871년 7월 18일에 문부성을 설치하고 문부성관제를 정하여 그해 9월 문부성에 박물국을 설치하면서 시작되었다. 이어 1872년 10월 1일 문부성 박물국에 의한 박람회가 개최되어 이를 계기로 박물관이 창립되었다. 박물국(博物局)은 박물관과 함께 처음 생겨나게 되었다. 1889년 5월 16일에 궁내성도서료부속박물관을 폐하고 궁내성의 일부국으로 제국박물관으로 개칭하고, 1900년 6월 26일에는 관제를 개정하고, 종래의 명칭을 고쳐 제실박물관으로 했다. (정규홍, 『우리 문화재 반출사』, 학연문화사, 2012)
30) 古物買入員出張 宮內府博物舘에서는 古物를 買入키 爲ᄒ야 該舘事務員幾名이 日昨에 楊州等地에 出張ᄒ얏다더라(『皇城新聞』 1910년 3월 2일자)
31) 『每日申報』 1913년 6월 22일자, 1914년 6월 3일자.
32) 『每日申報』 1910년 12월 16일자; 1912년 3월 16일자.
33) 1910년 8월 29일 어원사무국을 폐청하고 1911년 2월에 새로이 원명을 부여, 창경원이라 부르게 되었다. 이때부터 창경원박물관으로 불리기도 했다. (참고: 靑柳網太郎, 『最近京城案內』 朝鮮硏究會, 1915; 藤井若 編著, 『京城の光華』 朝鮮事情調査會, 1926.)

뜻이다. 이왕가박물관이란 명칭은 1912년에 발간된 『이왕가박물관 소장
품 사진첩』에서부터 공식화된 것으로 보인다.

2) 이왕가박물관의 고려자기 수집

1908년 1월 제반의 박물관 건설 준비에 착수하고 박물관 시설에 앞서
진열품 수집에 전력을 경주하였다. 조선 고래의 국서國書와 미술품 등을
망라할 뿐 아니라 "인민의 지식을 계발하기 위하여 광대한 세계 현재 문
명적 기구 진품을 수집하여 관람케 할 목적"[34]이라고 하고 있다. 이는 유
물을 수집한다는 미명 하에 도굴을 억지 합리화하여 더 조직적으로 수탈
하기 위한 하나의 방책方策이었던 것이다. 1월부터 본격적으로 진열품 수
집에 들어갔다.

고미술품 수집은 주로 시모고리야마 세이이치下郡山誠一와 스에마쓰 구
마히코末松熊彦가 맡아 상인들로부터 구입하기 시작하였다. 시모고리야마
는 1908년 3월에 어원사무국 촉탁으로 임명되어[35], 1911년 2월 이왕직 기
수, 1928년 6월 이왕직 기사에 임명되고 창경원 주임에 임명되었다. 스에
마쓰 구마히코는 1904년에 한국에 들어와 인천미두취인소 지배인으로 근

---

34) 宮內府에서 帝室所屬博物館을 設置홀 計劃으로 韓國古來의 國書와 美術品等을 網羅홀
     뿐 外라 人民의 智識을 계발ᄒ기 爲ᄒ야 廣大흔 世界現在文明的機具珍品을 蒐集ᄒ야 觀
     覽케 홀 目的이라더라(『大韓每日申報』1908년 2월 9일자)
     帝室博物館 帝室博物舘을 設立흔다홈은 已爲報道하얏거니 其目的인즉 國內古來의 各
     圖書美術品과 現世界에 文明의 機關珍品을 收聚供覽케하야 國民의 智識을 啓發케홈이라
     더라(『皇城新聞』1908년 2월 12일자)
35) 1908년 3월 7일로 博物調査 日本人下郡山誠一氏로 博物舘調査事務를 囑托ᄒ얏다더
     라.(『皇城新聞』1908년 3월 12일자)

무하다가 1908년 5월에 궁내부 촉탁으로 발탁되어[36] 얼마 후 1911년에는 궁내부 사무관으로 임명되었다. 1922년에는 조선총독부 직속기관 박물관 협의원, 고적조사위원회 위원으로 활동하였다.

박물관에서 미술품을 매입할 당시에는 일본인 골동상과 부호들이 한국의 고미술품에 흥미를 가지고 수집이 한창일 때이다. 1938년 5월에 발행한 『조광朝光』(4권 5호)지에 실린 「덕수궁으로 옮겨진 유서 깊은 이왕가박물관」을 보면, "박물관에 진열할 조선의 고미술품 수집을 시작한 것이 1908년 정월부터라고 하는데 어찌된 셈인지 왕실에서는 박물관에 진열할 만한 보물이 별로 남아 있지 않음으로 그 해 봄에 취임한 현 원장 시모고리야마 씨가 스에마쓰 씨와 함께 항간상인巷間商人의 손으로부터 구입한 물품과 개성부근에 있는 분묘로부터 발굴한 도자기 기타 고귀품의 다수와 이조시대 불상 등을 다수 수집하였다"한다. 고려분묘에서 출토된 청자와 금석품들이 흥하게 매매되고 있어 이런 호기에 많은 고려자기 등을 수집하였으며, 그 외 삼국시대에서 조선시대에 이르는 각종 유물들을 수집하였다.

『이왕가미술관요람』의 '서언'에 그 수집에 대해서 다음과 같이 기술하고 있다.

1908년 1월부터 먼저 진열품의 수집에 전력을 경주하였다. 이때 마침 경성에 고려자기 분묘에서 나온 찬란한 고려문화를 볼 수 있는 다수의 도자기, 금속품, 옥석류가 많이 매매되고 있어서 그것을 호기로서 예의 그러한 출토품과 함께 삼국시대, 통일신라시대의 작과 관련

---

36) 『皇城新聞』1908년 6월 4일자

있는 주건遒健되는 조상彫像의 구입에 노력하고, 혹은 조선시대의 회
화, 공예품 등도 수집하였다.[37]

『이왕가박물관소장품사진첩』

1908년에는 이미 시중에 도굴품이 버젓이 나돌았으며 이왕가박물관에서는 이러한 시중의 도자기들이 불법으로 도굴한 것임을 알면서도 마구잡이로 사들인 것이다. 이왕가박물관의 진열품 수집을 시작할 때 왕실에서는 진열할 유물이 거의 없었으며 마침 시중에 고려분묘에서 나온 고려자기 등이 흔하게 매매가 이루어지자 이를 좋은 기회로 삼아 대량으로 수집했던 것이다.

1912년에 발행한 『이왕가박물관 소장품 사진첩』(李王職 編, 1912)[38]의 '서언'에서 고미야 미호마츠小宮三保松는 "박물관 사업은 스에마쓰 구마히코와 시모고리야마 세이이치에 맡겨 당시 어떤 사정으로 전후무후하게 많이 발굴된 고려자기와 고려동기류高

37)   李王職, 『李王家博物館 要覽』, 1938, pp. 1~2.
38)   이 도록의 序言에는 "오늘의 이왕가사설박물관은 다이쇼(大正) 원년(1912) 12월 25일까지 도자기, 불상, 회화 및 기타 총 1만 2천30점을 수집하게 되었다. 본인 등은 이 가운데 세상 사람들에게 도움이 될 만한 것들이 있다고 생각하여 이왕 전하의 裁認을 받아 사무관 末松熊彦, 직원 下郡山誠一과 杉原忠吉을 시켜 이 도록을 간행하게 되었다"고 기록하고 있다.

麗銅器類를 구입하고 회화와 불상 등 조선의 각종 예술품을 사들였다"고 한다. 여기에서 말하는 '어떤 사정'이라는 것은 '도굴'을 의미하는 것으로, 도굴을 방지하지 못하고 있는 당국의 책임을 은폐하기 위해 '어떤 사정'으로 기술한 것으로 보인다. 이때는 이미 통감부 고관들을 비롯한 일본인들이 고려자기 수집에 혈안이 되어 있었던 만큼 이를 제지할 의지가 없었던 것이다.

고려자기 시장에 갑자기 들이닥친 이왕가박물관의 매입은 당시 고려자기 시장의 가격 판도를 바꾸어 놓았다. 당시만 하여도 고려자기 구매자는 일본인에 한했으며, 이 고려자기가 일본의 수집자의 손에 들어가기 위해서는 몇 단계의 상인의 손을 거쳐야만 했다. 그러나 1908년부터 이 시장에 가세한 이왕가박물관은 가격에 구애받지 않고 눈에 보이는 대로 구입을 했으니, 도굴자 또는 1차 매입자는 이왕가박물관에 직접 거래하는 것이 그 수익에 있어 몇 배의 가격으로 넘길 수 있었다. 이로 인해 1908~1912년 사이에 만큼은 이왕가박물관에 가장 우수한 고려자기가 들어갔다고 해도 과언이 아닐 것이다.

미야케 죠사쿠三宅長策는 "고려청자가 비싸진 것은 이왕직이나 총독부가 박물관을 세우기 위하여 마구 사들이기 시작하면서부터이다. 관청의 예산 내에서 사는 것이기에 물건이 좋으면 마구 돈을 썼다. 덕분에 호사가는 뜻하지 않는 타격을 받게 되었다"고 한다.[39]

시모고리야마는 "조선 고미술품들의 많은 것은 골동품상들로부터 매입한 것으로 10여 년에 대부분 수집한 것이다. 어떤 것은 몇 천원 몇 만원 가

---

39) 三宅長策, 「そのころの思ひ出 高麗古墳發掘時代」, 『陶磁』 第6卷 6號, 東洋陶磁研究所, 1934年 12月, p.74.

청자상감포도동자문동채주자(좌), 자상감모란국화문과형병(우, 국보 114호)(원색사진 → p.375)

는 것도 있지만 박물관에서 매입할 당시에는 몇 백 원 몇 십 원에 매입한 것인데 어떤 것은 오늘날 1품으로 시중에서 몇 만원 부르는 것도 상당수 있다"[40]고 한다.

  미야케 죠사쿠三宅長策는 "당시 가장 비싼 것은 지금 이왕가박물관에 소장되어 있는 유명한 청자유리홍포도당자문표형병靑磁釉裏紅葡萄唐子文瓢形瓶으로 분명 천엔 정도였다고 기억한다. 그러나 지금과 비교하면 싼 것"이라고 한다. 미야케가 말하는 홍포도라는 것은 동채銅彩로 표현한 것을 말하고, 동자문이 들어간 표형병이라 한다. 그런데 표형병에는 이 같은 것이 보이지 않고 표형주전자로는 이와 근사한 것이 보인다.

---

40) 下郡山誠一,「昌慶苑の今昔感」,『朝鮮及滿洲』제35호, 1937.

1918년에 간행한『이왕가박물관소장품사진첩』中에 도판272(청자상감수주靑磁象嵌水注)로 실려 있는 것으로, "이 청자는 전체적으로 표형瓢形으로 만들고, 외면에는 중국 성당시대盛唐時代에 유행하던 포도당초葡萄唐草, 인형문人形文 등을 시施하고, 청자에 진사유辰砂釉를 응용한 작품 중 가장 성공한 절품絶品"이라고 설명하고 있다.『이왕가미술관요람』(1938)에는 도판17(청자상감진사입표형수주靑磁象嵌辰砂入瓢形水注)로 실려 있다.

　　이는 오늘날 일반적으로 청자상감포도동자문동채주자靑磁象嵌葡陶童子文銅彩注子라 부르고 있는데, 2009년에 '한국 박물관 개관 100주년 기념 특별전'(2009년 9월 29일~11월 8일)에 전시되었다. 이에 앞서 정양모 전 국립중앙박물관장이 구입 경로에 대해 다음과 같이 설명했다.

　　순종은 1908년부터 황실로 하여금 소장품을 구입하게 했는데, 그 해 1월 곤도 사고로近藤佐五郎라는 일본인에게 구입한 청자상감포도동자문동채주자靑磁象嵌葡陶童子文銅彩注子가 최초의 구입품이다. 가격은 950원. 지금 돈으로 환산하면 약 10억 원에 해당한다. 아마도 순종 때 구입한 유물 4015점 중 가장 값비싼 것이 아닌가 생각된다.

　　같은 날 역시 곤도에게서 사들인 청자상감모란국화문과형병靑磁象嵌牡丹菊花文瓜形瓶은 이보다 훨씬 싼 150원을 줬지만, 훗날 국보(114호)로 지정됐다. 과형병(참외 모양 병)이 숫자가 적기 때문에 국보로 지정됐을 뿐, 청자상감포도동자문동채주자도 국보 이상의 중요성이 있는 유물로 평가받고 있다. 주전자 받침인 승반承盤까지 완전한 세트로 보존돼 있다는 점도 가치를 높여준다.[41]

---

41)　『조선일보』2009년 6월 17일자.

1908년에 이왕가박물관에 고려청자를 판 곤도 사고로近藤佐吾郎는 1910년에 발간한 『경성京城과 내지인內地人』에 의하면, 원래는 약제상藥劑師으로 1892년 부산공립병원에 초빙되어 약국장으로 근무하다가 그만 두고 1904년에 서울에 올라와 박고당博古堂이라는 골동가게를 열었다고 한다.

그런데 그의 행적을 보면 약제상이란 이름으로 부정한 방법으로 돈을 벌었던 것 같다. 『조선재주 내지인실업가 인명사전』에 의하면, 약제사 면장을 받은 후 도쿄의과대학 제일모범약국에 재직하다가 1892년 부산공립병원 약국장으로 근무했다고 한다. 곤도는 약제상 등의 특권으로 폭약 제조원료 등을 수입하여 부당 이득을 취했던 것이다. 돈이 되는 것이면 무엇이든 할 수 있다는 그의 면모를 볼 수 있다.

1899년 1월 20일자 재원산 오가와 모리시게小川盛重가 특명전권공사 가토加藤增雄에게 보낸 「원산 거류민의 폭약 제조원료 수입금지 일건」에 의하면, "거류민들이 폭약 제조 원료인 화학약을 수입하여 한국민의 들짐승 포획용에 공급한 일이 있어 판매 금지시켜 달라"는 내용이 보이고 있다. 그리고 1899년 1월 4일자 재원산 이등영사 오가와小川盛重가 외무차관 쓰즈키都筑馨六에게 보낸 「독약극약 판매에 관한 청훈의 건」을 보면 이 같은 폭약 제조원료를 약제사 곤도 사고로近藤佐吾郎가 판매하고 있어 이를 단속해 달라는 내용이 보인다.[42]

---

42) 「毒藥劇藥 販賣에 관한 請訓의 件」, 『駐韓日本公使館記錄』제13권, 국사편찬위원회, 1990. 그 내용의 일부는 다음과 같다.
지난 해 10월부터 12월 사이에 부산항 변천정 약제사 곤도 사고로(近藤佐五郎)라는 자로부터 2,400병을 원산항에서 수입하여 이것을 자신 또는 타인에게 위탁하여 이곳 한국민에게 각각 판매한 사실이 있음을 확인하였습니다. 생각하건대, 약제사, 약제상, 제약자 등의 영업을 영위하는 자는 1889년 법률 제10호의 규정을 엄수해야 하는 것은 물론이고 만일에 범법하는 자가 있을 때에는 동법 제5장의 벌칙의 제재를 받게 되어 있습니다.

그가 골동품 관심을 가진 것은 1900년이다. 1900년에 북청 사건이 일어나자 상황 시찰을 위해 상해, 북경, 천진, 우장 각지를 돌아보던 중에 골동품 쪽에 취미를 가지게 되었다고 한다. 그가 정식적으로는 1904년에 골동상점을 열었다고 하나 골동에 관여한 것은 이미 1900년부터 임을 알 수 있다.

곤도는 장사수완이 아주 뛰어났을 뿐 아니라 당시로서는 서울 한복판에서 버젓이 간판을 내걸고 상점을 운영한 유일한 사람이었기 때문에 지방에서 서울로 올라온 고미술품이나 개성 일대에서 무차별 도굴하여 올라오는 우수한 고려자기는 그의 가게에 흘러 들어갔다.

1907년에는 경성상업회의소의원, 1908년에는 일본인거류민단의원으로 활약하였다.[43] 그는 도자기 쪽만 전문적으로 한 것이 아니라 돈이 되는 것이면 무엇이든 거침없이 행했다. 산간벽지에 있던 석조물들까지 손을 대었다. 1907년에 궁내대신 다나카 미스야키田中光顯가 유명한 경천사탑을 일본으로 반출할 때 곤도에게 반출을 맡겼다. 그는 수하들을 거느리고 경천사탑을 직접 반출한 담당자이기도 하다.[44]

뿐만 아니라 1911년에 세키노가 작성한 「조선고적 사진목록」을 보면 '염거화상탑'과 '고려묘탑'이 '곤도 사고로近藤佐五郎 소관所管'으로 나타나 있

---

43) 『朝鮮在住 內地人 實業家人名士辭』朝鮮實業新聞社, 1913, p.191.
44) 『대한매일신보』1907년 6월 4일자에는 다음과 같은 기사가 있다.
다나카(田中) 궁상이 백옥탑을 재래(齎來)한 순서를 기(記)하건데 본년 2월 4일 경성에 재류하는 고물상 후쿠오카현(福岡縣) 인 곤도 사고로(近藤佐五郎)라 하는 자가 헌병 약간 명을 솔(率)하고 전기 풍덕군에 출장하여 보탑을 취거하려한즉 군수 등이 동의(同意)치 아니하고 한민 중에 항거(抗拒)하려는 폭한(暴漢)이 유(有)하기로 불득이하여 다소 무력을 사용한 후에 인천으로 운출(運出)하여 3월 15일 신바시(新橋)에 도착하고 동 19일 우에노(上野) 제실박물관으로 운송하다.

다. '염거화상탑'은 현재 명확한 제작연대가 나타나 있는 부도 중에서 그 연대가 가장 올라가는 것으로 중요한 사료적 가치가 있는 것이지만 원지로부터 반출하는 과정에서 출처를 은폐하여 지금도 원지가 미상으로 남아 있다.[45]

곤도는 1923년에 수정상업회의소에서 서화 골동의 대경매회를 가졌다고 한다.[46] 그러나 당시 어떤 것이 얼마나 나왔는지는 구체적으로 알려진 것이 없다. 한국에서 활동한 골동상들 중에는 상당수가 한국에서 사망하여 생전에 소장하고 있던 유품들이 그의 유가족들에 의해 한국에서 경매에 붙여진 경우가 많았는데, 곤도의 경우에는 생전에 일본으로 귀국하였기 때문에 그가 오래 동안 모아온 많은 고미술품들을 품에 안고 일본으로 귀국하였다.

1909년 이왕가박물관에서는 고려백자상감모란문매병白磁象嵌牡丹文梅瓶을 매입했다. 이 매병은 백자 태토를 바탕으로 청자태토를 상감한 것과 더불어 그 안에 다시 백토와 자토를 이중상감한 것이다. 『이왕가박물관소장품사진첩』(1918)에는 도판187(백자상감병白磁象嵌瓶)로 실려 있으며,『이왕가미술관요람』(1938)에는 도판15(백자상감병白磁象嵌瓶)로 실려 있다.

가츠라기 스에지葛城末治는 「고려청자와 백자」에서, "색채의 조화를 이룬 것 등 그 정묘精妙한 기교技巧는 모름지기 전무후무한 발달을 이루는 것이다. 이 도자기의 종류가 수십 종인 중 사진에 나타난 고려청자상감진사입수주와 고려백자상감병은 도자기 중 가장 우수한 것으로서 개성부근의

---

45) 정규홍,『석조문화재, 그 수난의 역사』 학연문화사, 2007.
46) 佐佐木兆治,『京城美術俱樂部創業20年記念誌』 京城美術俱樂部, 1942, p.39.

분묘에서 발굴한 것으로 7, 8백년 전 왕족의 생전에 쓰던 물건"[47]이라고 한다.

이왕직 사무관 스에마쓰와 시모고리야마는 박물관 진열품 충당을 위해 각 지방 사찰에 있는 불상과 기타 신구 각종 물품을 다수 매입했다.[48] 당시 몰락귀족 내지 양반계급의 수장품을 이왕가에서 매입한 것이 많았는데 특히 양반들은 가명家名이 외부로 빠져나가는 것을 부끄럽게 여겨 비밀

고려백자상감모란문매병(白磁象嵌牡丹文梅瓶, 보물 345호) (원색사진 → p.376)

히 매각하고자하여 전력轉歷, 유서由緖에 대해 상세히 밝히기를 꺼렸다. 또 고사古寺의 불상佛像, 불기佛器 등을 일부 주지住持들이 몰래 가지고 나와 사재私財하려 했기 때문에 불상이나 불기가 출처불명의 이유가 되었다.[49] 그들은 개성부근에 있는 분묘로부터 도굴한 도자기, 기타 미술품을 다수 수집하였다. 분묘에서 도굴품으로 나온 것은 옥석, 도자기, 금속품 등이 대다수였으며, 기타 조선시대의 회화, 공예품과 삼국시대, 신라시대의 불상 등도 수집하였다. 특히 개성 일대에서 도굴품으로 나타난 고려시대의 도자기 중에는 우수한 것이 많았다.

---

47) 葛城末治,「高麗靑磁와 白磁」,『春秋』, 朝鮮春秋社, 1941.
48) 『每日申報』1911년 2월 4일자.
49) 中吉功,『朝鮮回顧錄』, 1985, pp. 54~56.

『신한민보』1910년 10월 19일자
고양군 원당리의 고려 왕릉을 도굴한 일본인 도굴꾼을 일본 헌병이 이를 덮어 두었다는 기사

『황성신문』1910년 2월 18일자

『황성신문』1910년 2월 18일자에는 다음과 같은 광고문을 내기도 했다.

진열품 구입 공고

금회 본국 박물관부에서 진열품으로 본방本邦의 미술 및 미술공예품 중 연구탁정年久卓絶한 물물物 및 역사상 참고 될 물물物 등을 구입購入하니 원매인願買人은 매주 목요일 오전 10시부터 오후 2시까지 창경궁 금호문 밖 장례원 앞 청사로 현품現品을 가지고 오면 본국원本局員이 출장 감사出張鑑査한 후 구입할 사事

단 일청양국日淸兩國의 제작품도 구입함이 유有할 사事

융희隆熙 4년 2월 17일

궁내부어원사무국

이 같은 광고는 마치 도굴품까지 매매를 공인하는 듯한 인식을 심어주게 되었다. 당시 고려고분의 발굴이 다했다 할 정도로 도굴이 만연하여, 『공립신보』 1908년 12월 16일자에는 "백골이 무슨 죄뇨. 근일에 일인이 고려자기를 얻으려고 옛날 무덤을 파헤치는 고로 백골도 안전할 수 없다더라"하고 있다. 발굴이 성행하면서 일반 조선인의 반감도 높아졌다. 그러나 총독부에서는 정책상 서서히 금지하는 방침을 취하고 우선 당분간은 묵인한다는 상태였다고 한다.[50]

이왕가박물관에서 진열품 수집에 집중하는 몇 년간은 우수한 고려자기가 이왕가박물관에 많이 들어가게 되었다. 야나기 무네요시柳宗悅는 다음과 같이 술회하고 있다.

일본에서도 다茶가 성행한 이후부터 고려자기를 일컫는 운학雲鶴이라는 문자가 사람들의 입에 오르게 되었다. 그 이름은 이미 고전적인 것이 되기도 했다 메이지 말엽 옛 도읍지인 개성이나 강화도에서 고적발굴은 고려자기의 성과를 더욱 높였다. 놀라운 것들이 잇따라 햇빛을 보게 되었다. 이들 중요한 출토품들이 이왕가박물관의 내용을 한층 더 풍부하게 만들었다.[51]

이처럼 많은 도굴품의 대부분은 은밀히 거래가 이루어져 자세한 출처出

---

50) 三宅長策,「そのころの思ひ出 高麗古墳發掘時代」,『陶磁』第6卷 6號, 東洋陶磁研究所, 1934年 12月, p.74.

51) 야나기 무네요시(柳宗悅),「朝鮮과 그 藝術」,『工藝 第111號』 1942. 10.

박물관 주도의 고려자기 수집   245

1911년 겨울 개성 부근의 폐사지에서 출토한 고려 종(당시 고려자기 약 2백 개 및 기타 銅器가 함께 나타났다고 하는데, 목록은 알 수 없다.(『이왕가박물관 소장품사진첩』, 1918, 도판65))

處도 없이 마구 사들인 까닭에 오늘날 중요한 학술적 자료가 되어야 할 많은 귀중문화재가 그 단서를 찾지 못하고 있다. 또한 대부분의 도굴품을 쉽게 구입하기 위해 출처를 묵인하여 사들이는 바람에 짧은 기간에 많은 미술품을 구입하였을지 모르나 대부분의 도자기나 불상들이 출처 미상으로 되어, 사료적인 증징자료를 사멸시키는 과오를 범하였다.

뿐만 아니라 이러한 일련의 수집방법은 도굴을 크게 조장하는 우를 범하기에 이르게 되어 많은 도굴꾼이 번성하였다. 한 밑천 잡아보겠다고 우리나라에 건너 온 많은 일인 무직자, 깡패, 상인들이 대거 도굴에 참여하여 도굴품의 일부는 이왕가박물관에 비싼 가격으로 팔아치우고 일부는 일본으로 반출하여 갔다.

2. 개성박물관 설립과 고려자기 입수

1) 개성보승회 설립

1912년 2월에 개성의 관민 유지들이 발기하여 개성보승회開城保勝會를 조직했다. 보승회의 목적은 개성군 내에 있는 명승 사적을 보존하기 위한 것으로 명승 사적 및 건축물 보호 수리, 각 승지 사적지의 식수植樹 기타 유람자의 편의를 위한 설비, 명승 사적에 대한 책자, 도서 간행의 일이었다.[52] 초대회장에는 군수 박우현朴宇鉉, 부회장에는 경찰서장 경시 사이토 우킨스케齋藤金祐가 선출되었다.[53]

『매일신문』 1912년 2월 7일자에는 다음과 같은 기사가 있다.

> 개성보승회 설립
>
> 개성은 고려조 470여 년간의 왕도가 되었던 지로 만월대 이외 명승사
> 적지가 파다頗多하되 다년 황폐에 위좇하였음을 유감으로 하여 일로

---

52) 『大正5年 9月 開城保勝會 規則』, 총독부박물관 공문서, 관리번호: A066-007-001
53) 紫竹金太郎, 『高麗之今昔』, 精華堂書店, 1914.

전쟁 중 당시 동지 병참사령관으로 있었던 고 미기오카右岡 소좌는 한국인과 상모相謀하고 만월대에 일대목표一大木標를 세워 점차 식수植樹코자 하다가 동씨가 전임한 후 이런 등의 계획도 중절되었더니 금회에 박 군수, 사이토齋藤 경찰서장 기타 유지자의 발기로 개성보승회를 조직하고자 하여 지난 3일 군아郡衙에서 발기인회를 열고 설치의 결의를 위하고 불일 그 인가를 출원할 터이라는데 이 회는 명승사적지의 보존, 식수, 도로 수축 등을 목적으로 하고 널리 기부금을 모집한다는데 이미 수백원의 기부 신청이 있어 본년부터 3년간으로 만월대, 선죽교 등지에 앵풍櫻楓 등을 심고 기타 유람자에게 대하여 각종의 편의를 주기로 하였다더라.

개성보승회는 설립 이후 개성 고적 보존과 개성 사적지 알리기에 활발하게 활동했다. 그러나 5년 후 그동안 주동적으로 활동하던 사이토 경찰서장이 1917년에 평양경찰서장으로 전근을 가자[54] 이후 보승회의 활동은 유명무실한 상태가 되고 말았다. 전날에 이루어진 고적보존시설 등은 날로 황폐해져 갔다. 이렇게 되자 1926년 7월 29일자 동아일보의 한 기자는 '지방논단'에 다음과 같은 글을 실었다.

과거의 보승회는 확실히 사이토齋藤란 한 사람에게 피동被動되었던바 은폐치 못할 사실로 폭로되었으니, 이제 자괴自愧 할 바가 아니다. 송도의 지사로 자처하는 사람들아! 보승회를 유지하여 가던 원동력인 경제 누구의 부담이었으며 주사자主事者는 누구였던가! 사이토란 사

---

54) 『朝鮮總督府官報』제1502호, 1917년 7월 31일자.

람은 어떠한 사람이었으며 그 고적과 명승은 누구의 것이었던가? 돌이켜 생각하건데 참으로 세상에 머리를 들지 못할만한 치욕이다.〈중략〉

송도의 유지로 자처하는 인사들아! 반성함이 있으라! 뉘우침이 있거든 곧 실행하라. 조선祖先의 위대한 예 유적을 보존함은 자식이 부모를 봉양함과 같이 떳떳한 일이오. 차라리 고결하고 위대한 유적을 그대로 민멸泯滅시킬지언정 피동被動됨이 없이 자발적으로 후예된 책임을 다하기에 나아가 선죽교에 흘린 피와 두문동 남은 덕의 고결한 정신을 더럽히지 아니하기를 바라노라.

개성보승회의 활동이 멈추게 되자 이후의 사정은 "고려시대의 모든 역사상 고적이 오고가는 풍우에 씻기고 닳아 잔멸하여 가는 동시에 역사적 유물도 모두 외지로 흘러가고 있는 중"이라고 한다.[55]

2) 개성부립박물관 설립과 아유카이 후사노신 컬렉션 진열

고려의 도읍지인 개성에는 고려시대의 유물을 진열할 박물관을 건설하자는 제안이 있었으나 실현을 보지 못했다. 이후 1930년 10월 1일자로 개성군에 부제가 실시되어 개성부로 승격된 것을 기념하기 위하여 개성보승회를 부활시켜 각처에 있는 명승과 고적을 수리 보존하고, 박물관을 신설해야 한다는 여론이 일게 되었다. 초대 부윤으로 김병태 부윤과 개성유지들은 적극적으로 개성부립박물관 설립을 제안하기에 이른다. 이어 일

---

55) 『동아일보』 1932년 7월 2일자.

본의 미쓰이三#물산에서는 개성에 박물관이 건설되면 전부터 매입하여 소장하고 있는 약 3만원 가격의 고려자기를 기부하겠다고 했다. 미쓰이물산에서는 또한 박물관의 건축비로 1만원을 기부하고 싶다는 의사를 송도면 당국에 해옴으로 해서 1930년 4월에 모든 계획을 구체화하기기 시작했다.[56]

이 계획은 순조롭게 진행되어 1931년 5월에는 이미 계획한 기금이 다 모금되었다. 『매일신보』1931년 5월 7일자에는 기부자의 명단을 밝히고 있는데 다음과 같다.

개성박물관 건설 기금 만액滿額, 총 2만 8천원을 부내 독지가 기부
개성부 부제실시기념 박물관의 건설에 관하여 그 건설비 중 2만 8천원은 독지가의 기부금으로 충당할 계획 하에 착착 진행 중이라 함은 이미 누차 보도한 바와 같거니와 근일 그 예정 금액의 모집이 종료되어 드디어 기념관 건설 기금의 완비를 얻게 되었다. 얼마 전 부 당국이 총독부에 의뢰하였던 설계서도 불원 송부를 보게 될 터이므로 금년 10월 1일 부제실시기념일까지는 어쨌든 준공을 보게 할 터이며 동일 개관식을 거행할 작정이라는 바 금반과 같은 세계적 불황에 처하여 다액의 금전을 소수의 독지가 수중으로부터 무난히 기부신입을 보게 된 것은 물론 그 사업의 성질이 기념이라는 그곳에 치중된 것이 아님도 아니나 대체로 기부자 제씨가 공공사업을 위하여 불소한 사재를 용투勇投한 그 점에 관하여는 개성관민 전체가 한가지로 감사의 뜻을 표하는 바이라 하며 독지가 제씨의 방명을 열거하면 다음과 같다.

---

56) 『中外日報』1930년 4월 4일자; 『매일신보』1931년 1월 24일자.

*미쓰이=#물산회사 1만원, 김정호 1천5백원, 김원배 1천 5백원, 손봉
조 1천원, 공성학 1천원, 최선익 1천원, 임한선 1천원, 이희영 1천원,
임한조 1천원, 임상우 1천원, 한명석 1천원, 유한모 1천원, 송승억 1
천원, 식산은행지점 1천원, 진병건 5백원, 박상유 5백원, 이조일 5백
원, 마현규 5백원, 최익모 5백원, 고한영 5백원, 박동규 5백원*

미쓰이물산의 1만 원의 건설비 기부를 필두로 하여 그 외 민간유지의
기부금 1만 4천원과 그 외 부족한 액수는 송도면비로 충당하여 3만 7천5
백 원으로 약 100평의 목조건물이 건립되고 따로 2, 3의 소건축으로 이루
어 졌다.

개성군에서 개성부로 승격된 것을 기념으로 박물관 창설은 계획대로
진행되었으나, 정작 내부에 진열할 변변한 진열품이 없었다. 그리하여 경
성의 아유카이 후사노신鮎貝房之進의 컬렉션을 미쓰이물산이 양수讓受하여
총독부박물관에 기증하였는데, 이것의 대부분을 개성부립박물관에 기탁
진열하였다.

아유카이는 1884년 일본 문부성 장학생으로 도쿄외국어학교에 입학하
여 1890년에 졸업한 수재이다. 그는 1894년 청일전쟁 바로 직전에 한국에
건너왔다. 아유카이의 한국행을 권유한 사람은 고쿠분 쇼타로國分象太郎(공
사관 통역), 오키 야스노스케大木安之助(영사관 서기), 오토모 우타지大友歌次(재
판소 판사) 등으로 도쿄외국어학교 동기생들이다. 이들은 모두 일본의 한
국 통치에 기반을 구축하는데 힘쓴 자들로 후에 모두 고위 관리로 나아가
게 된다. 아유카이의 한국 내 인맥은 바로 이들로부터 시작된다.

1895년 3월에는 한국정부와의 합의하에 서울 중부에 일본어 교습을 목
적으로 한 을미의숙이라는 사립학교를 설립하여 교육사업을 시작하였

다.[57] 동양협회 식민전문학교분교 강사로 경성(서울)에 초등교육학교 9개 교를 창설하고 1896년부터는 주로 사업을 하였다.[58] 1898년에는 당국 각 광감독各鑛監督 이용익과 친교를 이용하여 평양에서 무연탄 독점판매권을 체결하여 막대한 부를 형성했다.[59] 이후 여러 사업에 손을 대었다. 이러한 부의 축적은 그의 한국 고미술품 수집의 밑거름이 되었다.

아유카이는 당시 한국에 있던 일본인 중에서는 한국 문화재에 대해 가장 박식하였으며, 한국 문화재의 가치를 가장 먼저 깨닫고 수집에 나선 자이다. 일찍부터 개성 등지에서 도굴되어 서울로 올라오는 고려자기를 사들인 것은 물론이고 일본인 수집가들에게 감식까지 해주는 당대 최고의 감식가로도 유명하다. 서화, 도자기, 동기, 칠기 등에 당당한 식자들도 아유카이 앞에서는 작아진다고 한다.

당시 공사로 한국에 와있던 하야시 곤스케林權助와는 아주 가까운 사이로 하야시가 고려자기 수집에 입문하도록 조언을 하기도 하였다. 하야시 소장 고려자기가 『조선고적도보』에 여러 점이 수록된 것은 바로 이런 아

---

57)   稲葉繼雄,『舊韓末〈日語學校〉の研究』, 九州大學出版部, 1997.

58)   朝鮮新聞社 編纂,『朝鮮人事興信錄』, 朝鮮新聞社, 1922; 朝鮮公論社 編纂,『在朝鮮內地人紳士名鑑』, 朝鮮公論社, 1917.

59)   이에 관한 것은 1898년 6월 16일부 加藤 辨理公使가 兪 外相署理에게 보낸 '平壤 無烟炭 總販契約書에 대한 公認 要請'에, "이번에 귀국의 各鑛 감독 李容翊과 우리나라 사람 鮎貝房之進 사이에 別紙와 같이 平壤産의 무연탄 독점 판매의 건을 계약 체결하였으므로 이에 대해 귀국 정부의 공인을 얻기 바란다고 신청해 왔기에 이에 그 계약서 2통을 송부합니다."라는 내용이 보이고 있다.

또 1899년 3월 16일자에 加藤 公使가 靑木 外務大臣에게 보낸 '機密第14號 平壤 無煙炭 獨占 販賣權의 件'에, "우리나라 사람 鮎貝房之進이라는 자가 작년에 당국 各鑛 監督 李容翊과 別紙 사본과 같은 계약을 맺고 平壤에서 산출되는 무연탄의 독점 판매권을 얻어 그 후 계속 판매에 종사하고 있습니다."라는 내용에서 충분히 짐작할 수 있다. (출처 : 국사편찬위원회 한국사데이터베이스 http://db.history.go.kr)

유카이의 부추김 때문이다. 또한 이토 히로부미가 도한하자 고려 청자를 소개하여 이토가 고려자기에 눈독을 들이게 한 것도 아유카이의 역할이 컸다고 할 수 있다. 이같이 아유카이는 한국에 건너온 이후 일본 관리나 수장가들을 중심으로 고려청자와 한국 고서적 수집에 많은 조언을 함으로서 한국의 문화재를 일본으로 반출시키는 주역을 하였다.

아유카이 후사노신(『경성일보』 1925년 6월 23일자 사진)
아유카이의 주변에는 서화골동이 쌓여 있다.

아유카이는 이왕가박물관과 조선총독부박물관에 오랫동안 관여하여 매입 물품에 대한 감정을 도맡았다. 이왕가박물관 창립 후 경주의 모로가 히데오諸鹿央雄의 애장품 일부가 이왕가박물관으로 들어오는데도 아유카이가 관계했으며,[60] 1915년 기념공진회를 개최할 때도 그 미술관에는 아유카이의 진장품이 많이 출품되었다.

데라우치寺內와도 친분이 있어 데라우치 총독 시에 그가 소장하고 있던 고려청자와 불교관계 미술품을 조선총독부에 상당량을 양도하였는데 당시 가격으로 5만 5천원이라고 한다.[61] 1915년 시정기념공진회를 계기로 조선총독부박물관을 설립한 이래 진열품 충당을 위해, 당시로서는 우수

---

60) 藤田亮策, 「鮎貝さんの面影」, 『書物同好會會報』제17호, 1942년 9월.
61) 「施政30年記念讀物老拓士が贈る生きた半島裏面史(46)」, 大阪每日新聞, 1940년 10월 12일자.

품을 가장 많이 가진 아유카이의 수집품을 구입한 것으로 데라우치의 지시에 따른 것이다.

당시 이왕가미술관과 총독부박물관의 중요한 진열품에는 아유카이와 관계되는 것이 많았다. 그의 수집은 가장 이른 시기에 시작되었기 때문에 가장 우수한 것을 손쉽게 수집할 수 있었다, 종류를 가리지 않았다. 1922년 오야 도쿠죠大屋德城가 한국을 여행할 때 아유카이의 집을 방문한 기록을 보면, 그는 서울의 웅장한 저택에 엄청나게 많은 서화, 골동, 고서적을 비장하고 있었다고 한다. 오야는 여행기에, "아유카이 후사노신鮎貝房之進을 방문했다. 고서를 한번 구경하기를 청하였다. 씨는 경성에서 웅장한 저택을 구입하여 고기물古器物 수집가로 유명하다. 서적으로 건문3년판建文三年板의 수릉엄경首楞嚴經 1부 5책을 보았다(1922년 3월 28일 일기)"[62]라고 하고 있다.

1922년 당시만 하여도 경성 욱정(회현동)의 저택에는 청일전쟁 이후부터 수집한 유물들은 박물관을 이룰 정도로 방대했다고 한다. 그러나 1922년에 화재로 대부분을 잃어버렸다.[63] 그 후에도 다시 수백 점의 도자기와 고고학적 자료를 수집하였다.

나가기리 이사오中吉功는 『조선회고록朝鮮回顧錄』에서, "아유카이 후사노신은 옹이 오랜 세월 수집한 고려청자의 우수품을 소와昭和 5, 6년으로 생각되는데 이때 총독부박물관에 양도하였다. 후일 개성박물관에 이관된 동 박물관의 도자기의 주요 진열품의 태반이 아유카이鮎貝 옹의 구장품이

62) 大屋德城, 『鮮支巡禮行』, 東放獻刊行會, 1930, p.14.
63) 藤田亮策, 「鮎貝さんの面影」 『書物同好會會報』제17호, 1942년 9월.

다"⁶⁴라고 하고 있다.

아유카이의 수집품 중 상당수
는 1926년에 미쓰이물산주식회
사에 돌아갔다. 이것은 1931년에
다시 미쓰이물산주식회사 사장으
로부터 조선총독부박물관에 기증
되었는데,『박물관보』제4호(1933
년 3월)에는 "금번에 게재 목록은
다이쇼大正 7, 8년 이래 7, 8년간에
걸친 수집품으로 다이쇼 15년 미
쓰이물산주식회사의 손에 돌아오
고, 쇼와昭和 6년에 다시 동사 사
장이 본부 박물관에 기증한 것이
다."⁶⁵라고 기록하고 있다. 즉 아
유카이의 수집품을 1926년에 미
쓰이물산주식회사에서 매입하여

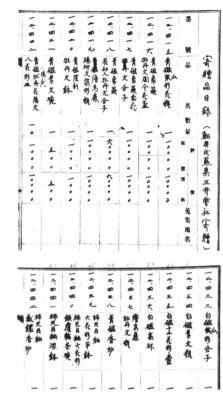

『寄贈品目錄-鮎貝蒐集 三井會社 寄贈』

1931년에 총독부박물관에 기증한 것이다.

기증유물은 유물번호 12415~12583로 총 199점을 등재하고, 총독부박
물관 '물품청구서'에는 "쇼와 6년(1931) 10월 26일 기증"이라는 것으로 보
아 기증 완료가 된 것은 바로 이 날인 것으로 보인다.⁶⁶ 이는 주로 신라, 고

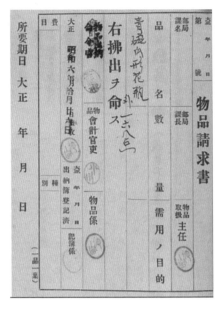

'靑瓷瓜形花瓶 外 物品請求書'

려 및 조선시대의 도자기 등으로 대부분 개성박물관에 출진하여 개성박물관 진열품의 중심을 점했다.

그러나 1926년에 미쓰이물산에서 아유카이로부터 매입한 수집품은 목록이 보이지 않아 정확히 알 수 없다. 상당수는 도쿄로 반출된 것으로 추정된다. 조선총독부박물관 발행의 1933년 3월 『박물관보』에서는 "경주 출토의 금동사리합金銅舍利盒과 전傳 경상북도 출토의 동령銅鈴은 도쿄의 미쓰이가三井家에 남아 있어 연구가로서는 유감이다."이라고 하고 있다.[67]

현재 국보 113호로 지정되어 있는 '화청자양류문통형병畵靑磁楊柳文筒形瓶'은 12세기경에 만든 철회청자병으로 긴 통모양의 병 앞뒤에 버드나무 한 그루씩을 붉은 흙으로 그려 넣은 병이다. 이것은 아유카이가 소장하고 있던 것으로 이번에 조선총독부 박물관으로 들어와 유물번호 12419로 등재된 것이다.

그가 수집하였던 경주 사천왕사지에서 채집한 '사천왕사지녹유신장전'은 1915년 물산공진회에 전시하기도 하였다. 이것은 사천왕사지에서 출토된 최초의 '녹유신장전'으로 당시로서는 놀라운 발견이었다. 아유카이

---

67)   朝鮮總督府博物館,「鮎貝房之進蒐集品につきて」,『博物館報』제4호, 1933년 3월, p. 18.

가 출품한 '사천왕사지녹유신장
전'에 대해 이나다 슌스이滔田春水
는『고고학잡지』1915년 11월호[68]
와『불교진흥회월보』1915년 9월
호에 소개를 하고 있다.[69] 이것은
유물번호 12495(1931년 10월 26일
기증)로 등재하고 있다.

개성부립박물관 건물이 완공되
고, 아유카이 수집 고려청자 등이
1931년 10월 26일자로 미쓰이물
산으로부터 총독부박물관에 기증
완료됨에 따라 드디어 1931년 11
월 1일에 개성부립박물관 개관식
이 행해졌다.『매일신보』1931년

아유카이 구장 '화청자양류문통형병(국보 113호)'
(원색사진 → p.376)

10월 31일자에는 다음과 같은 기사가 있다.

개성박물관 개관식 11월 1일에 거행
개성부제실시를 기념하기 위하여 개성박물관을 건설한다함은 여러
번 기보한 바이다. 금년 3월부터 총공비 2만 2천원으로 건축하여 지
난 10월 15일에 공사를 준공하였는데, 본관의 내부수식과 진열장 기

68)   稲田春水,「朝鮮共進會美術館の一瞥」『考古學雜誌』第6卷 3號, 考古學會, 1915年 11月,
    pp.66~67.
69)   滔田春水,「朝鮮에 於한 佛敎的 藝術의 硏究」,『佛敎振興會月報』1권 3호, 1915년 9월.

타에 대한 총설비가 1만2천원으로 도합 3만 4천원이 들었다고 한다. 미쓰이三井물산주식회사의 1만원을 비롯하여 당지 특지가들의 기부 금으로서 건설하게 되었다. 총독부박물관장 후지타藤田는 오가와小川, 노모리野守 사무원을 데리고 수일 전에 당지에 도착하여 부민 중에서 출품을 지원하는 사람의 가정을 방문하여 출품할 만한 물품을 선택 한 후 지난 28일부터 부민으로부터 출품한 고려자기 100여 점과 총 독부에 비장하였던 고기와 고물 3백여 점과 미쓰이회사로부터 기부 한 고려자기 수십 점을 신축 준공된 박물관에 진열하는 중인데 오는 31일까지에는 그 진열이 끝나리라 한다. 개성부에서는 오는 11월 1 일 오후 1시부터 개관식을 거행할 예정이다.

진열품은 경성의 아유카이 후사노신鮎貝方之進의 컬렉션을 미쓰이물산이 양수讓受하여 총독부박물관에 기증하였는데, 이것의 대부분을 기탁 출품 하였다. 일부는 민간유지의 기증품, 기탁품 등을 진열하여 놓았다. 내용 은 불상, 불구, 일용잡구의 동·철기, 경, 서화, 와당, 석등, 석탑, 석관, 석불 등이 있으나 도자기류가 다수를 이루고 있었고 그 중에는 청자류가 가장 많고 우수품이었다.[70] 이후 활발하게 진열품 수집에 박차를 가했다.

3) 나카다 이치고로 수집 고려자기 매입

개성부윤 이기방은 부임하자마자 박물관 확장과 진열품 수집에 박차를

---

70) 高裕燮, 「開城博物館을 말함」, 『고유섭전집 4』; 『每日申報』 1931년 10월 31일자, 1931년 11 월 1일자.

가했다. 1933년 11월에는 나카다 이치고로中田市五郎가 수집하여 비장해오던 고려자기 중에서 가장 중요한 30여 점을 대금 2만 원으로 매입하여 박물관에 진열하였다.

『매일신보』 1933년 10월 19일자 기사에는 다음과 같이 그 과정을 자세하게 보도하고 있다.

당지 박물관은 일반 부민의 열성으로 건설되었으나 관내에 진열한 물건은 전혀 총독부와 일반 부민의 소유물 등을 빌려서 진열하였으며 순전한 부 소유물로는 겨우 시가 45원의 물품이 진열되어 있을 뿐이다. 그리하여 이 부윤이 부임 이래 박물관 내용 충실에 대하여 많은 연구 노력을 하여 왔었다. 그런데 당지 나카다中田 씨가 소유하고 있는 고려자기 27점은 진귀한 물품으로 여하한 박물관 진열이라 할지라도 다대한 가치를 발휘할 만한 물건인데 더구나 고려구도 당지 박물관에 고가의 진품을 진열하는 것은 당연한 일이다. 나카다 씨가 가정형편상 전기 27점 고려자기를 방매하게 되었는데 당지 박물관 내용이 빈약하지 않더라도 당지에 있는 고려의 보물이 타지방으로 이거하는 것을 부당국자로서는 좌시하기 어려운데 하물며 당지 박물관 내용이 지극히 빈약함이리요.

이 부윤이 전기 전중의 비장품을 매수코자 수회 본부와 도에 진정하여 왔으나 금년도에는 본부의 예산이 불허하니 개성부에서 여하한 수단으로든지 그 물품을 매수하면 수년 내에 해 대금을 총독부에서 지출하겠다는 확언을 듣게 되었다.

그런데 지금 나카다 씨가 그 물품의 대가를 2만 원이라고 부르고 있으나 부에서는 1만 5, 6천이면 매수되리라고 한다. 그리하여 전기와

같이 8천원은 추가경정하고 부족액 8,9천 원은 부내 유지 4, 5인의 명의를 빌려 은행에서 차금하여 매수하게 되었는데 전기 4, 5인 명의로 차금한 것은 2,3년 내에 총독부에서 지출하여 상환케 되리라 한다. 이 안심의에 들어가 별반 이의가 없이 통과되었으며 부회검사위원

『고려시보』 1933년 11월 16일자 기사

4인으로부터 부 사무검열 보고가 있은 후 동 3시 경에 폐회하였다.

나카다로부터 매수한 고려자기는 최고급으로서 현재 국립중앙박물관에 국보 또는 보물로 지정되어 진열실을 점하고 있다. 나카다 이치고로中田市五郎는 1894년 청일전쟁을 계기로 군대를 따라 한국에 들어와 개성에서 떡집을 시작으로 포목, 잡화업을 하다가 1918년에는 개성에서 인삼제조 판매하는 고려산업사를 설립한 개성의 유지로 알려져 있다. 이를 바탕으로 초기 개성 일대의 고분에서 나온 가장 우수한 고려자기를 많이 수장하였다. 그는 개성 강화도 일대에서 도굴한 자기들을 수집하기에 가장 편리한 개성에 거주하면서 막대한 자기를 모았다. 그의 수집은 개성에 재주한 이후 곧바로 시작되었다. 여하튼 한국에 재주하는 일본인들 중에서 우수한 고려자기를 가장 많이 수장하고 있었다.

젠쇼 에이스케善生永助의 기록에 나카다 소장품에 대한 내용이 기술되어 있다.

조선에 있어서 민간의 고려자기 수집가로는 여하간 개성의 나카다 이치고로中田市五郎 씨가 1위라고 생각한다. 내지內地에는 구하라광업 久原鑛業의 야마오카 센다로山岡千太郎 씨가 가장 많은 고려소高麗燒를 진 장珍藏하고 있다고 들었다. 나카다中田 씨는 30여 년 전에 개성에 와 서 살고 있으며 발굴품으로 고려소를 수집하는데 가장 편의한 지역 에 정주定住하면서 풍부한 자금력으로 일찍부터 수집에 종사하여 타 의 추수追隨를 허락하지 않은 이유는 당연한 이치라 생각한다. 동씨의 비장秘藏한 고려소는 청자가 가장 많고 백자白磁, 천목天目, 회고려繪高 麗, 삼도수三島手, 범고려소凡高麗燒 특색을 가진 것은 모두 수집하여 그 중에는 청자의 옥사자玉獅子의 향로香爐, 고1척1촌高一尺一寸의 상감안象 嵌眼의 화병, 호형조각鯱形彫刻의 수차水差, 동봉상안桐鳳象眼의 환발丸鉢, 백자의 당초부조각대화병唐草浮彫刻大花瓶 등 일품逸品 중의 일품逸品이 다.'71

젠쇼 에이스케가 1920년대 초에 나카다를 방문했을 때만 해도 최일품 만 100여 점이 넘었다고 한다.72 그가 당시에 본 나카다 소장의 고려청자 중에서 우수한 것을 골라 '나카다 이치고로中田市五郎의 비장 고려소 목록' 라 하여 제시하고 있는데 다음과 같다.

〈나카다 이치고로中田市五郎의 비장 고려소 목록〉

---

71)　善生永助,「高麗燒」,『隨筆朝鮮』下卷, 京城執筆社, 1930, p. 248.
72)　善生永助,「開城に於ける 高麗燒の秘藏家」,『朝鮮』, 朝鮮總督府, 1926年 12月, p. 80.
紫竹金太郎,『朝鮮之今昔』 精華堂書店, 1914, pp. 130~131.

백청자당초부조각화병(白靑磁唐草浮彫刻花瓶)

청자사자형향로(靑磁獅子形香爐)

청자상감국화문화병(靑磁象嵌菊花文花瓶)

청자상감국화문수차(靑磁象嵌菊花文水差)

청자어형조각수차(靑磁魚形彫刻水差)

청자상감수초수금문대고형수차(靑磁象嵌水草水禽文大鼓形水差)

청자상감유수금리문편구(靑磁象嵌柳水禽鯉文片口)

청자은상감석류문환봉(靑磁銀象嵌石榴文丸鋒)

청자상감동봉황문환봉(靑磁象嵌桐鳳凰文丸鋒)

청자상감운학문향합(靑磁象嵌雲鶴文香盒)

청자상감운학문유호(靑磁象嵌雲鶴文油壺)

삼도국화문환발(三島菊花文丸鉢)

청자국당초모양향합(靑磁菊唐草模樣香盒)

청자상감모단문환발(靑磁象嵌牡丹文丸鉢)

청자당초부조각환발(靑磁唐草浮彫刻丸鉢)

삼도대명(三島大皿)

천목다완(天目茶碗)

청자상감운학국문환발(靑磁象嵌雲鶴菊文丸鉢)

청자상감운학국문다완(靑磁象嵌雲鶴菊文茶碗)

청자상감모단당초부조각다완(靑磁象嵌牡丹唐草浮彫刻茶碗)

청자모단당초부조각수차(靑磁牡丹唐草浮彫刻水差)

청자국형향로(靑磁菊型香爐)

삼도국문명(三島菊文皿)

청자상감유수금환발(靑磁象嵌柳水禽丸鉢)

순백당초부조각발(純白唐草浮彫刻
鉢)

순백당초부조각소명(純白唐草浮
彫刻小皿)

이 중에서 백청자당초부조각화
병, 청자사자형향로, 청자상감국
화문화병, 청자상감수초수금문대
고형수차, 청자상감동봉황문환봉
에 대해서는 "일품逸品 중의 일품"
이라는 해설을 붙이고 있다. 나카
다는 세키노關野가 만월대에서 채
집한 와편을 분류하여 연화문 파
와와 당초문와를 분류하고 있으

나카다(中田) 구장 '청자어룡형주전자'(국보 61호,
국립중앙박물관 소장) (원색사진 → p.376)
『조선고적도보』 제8책 도판 3452로 실려 있다.
2012년 국립중앙박물관에서 열린 '천하제일 비색청
자전'에 출품되었다.

며, 나카다 스스로 사목문평와蛇目紋平瓦 외에 연화문파와와 당초문와를 채
집하기도 했다.[73]

그가 소장하였던 '청자비룡형주전자'는 머리는 용, 몸은 물고기 모양으
로 만들어 신비로운 느낌을 주고 있으며, 고기의 꼬리는 주전자의 뚜껑으
로 하여 기발한 발상이 돋보이고 있다. 이 자기는 다행히 1933년 개성박
물관에서 매입하게 됨으로서 오늘날 국보 61호로 국립중앙박물관에 진열
되어 있다.

---

73)   重田定一, 「高麗の舊都」, 『歷史地理』 제16권 6호, 歷史地理學會, 日本歷史地理學會, 1910
년 12월, p.15.

나카다가 소장하였던 '사자향로獅子香爐'는『도자강좌』제7권(1938)에 도판으로 소개되기도 하였다. 1936년 11월에 개성부립박물관은 창립5주년을 맞이하여 신축 중이던 별관의 낙성식을 가지고 별관에서 고서화전람회를 가졌다.

나카다 구장 청자사자형뚜껑향로(국보 60호, 국립중앙박물관 소장)
『조선고적도보』제8책 도판 3468로 실려 있다.
2012년 '천하제일 비색청자전'에 출품

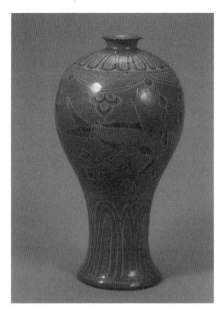

나카다 구장의 청자상감어룡문매병(보물 1386호,
삼성미술관 리움 소장) (원색사진 → p.376)
『조선고적도보』 제8책에 도판 3627 "中田市五郞 氏
藏"로 실려 있다.

개성박물관(『高麗時報』 1936년 11월 16일자)

제5부

유랑의 고려자기

1. 청자순화4년명항아리

경성미술구락부20주년을 맞이하여 1942년 3월 21일, 22일 양일간 일본인 구락부 관계자들이 중심이 되어 다과회를 가지고 《20주년기념전람회분재서화명기전람회》를 가졌다. 1942년 당시의 경성미술구락부 운영진을 보면 다음과 같다.

대표취체역(대표이사): 사사키 쵸지佐佐木兆治
취체역(이사): 스즈키 코마사후로鈴木駒三郎, 아마이케 시게타로天池茂太
郎, 나가노 이사후로永野市三郎, 후지모토 히라시야스藤本寬寧, 신보 키쿄
新保喜三
지배인: 마츠우라 오토지松浦音治
감사역: 아라이 하츠타로荒井初太郎, 진나이 시게요시陳内茂吉, 마에다
사이치로前田才一郎

경성미술구락부의 경매도록을 살펴보면 해방 전까지 세화인으로 활동한 사람들을 알 수 있다. 이케우치 토라키치池内寅吉, 아마이케상점天池商店의 아마이케 시게타로天池茂太郎, 취고당聚古堂의 사사키 쵸지佐佐木兆治, 요시다吉田賢藏, 동고당東古堂의 스즈키鈴木宇吉, 온고당溫古堂의 신보 키죠新保喜三, 스키가와 우키지祐川宇吉, 오타太田尾鶴吉, 구로다黑田榮, 고수당古壽堂의 키오모토淸元, 촌송당寸松堂의 시라토리白鳥昇平, 스스키鈴木駒三郎, 이케우치池內虎吉, 구하당九霞堂의 카키타柿田, 야노矢野忠一, 겐다元田嘉一郎, 후쿠야마福山一二, 미나토湊佐吉, 문명상회의 이희섭, 한남서림의 이순황, 조선미술관

청자순화4년명항아리(국보), 이화여자대학교박물관 소장 (원색사진 → p.377)

의 오봉빈, 유용식, 이영개 등이 경매의 중개역을 맡았다.

경성미술구락부의 세화인으로 활동은 않았으나 골동상점을 운영하면서 해방 전까지 한국 골동을 취급하였던 자들로는 을지로의 타케우치 야오타로竹內八百太郎, 남대문로의 후지모토 히로야스藤本寬寧, 충무로의 토미타富田상회 등이 있었다.[1]

1942년에 경성미술구락부의 20주년 기념행사로 그간에 작고한 경성 고미술 동업자(골동상)의 명복을 비는 추도회를 가졌는데, 그 열거한 명단을 보면 한국에서 사망한 자가 28명이고 일본으로 건너가 사망한 자가 12명이었다. 이들은 모두가 경성미술구락부를 중심으로 한국 고미술품의 수

---

1) 京城商工會議所,『京城商工名錄』, 京城商工會議所, 1939.

『20주년기념전람회 분재서화명기도록』 도판(아래 오른편 항아리가 순화4년명호)

집과 매매를 주도하였던 자들이다.[2] 이후 회원들 끼리 전람회를 가졌는데, 『경성미술구락부창업 20주년기념지, 고미술업계20년의 회고』에는 『20주년기념전람회 분재서화명기도록』이라 하여 일부의 사진이 실려 있다. 여기에는 눈을 놀라게 하는 사진 한 점이 실려 있다.

도록 속에는 '부附 병화분재진열瓶花盆栽陳列'이 있는데, 그 중에는 '순화4년淳化四年 명銘 항아리'가 꽃이 꽂인 화병으로 진열되어 있다. 사진 밑에 다음과 같은 설명이 붙어 있다.

"花甁

高麗青磁

---

2)　佐佐木兆治,『京城美術俱樂部創業20年記念誌』, 京城美術俱樂部, 1942에 의하면, 한국에 머물다가 한국에서 사망한 일인 골동상들은 다음과 같다.
伊藤東一郎, 毛利猪七郎, 宇津宮源三郎, 鈴木, 島岡玉吉, 長谷尾源治郎, 高橋榮吉, 大倉龜吉, 東谷嘉代藏, 東谷學, 陳內吉次郎, 赤星佐七, 赤松藤兵衛, 高橋德松, 浦谷, 山田幸七, 廣田倉治, 浮村土藏, 田中久五郎, 白石益二郎, 高田光吉, 中川, 梶村庄太郎, 澤田, 太田尾鶴吉, 吉田賢藏, 中山末吉, 濱田壽太郎
일본으로 귀국하여 사망한 사람들은 다음과 같다.
近藤佐五郎, 池內寅吉, 浦谷淸治, 宇野平太郎, 林仲三郎, 松田初太郎, 大館, 中山, 吉村亥之吉, 前川, 鳥越, 小貫根古彌

보물로 지정된 도자기에 물을 담고 꽃을 꽂아 놓고 진열한 것이다.[3] '청
자순화4년명항아리靑磁淳化四年銘壺'는 1934년에 가토 칸가쿠加藤灌覺가『도
자』(6권 6호)에 처음 소개를 하였다. 이어 1937년에 마츠다이라 요시아키松
平義明가『도자』(9권 4호)에 한국 도자사상 가장 중요한 유품으로 소개하여
일약 유명 도자가 되었다.

고야마 후지오小山富士夫는 1938년에 간행한『도기강좌』제7편에 실린
「고려의 고도자古陶磁」에서 "조선 용산의 이토 마사오(伊藤愼雄) 씨는 북송 순
화4년명의 녹유주존綠釉酒尊을 소장하고 있다.(삽도 41, 42). 이토 마사오 씨
소장의 주존酒尊은 고 1척6촌1분, 구경 8촌7분, 구광口廣의 형상形狀을 이루
고, 기저器底에는 '淳化四年 太廟 第一室 亨器匠崔吉會造'의 각명刻銘이 있
다.〈중략〉조선도자사상 귀중한 자료라 할 수 있다."고 한다.[4]

1940년 7월 31일 지정한 '조선보물고적명승천연기념물 목록'에는 "제
368호/순화4년명도기淳化四年銘陶壺/경기도 경성부 한강통 11번지/이토 마
사오伊東愼雄[5]로 기록하고 있다. 노모리 겐野守健의『고려도자의 연구』(淸閑

---

3) 佐佐木兆治,『京城美術俱樂部創業20年記念誌』, 京城美術俱樂部, 1942,

4) 小山富士夫,「高麗の 古陶磁」『陶器講座』제7권, 東京雄山閣, 1937년 0일, p.68.

5) 『조선보물고적명승천연기념물 목록』, 총독부박물관 공문서, 목록번호: 96-269.

청자순화4년명호의 '淳化四年 太廟 第一室 亨器匠 崔吉會造'의 각명(刻銘)

舍, 1944)에는 '이토 마사오伊藤愼雄 장'으로 게재되어 있으며, 노모리野守는 이 책에서 만들어진 연대가 명확한 고려청자 시원의 예로 들고 있다. 또한 1956년에 간행한 『세계도자전집』 제13권에 도판 46번으로도 게재되어 있으며, 고야마 후지오小山富士夫는 해설에서, "조선 도자사상 특히 귀중한 자료"라고 설명을 붙이고 있다.

『동사강목』에, "989년 4월 비로소 태묘를 영건하였다. 993년 성종 12년(순화 4년) 3월 태묘 실수를 정하여 혜, 정, 광, 경종 넷 임금을 같이 한 묘에 모셔 태묘에 부했다"한다. 고려의 태묘제도는 송대宋代의 예제禮制를 모범으로 하여 성종은 태묘의 건립과 운영 방향을 정하게 된다.6

『고려사』와 『고려사절요』에 의하면, 989년 4월 15일(성종 8년 4월 음력)에 태묘를 짓기 시작하여 992년 12월에 완공하고 종묘제례의 절차를 의논하게 된다.7 993년 3월(성종 12년 3월 음력)에는 태묘의 제례절차에 대해 교서

---

6) 金澈雄,「고려시대 太廟와 原廟의 운영」,『國史館論叢』제106집, 2005년 6월.
7) 『高麗史』世家 권제3, 成宗 11년 12월 조;『高麗史節要』권2, 成宗 11년 조.

를 내리게 된다. 그리고 994년 4월 23일(음)에 제례를 지냈다.[8] 따라서 993년에 정해진 제례절차에 따라 태묘에 사용할 제기는 993년에 제작되었을 것으로 여겨진다.

태묘에 대해서 고유섭은 "태묘는 성종8년 4월에 경영되어 11년 11월에 완성되었다. 즉 고려에 있어서 사용 연호를 고치기 직전의 것이고 태묘를 세운 직후의 것이니 태묘를 경영하고 곧 만든 것일 것이다. 태묘란 고려 태조 이하 역대 왕을 제사 드리는 곳으로 제1실이란 곧 태조의 묘실이라 생각된다. 태묘의 소재 지점은 지금은 개풍군 영남면 용흥리 부흥산 서록이다"라고 하고 있다.

따라서 "순화사년태묘제일실형기장최길회조淳化四年 太廟 第一室 亨器匠崔吉會造"라 음각한 글씨는 고려 왕실의 제실에서 왕건을 모시는 제사용 그릇으로 993년에 최길회란 사람이 만든 것이 된다. 누가, 언제, 무엇을 위하여 제작하였다는 기록이 나타나는 것으로는 유일한 것이다.

청자순화4년명항아리는 고려청자 발생의 초기를 짐작할 수 있는 선구적 청자로, 고려 태조제실의 제기로 사용되었음을 명확하게 밝히고 있다. 본격적인 비색의 청자가 나오기 훨씬 전의 것이기는 하지만 초기 청자로서 당시로서는 가장 우수한 도자임이 틀림없다.

1991년 황해도 배천군 원산리 가마터에서 '순화3년명'과 '순화4년명' 청

---

8) 『高麗史』世家 권제3, 成宗 13년 4월 23일 조에,
   여름 4월 갑진 태묘(太廟)에 체제(禘祭)를 지내고, 대종(戴宗)의 신위를 제5실(室)에 옮겼다. 공신(功臣) 배현경(裵玄慶)·홍유(洪儒)·복지겸(卜智謙)·신숭겸(申崇謙)·유금필(庾黔弼)을 태조(太祖)의 묘정(廟廷)에 배향(配享)하였고, 박술희(朴述熙)·김견술(金堅術)을 혜종(惠宗)의 묘정에 배향하였으며, 왕식렴(王式廉)을 정종(定宗)의 묘정에 배향하였고 유신성(劉新城)·서필(徐弼)을 광종(光宗)의 묘정에 배향하였으며, 최지몽(崔知夢)을 경종(景宗)의 묘정에 배향하였다.

판보
四월 十四일

○죠셔 ᄒᆞ야 결으샤던 이제 장례
원 쥬문을 보니 일훈것은 실
현릉 한식졔 졔물을 일훈것은 실
로히 젼에 업ᄂᆞ 변이라 엇지 이러
호 경숑한 일이 잇ᄂᆞ뇨 릉관
쳐음에 빈진 아니 ᄒᆞ엿슬가
석이 어긔눈틴 ᄯᅩ히 보고가 임의
수무 ᄒᆞ야 만만 무엄 임직고
죄가 맛당이 써 말 흐리라도 거들고 흉직
지판으로 죄눈 면 후니 너러오니 검칙 못
라 흐여 벌법으로 흐리샤
호여금 죠률 중판 흐고 헌샤못
와본로 ᄒᆞ여금 죠률 중판 흐리잇
롱원역 등도 경무청으로 ᄒᆞ야금
중판호고 고형 흐릴것도 일레이 신
척ᄒᆞ라 흐입섯더라 ○리호의 러

『독립신문』1899년 4월 15일자 기사

자편이 발견되었다. 992년 임진년 태묘 제4실(광종光宗) 향기를 장인 왕공탁이 만들었다(淳化三年 壬辰 太廟第四室享器 匠王公托 造)'는 명문과 '순화4년淳化四年' 명문이 있는 것이었다.[9] 청자순화4년명항아리 역시 이곳에서 제작되었음을 알 수 있다. 이 제기는 고려 이후 계속해서 실제 사용해왔던 것으로 고려자기로서는 극히 드문 전세품으로 여겨진다. 그렇다면 실제 사용하던 전세품이 어떻게 세상 밖으로 유출되었는지는 미상이다.

『황성신문』1899년 4월 14일자에 의하면, "고려 현릉顯陵에서 한식절제寒食節祭(양력 4월 5일)를 맞아 어떤 무지도한無知盜漢이 제수물품祭需物品을 투절偷竊해 갔는데 4월 13일에 해릉관該陵官은 고등재판소에 자현취리自現就理하고 해릉속該陵屬들도 다 중죄를 당한다더라."라는 도난 기록이 보이고 있다. 이로 인해 1899년 5월에 "현릉 능관 황태산과 경서원 김홍복을 황해도 장연군 백령도로 유배하다"[10]는 기록이 보인다. 혹 이 당시 유출되지나 않나 하는 추정도 해보지만 확실치 않다.

---

9) 『조선일보』1997년 10월 11일자, 10월 14일자.
10) 『帝國新聞』1899년 5월 19일자.

청자순화4년명항아리는 이토 마사오伊東愼雄[11]가 오랫동안 소장하다가 해방 직전 인천 스즈시게鈴茂에게 맡겨 놓고 귀국했다. 스즈시게는 해방이 되어 청자순화4년명항아리를 포함한 그의 소장품들을 일본으로 가져갈 수 없게 되자 모든 것을 관리인에게 맡기고 귀국해 버렸다. 그 관리인은 혼란한 시기에 이를 고스란히 보관할 우둔한 사람은 아니었던지 사방으로 처분하였다. 그 중 가장 많은 수량이 석진수에게 넘어 갔다. 이 속에 '청자순화4년명항아리'가 들어 있었다. 그러나 공교롭게도 두 사람은 이것이 일제강점기에 보물로 지정된 것인 줄 서로 몰랐다.

석진수는 경기도 광주의 갑부로 수집가이자 골동상으로 처음에는 가게를 가지지 않고 골동상을 하였다. 서울의 자택에는 골동상들이 문전성시를 이루었다고 한다. 6·25 전쟁 후 공평동에 종로사라는 골동가게를 내게 되었는데, 막대한 자금력을 이용하여 많은 우수한 골동품을 보유하고 있었다.

그 무렵 이화여대박물관 고문으로 있던 장규서가 우연히 석진수의 골동가게에 들렀다. 새로 생긴 가게라 어떤 것이 있는지 자연 궁금했던 것이다. 진열장을 한번 보고 주인장과 인사를 나누기 위해 안쪽으로 발걸음을 옮기다가 침침한 구석바닥에 쌓아둔 잡동사니 무더기 속에서 무언가 강한 느낌을 받았다. 설마 하는 생각을 하면서도 가슴이 뛰기 시작하였다. 별 흥미 없다는 표정을 지으며 이것저것 물건을 만지며 들었다 놓았

---

11)　伊東愼雄은 이름자를 伊藤愼雄으로 사용하기도 한다. 각종 문헌에는 이 두 가지 이름을 사람마다 다르게 사용하여 혼동이 되고 있다. 필자는 그동안 伊東愼雄이 아닌 伊藤愼雄으로 통일하여 사용해 왔다. 그러나 陶藝家이자 茶道學人인 崔貞幹 선생께서, 일본에서 伊東愼雄의 손녀를 만났을 때 伊東愼雄이 본명임을 확인하였다고 필자에게 전해 주어 이제야 바로잡게 되었다.

다하면서 마지막으로 특별한 모양 없이 황갈색 때깔에 수더분하게 생긴 것을 잡았다. 잡동사니 속에 섞여 있으니 더욱 가치가 절하되기에 충분하였다. 주인이 눈치 못 차리게 밑바닥을 만져보니 분명히 순화4년淳化四年이 느껴졌다. 시치미를 떼고 이것저것 값을 물어보다가 "그러면 이것은 얼마요?"하니 주인은 "3만원만 주시오 일본인들이 좋아하는 것이요."하는 것이다. 장규서는 "그게 그렇게 값이 나갈 까요?" 혼잣말처럼 뇌까리면서 부르는 가격을 건넸다.[12] 주인이 이 물품의 가치를 모르는 바라 겨우 3만원에 사 가지고 도망치듯이 이화여대로 가지고 왔다고 한다. 현재 이화여자대학교박물관에 소장되어 있다.

이화여자대학교박물관 소장의 청자순화4년명항아리는 일제강점기 보물 368호로 지정되었다가, 해방 후에는 보물 237호로 지정되었다. 2019년에 국보 326호로 승격 재지정되었다.

이토 마사오伊東愼雄는 일인 중에서 도자기로는 제일가는 수장가였다. 특히 도자기 부문에 있어서는 가장 비대한 수량과 질을 자랑하였다. 심지어는 자료가 될 만한 도자기 파편까지 수집하였다.[13] 일찍이 그가 소장한 것으로 『조선고적도보』 제15책에 '삼도수문자입명三島手文字入皿(도판번호 6221)', '삼도수문자입완三島手文字入盌(도판번호 6223)'이 실려 있으며, 그 외에

---

12) 尹哲圭, 「名品流轉」 中央經濟新聞, 1985년 10월 2일자.

13) 小山富士夫의 「朝鮮の旅」(『陶磁』 11-2, 1939년 7월)에는 이토의 도자기 파편을 도판으로 많이 게재하고 요지 및 양식 자료로 제시하고 있다.
정읍의 深田泰壽가 부산요지에서 채집한 파편 200여 점을 소장하고 있다는 소문을 듣고 찾아가 우수한 것을 골라서 매입하였다고 한다. 또 伊東愼雄의 소장으로, 高麗白磁片 2점(부안 출토), 高麗辰砂牡丹文植木鉢 破片(부안 출토), 高麗天目釉色見破片(부안 출토), 高麗靑磁白象嵌寶相華唐草文鐵鉢, 高麗靑磁忽只初番'銘盌, 靑磁雙耳小壺(경남하동면 출토), 甕類(전남 해남 출토), 白磁辰砂唐草文甁, 染付'道光年制'銘鉢, 彫三島四方甁(전남 출토) 등을 제시하고, 이상의 것을 小山富士夫는 '名器珍器'로 표현하고 있다.

도 국가 지정 국보 여러 점을 가지고 있었던 대수장가이다.

　그는 일본이 패망할 것을 미리 예견하고 해방 직전에 그가 수장하고 있던 것들을 일부는 국내에서 처분하고 귀국하였다. 해방 직후 국보로 지정된 '상감청자보상화문금채대접象嵌靑磁寶祥花紋金彩大接'과 '청자상감보주문자입합자靑磁象嵌寶珠文字入盒子'[14], '순화4년명병' 등이 이런 류에 속한다. 그는 상당수를 매도하거나 맡기기도 했으나 '녹유인화문골호', '금동관'[15] 등을 비롯한 상당수는 귀국하면서 가져간 것으로 보인다.

---

14)　伊東愼雄으로부터 최창학이 인수한 '象嵌靑磁寶祥花紋金彩大接(국보371)'과 '靑磁象嵌寶珠文字入盒子(국보377호)'는 최창학의 부실한 보관으로 인해 파괴되었다.

15)　1967년에 梅原末治에 의해 공개되었다. 梅原이 「두개의 금동관」이란 제하로 『고고미술』 제8권 2호(1967년 2월) 소개한 내용에, "종전 전 경성에 재주하여 반도문물에 깊은 관심을 갖고 있던 고 伊藤愼雄 씨의 당시 수집품의 하나로 거의 출토 그대로 靑綠銹가 덮여 있는 완호품이다."라 하고 있다. 梅原는 "종전 전의 출토품임에 불구하고 아직 세상에 알려지지 않은 것들이다"며 사진은 소개하고 있으나 소장처는 밝히지 않고 있어 어느 개인 수장가에 의해 비장되어 있는 것으로 짐작된다.

2. 천하 명품 청자상감운학문매병

1972년에 일본 도쿄에서 《동양도자전》이 개최되었다. 동양 3국의 1급 명품들이 한 자리에 모였다. 당시 우리나라에서는 수 명의 수장가들로부터 9점을 모아 출품하였다. 이 전람회에서 일본은 물론이고 세계 각국에서 1급 평론가와 감식가들이 구름같이 모여 각기 그 나라를 대표하는 도자기에 대해 평가를 하였다. 그 중에서도 인기 절정에 있던 도자기 9점 중 우리나라 도자기가 2점 있었는데 그 하나는 아타카컬렉션의 '청자죽학문매병'이었고 다른 하나는 간송미술관에서 출품한 '상감청자운학문매병'이었다고 한다. 이것은 상감청자를 대표하는 명품으로 노모리 겐野守健의 『고려자기의 연구』에 도판 3으로 게재되어 있다.

매병이라 하면 일견 매화꽃을 꽂는 병으로 인식하기 쉽다. 18세기 청나라에서는 풍류를 즐기는 문인들이 이같이 생긴 병에 매화를 꽂았다고 하는데, 당시 문인들이 술단지의 술을 비우고 거나한 가운데 이곳에 매화를 꽂아 탐매를 즐겼다고 해서 매병이라 불렸는지는 모르지만 이같이 생긴 병은 술을 담는 용도로 사용하였다. 윤용이에 의하면, 일제시대를 거치면

서 이러한 형태의 병을 모두 매병이라 부른데서 기인한 것이라고 한다.[16]

이 '청자상감운학문매병'은 높이 42cm의 매병 특유의 아름다운 선을 가지고 있는 걸작으로 우리나라 청자 중의 제왕이라 할 수 있다. 전체에 회청색의 맑고 부드러운 빛을 가지고 있으며 조그만 입과 넓고 부드러운 어깨가 품위를 더하고 있다. 푸른 하늘에 흰 구름이 흐르고 백학이 춤추며 나는 이 광경은 무아의 경지로 인도

상감청자운학문매병(국보 68호), 간송미술관 소장)
(원색사진 → p.377)

한다. 46개의 흑백상감으로 원형 가운데 구름을 뚫고 올라가는 학을 한 마리씩 문양하고, 원형과 원형 사이에 23마리의 학을 문양하여 도합 69마리의 학을 표현하였다. 이영섭은 "이 거대한 병을 빙글빙글 돌렸다고 생각해 보자. 푸른 창공을 날아오르고 내리는 학의 수는 금방 수천 마리가 될 것이다"라고 기발한 착상을 하고 있다. 그래서인지는 모르지만 전 소장자였던 일인 마에다 사이치로前田才一郞는 '천학문매병'이라 이름을 붙여 오늘날까지 많이 쓰는 별칭이 되었다. 이 매병은 고려 때 권신 최우崔瑀의 무덤에서 1932년에 도굴꾼에 의해 발굴된 것이라고 하는데, 명확한 근거가 보이지 않는다.

---

16)　윤용이, 『아름다운 우리 도자기』, 학고재, 1996.

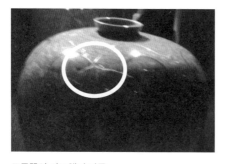

도굴꾼의 쇠꼬챙이 자국

최씨 무신정권(1196~1257, 최충헌 23년, 최우 30년, 최항 8년, 최의 1년)이 1258년 3월 유경과 김인준이 최의를 주살하면서 62년의 권세는 마감을 하게 된다.[17] 강화도 천도 시대가 끝나고 개성으로 환도를 했으나 최우의 무덤은 강화도에 그대로 있었을 것으로 추정할 뿐이다.[18]

그러나 오랜 세월이 흐르면서 돌봄이 끊어져 봉분이 사라지고 평토처럼 변하여 위치마저 잊혔던 것이다. 그런데도 귀신같은 도굴꾼은 긴 쇠꼬챙이를 가지고 다니면서 무덤이 있을 만한 곳을 쇠꼬챙이로 찔러 부딪치는 촉감으로 부장품의 유무를 파악한다. 이 과정에서 일부의 도자기는 파손이 되기도 한다. 이 매병도 어깨에는 도굴꾼의 쇠꼬챙이 자국이 남아 있다.

위치에 있어서도 '강화도'로 추정하기도 하지만 아직까지 이에 대한 명확한 자료가 보이지 않는다. 최우의 무덤에서 매병이 발견되었다면 묘지 등이 함께 발견되었을 것으로 추정되나 이에 대한 단서가 보이지 않는다. 그러나 워낙 유명한 매병이라 여러 이야기가 전해지고 있다.

그 이야기들에서 가장 먼저 등장하는 인물이 야마모토山本란 자인데, 전문 도굴꾼이나 거간일 가능성이 높다. 이 매병은 다시 경성 충무로의 스

---

17) 『高麗史』世家 卷24, 高宗45年(1258) 3월;『高麗史』列傳 제43, 金俊 條.
18) 『高麗史』世家 卷31, 忠烈王 22年(1296) 3月 條. 에는 최우의 무덤이 도굴을 당했다는 기사가 보인다.

즈키 다케오鈴木武雄이란 골동 거간의 손에 넘어 갔다. 스즈키는 수일 후에 또 다른 골동 거간에게 넘겼다.

이 골동 거간은 자신의 단골이었던 일본인 거물 수집가한테 팔기 위해 대구로 갔으나 그 단골이 마침 일본으로 떠나고 없었다고 한다. 대구의 거물급 수집가라면 오구라 다케노스케小倉武之助나 이치다 지로市田次郎가 언뜻 떠오르는데 만나지 못했던 모양이다. 이 골동 거간은 생각 끝에 대구에서 치과의원을 하던 신창재에게 양도하였다. 얼마 후 다시 고서화 수집가 박재표의 손을 거쳐 필동에 살고 있는 골동상 마에다前田才一郎에게 넘겨졌다.

장사치기들은 1점의 거물이 들어오면 이를 소문내어 경쟁심을 유발시켜 값을 올려 받으려 하는 것이 일반적이다. 마에다 역시 이 물건을 손에 넣은 후 '희유의 신품 천학매병'이라고 이름을 붙여 골동계에 소문을 퍼트렸다.

마에다 사이치로前田才一郎는 골동계에서 그 감식 안목이 뛰어난 자이다. 그는 이 물건의 가치를 충분히 알고 있었기 때문에 총독부에서 1만원을 주겠다고 교섭을 해왔으나 거절하였다. 서울의 거물 수집가뿐만 아니라 일본의 마유야마繭山 류센도우龍泉堂, 오사카의 무라카미村上, 야마나카山中상회 등이 호시탐탐 기회를 노리고 있었다. 이런 판국에 1935년 드디어 간송이 2만원(당시 기와집 10채 값)을 치루고 양도받게 되었다. 고려청자 유통사상 국내 최고의 가격이었다.

간송에게 천학매병이 넘어가자 가장 당황한 자는 아마이케天池 노인이었다. 아마이케 시게타로天池茂太郎는 골동거간 및 상인으로 명동에서 큰 골동상을 운영하면서 전국의 도굴품들을 사들인 장물아비이기도 하다. 1923년 조선총독부 고적조사과의 '대정12년도 진열품 구입 결의 건'을 보면 아마이케로부터 구입한 건만 해도 10회나 된다.『광복이전 박물관 자료목록집』을 살펴보면, 1916년부터 1943년까지 무려 68회에 걸쳐 총 740여 점에 달하는 막대한 유물을 아마이케로부터 구입한 건이 나타나 있다.[19]

아마이케天池는 자신은 도저히 살 수 없다는 것을 알고 그의 가장 큰 거래처이기도한 오사카에 있는 무라카미村上에게 연락을 하였다. 무라카미는 서울에 큰 경매가 있을 때마다 건너와 우수한 골동을 사가는 자였다. 당시 무라카미는 아마이케天池에게 연락을 하여 사겠다는 의사표시까지 해둔 상태였다. 그 와중에 간송에게 이미 넘어간 것이다. 이 소식이 일본에까지 퍼지자 탐이 난 일본인 거상 무리카미 노인이 우리나라로 건너와 30대 청년 간송과 대좌하게 되었는데 이때 교환한 대화는 두고두고 화제거리가 되었다.

무리카미가 간송에게 "산 가격의 배를 지불하겠으니 이 매병을 양도해달라."고 했을 때, 간송은 "무리카미씨께서 이 운학문매병 보다 더 좋은 물건을 저한테 가져다주시면 이 매병은 본전에 가져가시오. 저도 대가는 얼마든지 치룰 용의가 있습니다"라고 점잖게 응수했다고 하는데 간송의 애국심이 잘 나타나는 일화가 아닐 수 없다.

간송의 수집은 너무 양심적이라 할 정도로 값을 치루기도 하지만, 일본인들과의 대결에서는 중요 미술품을 그들에게 절대 넘기지 않으려는 생각에 일본인들이 따라오지 못할 정도로 낙찰가를 올려 불렀기 때문에 "근대 서화 골동 값을 올린 이는 전씨라고 볼 수 있다"라는 말을 듣기도 했다. 그러나 간송의 수집에는 늘 민족문화의 수호라는 신념이 있었다. 오봉빈

---

19) 國立中央博物館,『光復以前 博物館 資料 目錄集』, 1997.

은 이 같은 간송의 수집에 대하여, "전형필 씨 같은 이는 수 백만 금을 던져 내외지에서 국보적 선인의 유적을 모아 장차 일대 박물관을 개설할 계획이라고 한다. 어떤 의미로 보아 전씨의 이 장거는 전문학교나 대학을 창설하는 이상으로 심원한 의미가 있고 우리 사회에 일대 공로자라고 볼 수 있다."[20]라고 하고 있다.

'간송선생 추모전'기사
(『조선일보』1996년 10월 31일자 기사)

　　1930년대부터 해방 전까지, 즉 15년간에 걸쳐 수집을 하였다. 그의 수집은 애국심을 바탕으로 하여 계획적으로 수집을 하였기 때문에 질적으로 우수할 뿐 아니라 미술사적으로도 중보라 할 수 있다.

20)　　吳鳳彬, 「書畵骨董의 收藏家」, 『동아일보』 1940년 5월 1일자.

3. 청자상감모란문항아리

국보로 지정되어 현재 국립중앙박물관에 진열되어 있는 '청자상감모란
문항아리'는 높이 20.1㎝, 구경 20.7㎝의 아담하면서도 정결한 느낌을 주

'청자상감모란문항아리'(靑磁象嵌牡丹紋壺), 국보. (원색사진 → p.378)
모리 타츠오(森辰男)가 소장했던 것으로 현재 국립중앙박물관 소장

문명상회를 통해 일본으로 반출된 모리 타츠오(森辰男)가 소장했던 '청자투각구개향로'(『조선고적도보』 8책 도판번호 3472)와 '청자상감초화문표형주전자 및 수반'(『조선고적도보』 8책에 도판번호 3614)

는 걸작이다. 항아리의 앞뒤 중앙에 큰 모란꽃 한 송이씩을 장식했는데, 꽃은 흰색으로 잎은 검은색으로 상감했다. 양쪽에는 사자 모양의 손잡이를 정교하게 만들어 달았다.

이 청자상감모란문항아리를 소장했던 일본인 모리 타츠오森辰男는 1904년에 한국에서 태어났다. 모리의 부친은 1883년에 한국에 건너와 토목청부업을 시작하여 1885년에는 서울로 올라와 잡화상을 하고, 후에 전당포업을 하였다. 모리는 선린상업학교를 중퇴하고 부친의 재산을 그대로 물려받아 임대업을 하였다.

그는 부친 모리 토오지森藤次 때부터 넉넉한 경제력을 바탕으로 명품을 많이 수집하였다. 『조선고적도보』 제8책(1928년)에 게재된 고려자기를 보면, 개인으로는 모리 타츠오森辰男의 소장품이 최상위로 많은 수를 점하고

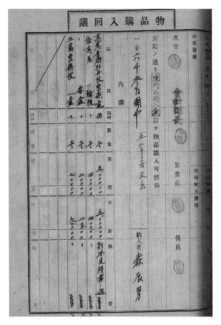

물품구입회의서(청자상감모란문호'외 4점)

있다. 그러나 1930년대에 와서는 상당수의 명품들이 그의 손을 떠나 일본으로 반출되었다.

이 같은 걸작이 일본으로 건너가지 않고 당시 이왕가박물관에서 구입한 것은 천만다행이다. 『광복이전 박물관 자료집』을 보면, 1930년에 모리 타츠오森辰男로부터 '청자상감모란문항아리'외 4점을 구입한 건이 보이고 있다. '청자상감모란문항아리'는 1930년 4월에 이왕가미술관에서 모리로부터 5천원의 거금으로 매입하였으며, 나머지 3점까지 합계 6천3백 원이었다.

이에 앞서 1930년 3월에도 고려청자상감수주 외 1점을 4천2백 원에 구입한 건도 보인다.[21]

---

21) 『大正 15년도~昭和 12년도 진열품 구입회의서』총독부박물관 공문서 목록 번호: 97-구입 15.

4. 청자상감'상약국'명음각운룡문합

고려시대의 상약국尙藥局은 왕
과 왕비의 진료와 어약 업무를 주
된 임무로 하였던 의약 기구이다.
상약국은 어약품의 검사와 어약
의 제조를 주업무로 하였던 곳으
로, 그 직제는 왕이나 왕비의 질
병을 진후診候하던 의약 사무를 관
장한 직관(상약봉어 · 시어의 · 직장)
과 실질적 진료 업무를 담당하고
의약 화제和劑를 보조하였던 직관
(의좌 · 의침사 · 약동)으로 나누어져
있었다.22 상약국尙藥局은 장의서掌
醫署, 상의국尙醫局, 봉의서奉醫署 등

청자상감'상약국'명음각운룡문합(靑磁象嵌'尙藥局'
銘陰刻雲龍文盒), 보물 646호(한독의약박물관 소
장). 1912년 '천하제일 비색청자전'에 전시
(원색사진 → p.378)

---

22) 宋春永,「元 干涉期의 自然科學」,『國史館論叢』제71집, 國史編纂委員會, 1996.

"실업계의 중진, 대구의 자랑"이라는 스기하라 관련 기사. 『조선신문』 1936년 6월 30일자 기사

으로 불렀다.[23] 이곳에서 약을 담는 용도로 사용하는 용기에는 '상약국'의 표시를 했다.

1944년에 간행한 노모리 겐野守健의 『고려자기의 연구』에는 약간의 고려 자기가 도판으로 게재되어 있는데, 도판으로 나타난 고려자기는 질적으로도 우수한 것이지만 도자사적인 가치로도 가장 중요한 것들이다. 그 중 하나가 '도판 9'로 수록된 대구 스기하라 죠타로杉原長太郎 소장의 청자靑磁 '상약국尙藥局'명합자銘合子이다. '상약국尙藥局'이란 문자로 보아 고려시대 상약국에서 사용되었던 용기用器임을 알 수 있다.

스기하라 죠타로杉原長太郎의 부친 스기하라 신키치杉原新吉는 1904년에 대구에 정착하여 당시의 시류에 힘입어 상당한 부를 축적할 수 있었다. 스기하라 죠타로는 1913년 야마구치상고를 졸업하고 부친의 업을 계승하

---

23) 『高麗史』志 卷第31, '봉의서의 기능과 연혁'에 의하면,
목종(穆宗) 때에 상약국(尙藥局)에 봉어(奉御)·시어의(侍御醫)·직장(直長)·의좌(醫佐)가 있었다. 충선왕(忠宣王) 2년(1309)에 장의서(掌醫署)로 고쳤다가, 뒤에 다시 봉의서로 고쳤다. 공민왕(恭愍王) 5년(1356)에 상의국으로 고쳤다가, 공민왕 11년(1362)에 다시 봉의서로 개칭했다. 공민왕 18년(1369)에 다시 상의국으로 개칭하였다가 공민왕 21년(1372)에 다시 봉의서로 고쳤다.

여 삼원합자회사의 사장으로 대구에 본거지를 두고 활동하였다. 경상북도 도의원, 대구부회부회장 등 지방자치행정에도 참여한 유지로 풍부한 금력으로 조선의 중요유물들을 수집하였다.[24]

1944년에는 『삼원장태랑씨수집품도록』까지 만들었는데 이는 그의 수집품 중에서 주요한 것만을 선택하여 발간하였다. 낙랑시대부터 조선 때까지의 사료적 가치가 높은 것과 퇴계 필 병풍을 비롯한 고려청자, 조선백자 등 1급품들만 수두룩하게 수록되어 있다.

그의 수집품 중에서 낙랑백경樂

『杉原長太郎氏蒐集品圖錄』(朝鮮考古圖錄 第2册, 朝鮮考古學會, 1944).이 도록은 경성제대 교수 후지타 료사쿠(藤田亮策)를 중심으로 조선고고학회의 학문적 연구의 업적으로 만들어졌다. 서문은 시라카미(白神壽吉)가 썼다.

浪白鏡과 호박패옥琥珀佩玉은 평안남도 평양을 중심으로 한 낙랑시대의 유물로 수집가들이 가장 애호의 대상으로 삼는 것들이다. 스기하라의 수집품 중에는 평양의 나카니시 카이치中西嘉市의 진장품도 포함되어 있다. 나카니시中西는 평양에서 최고참의 골동상으로 낙랑유적 출토품에 대해 일찍부터 관심을 가지고 수집하였던 것인데 이런 등이 조금씩 산일되어 그 최후에 애장하고 있던 수점이 스기하라의 손에 들어갔다고 한다.

---

24)　山重雄三郎,『大邱案内』麗浪社. 1934.

    스기하라의 소장품 중 '환두태도', '령부호'에 대해 시라카미白神壽吉는 "이 것은 신라 또는 가야고분의 부장품으로 그 출토지가 밝혀지지는 않았으나 경남 또는 창녕 고분에서 획득한 것으로 생각한다"고 한다. 세형동검은 선산 부근에서 출토된 것으로 전해진다. 또 가형도호家型陶壺는 경상남도 합천군 출토라 전하는 신라 또는 가야지역의 고분 속에서 나온 것으로 추정되고 있다. 마지은니릉엄경麻紙銀泥楞嚴經 권제10은 1943년 12월 30일 조선총독부고시 제1511호에 의해 보물 418호로 지정되기도 했다. 그 외 분청사기연화문편호도 보물로 지정되었다.

    청자상감'상약국'명음각운룡문합은『삼원장태랑씨수집품도록』에 도판 16으로 수록하고 있다. 이는 뚜껑이 있는 원통형의 용기用器로 도록 해설에 "수법이 정려精麗, 뚜껑의 상면에 용운문을 정교하게 음각, 청자 최성기의 하나"라 한다. 뚜껑과 몸체가 합쳐지는 합구 가까이에 쌍방에 '상약국尙藥局'이란 문자를 백상감하고 있다.

    '상약국尙藥局' 명이 있는 청자 파편이 전남 강진군 대구면 용운리 가마터에서 발견된 점으로 보아 강진 대구면에서 12세기경에 제작된 것으로 추정되고 있다. 스기하라는 해방이 되자 그의 소장품 모두를 대구시에 헌납하였다.

    해방이 되자 대구에 재주한 일본인 수집가들은 일본으로 반출의 길이 막히자 헐값으로 넘기거나 1946년 1월까지 모든 미술품을 헌납목록과 함께 대구부윤에게 기증을 하였다. 그 수는 무려 2

청자상감'상약국'명음각운룡문합의 뚜껑 상면

천점을 훨씬 넘었다고 한다. 이 속에는 일제강점기에 지정 보물도 포함되어 있었다.

대구시에서는 이를 가지고 대구시립박물관을 설립한다. 각 단체 및 개인들로부터 들어온 후원금으로 1946년 11월 21일 드디어 진열관으로 달성공원 안에 100여 평의 건물을 건립하였다. 미술품의 진열 관리 보관을 위한 시설 등에 대한 것은 국립중앙박물관의 김재원 관장과 관원이 대구로 출장을 와서 박물관 개관을 위한 일을 도왔다. 1947년 5월 15일에 달성공원 내의 대구시립박물관은 화려하게 개관하였다.

그러나 대구시는 박물관에 대한 경험이 전혀 없었고, 운영체계가 엉망이었다. "행정상 시의 과에 소속되는 시립박물관장은 기껏해야 계장급이 됨으로서 이 자리에 유능한 사람을 데려 올 수도 없고 충분한 예산을 확보할 수도 없었다."[25]고 한다.

개관한 지 1개월 후에는 기성회가 없어지고 후원회가 생겼다. 그 조직은 명예회장에 경북도지사, 회장에 대구부윤, 부회장에 김성국과 이사관 1명, 이사에 도사회교육국장과 최일문 등 15명으로 이루어졌다. 하지만 박물관 업무나 운영에 대해 아는 사람이 한 사람도 없었다. 또한 관장도 임명하지 않고 시청 계장의 관할 하에 두었으며 서기 두 명과 김 모라는 수위에게 열쇠를 맡겨 박물관 일을 보게 하였다.

당시 모 계장은 일제기에 이미 지정보물로 등록되어 있던 미술품을 자기 물건 같이 직속상관인 과장에게 헌납하였고, 과장은 자택에서 이를 사용하고 있었다고 하니 당시 사정을 짐작할 수 있을 것이다. 뒤이어 1950

---

25) 『박물관신문』 1986년 3월 1일자.

년 3월에는 진열해 둔 순금제 귀걸이 5개를 도난당했다.[26]

6·25가 터지자 김일환 대령의 제안으로 대구시장 허억의 양해를 얻어 건국 후 국보로 지정된 '분청화상감연화문편호', '마지은니릉엄경 권10'은 별도로 1950년 7월 28일 수령증을 작성하고 안전하게 소개하였다. 나머지는 당시 학무과장의 책임 하에 박물관 동·서편 창고에 보관하고 박물관 열쇠는 대구시가 가지고 있었다.

외부 창고문이 파손되지 않았는데도 불구하고 내부의 값진 것들이 대구의 고물상 '공신만물상'을 거쳐 흩어져 갔다. 물건을 가지고 온 자들 중에는 관청에 관계를 가진 자들이 많았다고 한다. 당시 대구의 모씨는 골동거간을 불러 퇴계8곡병풍 한 쌍을 팔려고까지 하였다. 골동거간은 "이 물건은 지정보물인데 개인이 소장하고 있다가는 장차 큰 문제가 생길 것이다"라고 경고를 하고 나왔다고 하는데 모씨는 고려청자도 가지고 있었다고 한다.

1953년 대구에서 간혹 좋은 물건들이 서울로 올라왔는데 출처는 알 수 없고 공신만물상을 통해 서울로 물건을 날라 온 중간상인은 4, 5명이 되었다. 김모씨는 대구공신만물상으로부터 40여 점을 사서 서울로 올라왔는데 그 중에서 스기하라의 구장 '금동불반가상' 외 여러 점은 육군 대령 한모 씨에게 팔고 또 낙랑동경 4점과 동검류는 김량선 목사에게 팔았는데 현재 숭실대학교 박물관에 소장되어 있다.

대구시립박물관에 전시되었던 '상약국명청자합'이 서울에 나타난 것도 1953년이다. 서울에서 홍중화가 운영하는 골동상점에 어느 날 골동거간 김모 씨가 대구에서 가져온 물건을 팔려고 들어왔다고 한다. 김모라는 자

---

26) 『조선일보』1950년 4월 6일자.

도난당한 스기하라 구장 청자상감포도당초문표형수주(스기하라 소장품도록 도판 18)와 금동보살반가
상(스기하라 소장품도록 도판 7).
'도판 7. 금동보살반가상'은 도록에, "고 9,5㎝의 소상으로 의문(衣文), 연화좌(蓮華座) 등의 제작이 간소,
삼국시대 말기의 보살반가상의 일례를 보여주고 있다. 배면에 광배를 삽입하였던 鑄出이 있다."고 해설
을 붙이고 있다.

도 대구의 공신만물상에서 사온 것으로 가져온 물건은 이 청자합과 신라
금동불상 1구, 중국자기 1점 등이었다. 주인 홍씨에게 35만환을 불렀으나
거래는 성립되지 않았다. 마침 손님으로 와 있던 최모 씨(당시 동대문세무서
장)가 상약국명청자를 15만환에 샀다고 한다.

『동아일보』 1955년 11월 22일자에는 분실된 문화재 금동보살반가상을
비롯한 십 수점을 나열하고, "대구시립박물관 소장의 문화재 십 수점이
시중에 흘러 나와서 매물로서 전전하고 있는가 하면 그 일부를 소유하고

있는 자의 성명 주소가 밝혀졌음에도 불구하고 문교당국에서는 이를 찾아 들이려는 노력을 하지 않고 있다"고 폭로하고 있다. 『대구일보』 1957년 9월 12일자에는 다음과 같은 기사가 있다.

> '없어진 대구시립박물관 고고품 행방에 단서! 밀매된 지 이미 5년, 일품 〈盒子〉는 모 세무서장집에'
> 분실된 물품은 백동경 2개, 여의륜불상, 상약국합자, 청자수병, 청자기름병 4점, 청자목단문상감盒 2점이라고 하며 이러한 물품은 국내에 있음과 동시 '상약국합자'는 모 세무서장이 갖고 있으며 대구시에서 반환 요구가 있을 경우에는 반환할 의사가 있다는 것까지 말하고 있다.
> 그리고 상약국합자는 1953년에 15만 환에 팔렸으며 청자수병은 현재 대한고미술협회 관리자에게 1백만 환에 저당되어 있는 것까지 폭로하였다.

신문기사에 "모 세무서장이 갖고 있으며 대구시에서 반환요구가 있을 경우에는 반환할 의사가 있다"고 했으나 대구시에서는 이에 대한 아무런 조치를 취하지도 않았다. 또 "도난당한 유물은 대구시의 활동여하에 따라 원상회복이 될 것으로 관측되고 있다"고 했으나 대구시에서는 이에 대한 철저한 조사도 하지 않았고 이것이 보도된 지 1개월이 지나서 대구시 당국은 경찰에 조사 의뢰를 하였으나 압수도 회수도 않고 흐지부지하게 되었다.

대구시는 대구시립박물관을 귀찮은 존재라고 생각했던 것 같다. 1957년 2월 2일 대구시는 경북대학교에 관리위탁을 하고 남은 소장품 모두를 넘겼다. 일본인 수장가들로부터 헌납 받았을 시에는 2천 점이 훨씬 넘는 숫자였으나 대구시가 경북대학교로 넘긴 목록에 나타난 유물의 수는 1,312점 밖에 되지 않았다. 달성공원 내에 있던 대구시립박물관 건물은 후에 헐어 버리고 지금은 그 흔적조차 찾을 수 없다.

청자상감'상약국'명음각운룡문합은 1978년 보물 646호로 지정되어 현재 한독의약박물관에 소장되어 있다. 1912년 '천하제일 비색청자전'에 전시되기도 했다.

5. 흑유백회당초문매병

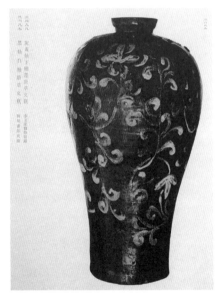

'흑유백회당초문병(黑釉白繪唐草文瓶)'(『조선고적도보』제8책)

흑유백회당초문매병의 출처에 대한 기록은 보이지 않는다. 도굴로 세상에 나온 것이라 언제 어디에서 출세한 것인지 알 수 없다. 1928년 조선총독부에서 발간한 『조선고적도보』 제8책에는 '흑유백회당초문병黑釉白繪唐草文瓶'이라 하여 도판 3689번으로 수록되어 있으며, 소장자는 '아가와 시계로阿川重郞 씨장氏藏'으로 기록하고 있다. 노모리 겐野守健의 「고려시대 고분출토의 철채수」에 수록된 도판에도 '경성 아가와 시게로阿川重郞 씨장氏藏'으로 기록하고 있다.27

---

27) 野守健, 「高麗時代 古墳出土の鐵彩手」, 『陶磁』 제12권 제1호, 東洋陶瓷研究所, 1940년 4월.

阿川組 서울 욱정 1정목 본사건물(출처:『大京城寫眞帖』, 中央情報鮮滿支, 1937)

1940년 7월 31일 '보물고적명승천연기념물보존회'에서 보물로 지정할
때도 소장자는 "경성부 욱정 아가와 시게로"라 기록하고 있다. 보물 목록
에는 "제372호 철채백회당초문병/1개/경기도 경성부 1정목 181번지/아가
와 시게로"[28]이라고 하는 것으로 보아 해방 직전까지 아가와의 소장으로
있었던 것으로 보인다.

아가와 시게로阿川重郎는 1870년 야마구치山口 출생으로 1897년 도쿄제
국대학 공과대학 토목공학과를 졸업했다. 졸업 후 북해도탄광철도주식회
사 기사로 입사하여 근무하다가 1902년에 사퇴하고, 조선에 건너와 한성
(서울)에서 토목청부회사 아천조阿川組를 창립했다. 대한제국기에는 경부

28) 『조선보물고적명승천연기념물 목록(하)』, 총독부박물관 공문서, 목록번호: 96-268.

철도, 남만주철도회사, 육군철도 감부, 한국통감부철도국으로부터 수주를 받아 각종 공사에 가담했으며, 1904년에는 경의선 건설공사에 가담하여 사업이 순조롭게 발전해 갔다. 1910년 이후에는 조선총독부, 동양척식회사, 남만주철도회사의 지정으로 철도건설을 중심으로 관영, 반관영의 대토목공사를 맡아 활약했다.[29]

아천조는 1923년 3월에 아가와를 회장으로 하여 출자사원 8명, 자본금 80만 엔으로 주식회사를 조직하기에 이른다. 아천조는 경성부 욱정 1정목(현 서울특별시 중구 회현동 1가)의 아가와 시계로 저택에 본사옥을 두었다. 이후에는 만주국 각지에 출장소를 설치하여 그 활동범위를 확대해 갔다. 1935년에는 조선병합25주년 공로자로 선정되기도 했다.

아가와는 아유카이 후사노신鮎貝房之進과 교우하면서 한국도자기에 대한 감식안을 키워 우수한 도자기를 많이 수장하였다. 그는 1922년에 창설한 주식회사 경성미술구락부 창설자이기도 하다. 그는 도기를 일괄 구입한 건이 수회 있었으나 목록은 거의 불명이다. 사사키 쵸지佐佐木兆治는 아가

祝 三週年

京城旭町壹丁目

阿川組

(電話 一二八番)

『(조선연구회 3주년기념)조선』(1913년)에 게재된 아가와의 토목청부회사 광고

---

29) 『朝鮮在住內地人實業家人名辭典』, 朝鮮實業新聞社, 1913;『大京城寫眞帖』 中央情報鮮滿 支, 1937.

와 시게로에 대해 다음과 같이 이야기하고 있다.

> 경성미술구락부의 창립에 공을 세운 그는 호담한 사람으로 어마어마
> 한 부를 축적해 경성토목협회의 중진으로 반도의 건축 토목계에서
> 웅비했다. 경성으로 이주한 것은 1901,2년경으로, 그 당시 고려도기
> 를 비롯한 조선 고미술의 선각자인 아유카이 후사노신 씨와의 두터
> 운 친분 관계도 있어 조선의 옛 도기들을 수집해 우수한 것들을 다수
> 소장하고 있었다. 이러한 연유로 우리들 역시 아가와 씨의 거처를 자
> 주 드나들었다. 미술구락부 창립에는 아가와 씨가 먼저 자진해서 60
> 주를 신청했다.[30]

아가와는 서화골동에 상당한 안목을 가지고 있지만 조선 고서에도 관
심이 깊어 계통적으로 수집했다. 아가와 수집 도서의 대부분은 도쿄대학
에 매각했다. 『도쿄제국대학 부속도서관 부흥첩復興帖』(1930)에 의하면, 아
가와문고본阿川文庫本은 원 소유자 아가와 시게로阿川重郎으로부터 구입한
것으로 『조선본아천목록朝鮮本阿川目錄』에 의하면 1207부 4908책으로 기재
되어 있다. 그 중에는 상당수가 귀중서가 포함되어 있다.[31]

아가와문고는 1924년에 부속도서관이 아가와로부터 구입했다고 하나,
공식적으로는 『조선본아천목록』의 말미에 "다이쇼 14년 이케우치池內 교
수에 의해 아가와 시게로 씨로부터 구입, 임시 남규문고南葵文庫에 치치置"했

30) 佐佐木兆治, 『京城美術俱樂部創業20年記念誌』, 株式會社 京城美術俱樂部, 1942.
31) 吉田光男, 「阿川文庫の成立とその性格」, 『朝鮮文化研究』第5號, 東京大學文學部朝鮮文化
     研究室, 1998.

다고 밝히고 있다.[32]

해방을 전후하여 일인 수장가들과 일본 상인들은 허둥지둥 서둘러 자기나라로 돌아가면서 그들이 오래 동안 소장하였던 고미술품을 헐값에 팔아넘기거나 버리고 가게 되었다. 이렇게 되자 그전에 일본 상인들에게 물품을 소개하거나 심부름을 하던 사람들이 일본인들이 버리고 간 물품과 점포를 인수받아 점주가 되는 예도 있고 갑자기 많은 물품이 쏟아지자 새로이 골동상에 뛰어든 사람들이 많았다.

장석구는 17세에 충무로 입구의 서적거상 경성대판옥호상점의 점원으로 들어갔다. 1937년에 간행한 『조선은행회사조합요록』에 의하면, 대판옥호상점은 서적, 잡지, 운동구, 문방구류를 도매하는 상점으로 나이토 사다이치로內藤定一郞가 대표이고 사원이 4명으로 기록되어 있다. 나이토 사다이치로內藤定一郞는 개인적으로 고미술품을 좋아하여 많은 것을 수장 또는 거래를 했다. 장석구는 그런 나이토內藤定一郞의 심복으로 일하면서 골동에 눈이 뜬 것 같다.

장석구는 나중에 매점 매석 부동산업으로 거액의 돈을 벌었다. 1940년 9월에 발간한 『삼천리』에 게재된 「우리 사회의 제내막」이란 글의 내용을 보면, 서울의 재산가들이 1년 동안 얼마만한 소득이 있었는가를 밝히고

---

32) 아가와로부터의 구입본은 종합도서관에 배가(配架)되기 전에 『조선본아천목록』에 기입된 것처럼 임시 남규문고(南葵文庫)에 치했다는 것은, 당시 도서관이 복구공사 중이었기 때문에 임시로 남규문고에 보관했다고 한다. 아가와문고본에는 내사기(內賜記)가 있는 것이 26부가 있는데 내사본(內賜本) 중에는 김병덕(金炳德), 김흥근(金興根), 김현근(金賢根), 이곤수(李崑秀), 이돈우(李敦宇), 화유옹주(和柔翁主), 박종호(朴宗鎬), 이승오(李承五), 이시수(李時秀), 홍희영(洪喜榮), 정모(鄭某), 이돈익(李敦翼) 등의 이름이 보인다고 한다.
그 서목은 『朝鮮文化研究』 第5號(東京大學文學部朝鮮文化研究室, 1998)에 실려 있다.

있다. 여기에서 장석구는 동덕여고 설립주며 저명한 대지주로 1년 동안 18만 원의 재산을 늘린 것으로 기술하고 있다. 당시 24만 원의 최창학이 1위이고 장석구는 4위를 기록하고 있다.

그는 막대한 재산을 가지고 해방 전후에 패전으로 하여 일본으로 가는 일인들로부터 헐값으로 엄청난 골동품을 모았다. 일제 강점기에는 좀처럼 볼 수 없었던 귀중품들이 해방이 되면서 봇물처럼 쏟아져 나왔다. 장석구는 이런 호기회에 골동수집을 하여 단 1, 2년 만에 힘 안들이고 다른 사람들이 10년, 20년 공들여 모을 수 있는 우수한 골동을 모을 수 있었다.[33]

특히 나이토 사다이치로内藤定一郎와 동양제계회사 사장 이토 마사오伊東慎雄의 수장품, 그리고 인천에서 정미업을 하던 거부 스즈시게鈴茂 등으로부터 일급 명품을 싼값으로 많이 사들였다. 보물로 지정된 아가와 시게로阿川重郎의 구장품인 '흑유백회당초문매병'도 해방 직전에 장석구가 구입하였다. 해방 이후 국보 372호로 지정되었다.

---

33) 李英燮의 회고담(「내가 걸어온 고미술계 30년」, 『월간문화재』, 월간문화재사, 1976년 10월)에는 다음과 같이 기술하고 있다.
그때 부동산업으로 거금을 가지고 있던 기지에 능한 張錫九 씨의 활동은 실로 볼만 했다. 동에 번쩍 서에 번쩍 하며 서울에 있던 일본인 골동 대수장가이며 본정(충무로) 입구에서 大阪屋號書店을 하던 거상 内藤貞一郎, 동양제사주식회사 사장 伊東慎雄, 인천에서 정미수를 하던 거부 鈴茂, 성환에서 목장을 하던 굴지의 골동 수집가 赤星 등 이름 있는 10여 명의 수장가들로부터 특수한 도자기를 골라가며 내낭 입수하여 골동계의 왕이라고 자처할 정도로 호화로운 수집을 하여 대수장가로 각광을 받게 되었다.

1948년 봄에 한국고미술협회[34] 주최로 남산초등학교 강당을 빌려 대경매회를 개최하였다. 이는 해방 후 골동 경매로서는 가장 규모가 컸던 것으로서 해방을 전후하여 일본인들이 수장하였던 무수한 귀중 미술품들이 한국인 골동상들에게 넘어가 경매가 이루어진 것이다. 특히 일제 때 한국 최고의 거부라 할 수 있는 광산왕 최창학과 장석구의 우수 도자기 수백 점이 출품된 호화 전시경매장이었다. 당시 장석구가 출품한 '조선백자진사연화문대환호'는 진사로서는 형태나 때깔 등으로 보아도 국내외를 막론하고 최고품으로 불렀다. 그런데 이 물건은 경매에서 가격은 알려지지 않았으나 임자를 만나지 못해 낙찰을 보지 못했다.

장석구는 이 전시 경매에서 큰 기대를 했던 것과는 달리 별 성과를 보지 못했다. 당시만 하여도 장석구는 경제적인 압박을 받고 있었다. 그가 경제적 압박을 받게 된 것은 토목공사에 뛰어들게 되면서이다. 장석구는 해방 후 신안조新安助라는 토목회사를 설립하여 각종 사업에 뛰어들었는데, 경험이 없는데다 수백 명이나 되는 노무자들의 노임을 제 때 주지 못하는 때가 잦아 경제적 압박을 받아 왔었다. 그가 자금을 만들 방법은 투자한 골동에서 마련할 수밖에는 다른 방법이 없었던 것이다. 그러나 혼란기에 그의 물건들을 비싼 가격으로 낙찰할 경제적으로 여유 있는 사람이 없었다.

경매에서 실망한 장석구는 그의 소장품을 국내에서 소화할 수 없다는

---

34) 한국고미술협회는 1946년 1월에 해방 전 경성미술구락부를 본 따 조직이 창설되었다. 충무로에 회관을 두고 처음에는 일요일 마다 미술공예품 교환회를 시작하여 후에 경매회를 가졌다. 이사장에는 한정수 부이사장에 강두영이 맡았다.
제1회 전시회는 협회 임시 회관이던 골동상 永野상점 건물 2층에서 이루어졌다. 출품된 물건들은 금속과 도자기 위주이고 금속으로는 일본인 청부업자 陳內가 소장하였던 것과 역시 같은 청부업자였던 橫田이 소장하였던 도자기가 주를 이루었다.

생각에 미치자 물건을 팔 장소로 미국과 일본을 택했다. 그로부터 수개월 후 자금이 급했던 장석구는 소장품 10여 점을 미국으로 반출하였다. 그 해(1948) 일본화 수 백 폭과 남산전시경매에 내놓았던 '조선진사포도문호'와 '청화백자매죽작문호', '조선백자철채호문호'등 10여 점을 일본으로 반출하였다. 그가 일본으로 반출한 것 중에는『세계도자전집』14권에 실려 있는 '조선백자철채호문호'(인천 스즈시게의 구장품)과 '조선청화백자매조문입호'(나이토의 구장품)가 있었다. 이 두 점은 보물급으로 1948년에 일본으로 밀반출하였다.

장석구는 한 때 경제적인 어려움에 직면하자 국보 372호를 비롯한 10여 점의 고미술품을 담보로 박태식이라는 사람에게 돈을 빌렸다. 장석구는 오래 동안 원금은 물론이고 이자도 갚지 않아 이 고미술품을 상당기간 박태식이 보관하고 있었다.[35]

1950년에《국보특별전시회》를 계획 중이던 국립중앙박물관에서는 국보 372호 흑유백회당초문 매병을 찾았다. 찾고 보니 실제로 갖고 있기는 박태식 씨였다. 박물관 측에서는 "국보이니 전시에 출품해 달라"고 하니, 장석구의 허가를 얻

국보특별전시회 광고
(『국도신문』1950년 4월 23일자)

35) 李英燮,「내가 걸어온 고미술계 30년」,『월간문화재』, 월간문화재사, 1976년 10월.

어야 한다고 하여 장씨의 허가를 받게 되었다. 그래서 1950년 4월 18일부터 5월 7일까지 국립박물관 주최로 개최한《국보특별전시회》에서는 '흑유백회당초문매병'(당시 국보 372호)이 박태식 명의로 출품되었다.

《국보특별전시회》가 끝나고 6 · 25 직전에 장석구는 일제강점기에 보물로 지정되었던 고려청자상감금채대접을 비롯한 보물급 문화재를 가지고 일본으로 건너갔다. 그 후 어떻게 된 것인지 1956년에 일본에 있던 장석구가 한국에 건너와 박태식에게 담보로 맡겼던 국보 372호를 포함한 10여 점을 찾아 일본으로 반출하였다. 이영섭은 다음과 같이 애석함을 표하고 있다.

> 사실 그 시절 일본 상인 보다도 우리나라 고미술계를 누구보다도 잘 아는 장석구 씨 같은 분은 마치 수륙양용탱크 같이 부산과 동경 사이를 수시로 왕래하고 있었다. 지금 생각해도 애석한 것은 우리나라에서 당당히 국보로 지정되어 있는 고려흑유백회당초문매병(일제 때 보물)을 1956년경 딴 골동품들과 같이 일본으로 밀반출해 갔다는 사실이다.
>
> 불법 반출이니 만치 우리나라 정부에서 응당 반환청구를 할 수 있을 것으로 믿는다. 만약 일본의 지정국보를 우리나라로 불법 반입한다면, 일본이 반환요구를 할 것은 당연한 일이 아닐까 지정보물에 대한 관리에 허점은 있었다 해도 이 문제는 피차 우호국 사이에 해결이 될 수 있는 문제라고 생각한다.[36]

---

36) 李英燮, 「내가 걸어온 고미술계 30년」, 『月刊文化財』 1976년 9월. 38~39.

1959년 문교부에서 발간한 『국보도록』에는 '서울 박태식 씨 소장'으로 하여 다음과 같이 해설하고 있다.

　　이러한 철채청자기류는 그 수가 매우 드물며 이 작품은 이 중에서도 뛰어난 작품이라 할 수 있다. 이에 유사한 작품 파편이 강진군 대구면 요지에서 발견되고 있는 것으로 보아 아마도 대구면요에서 생산된 것으로 보여 지나 출토지는 전해지지 않았으며 이 병은 원래 아가와 시게로阿川重郞가 소장하고 있던 것을 현소장자가 8 · 15 이래 이관 소장한 것이다.

　　해설에는 오류가 있다. 이미 국외로 반출되었는데도 불구하고 국내에 잔존하는 것으로 믿고 해설한 것으로 보인다. 해방 후 군정과정을 거쳐 민국 수립 후에도 보물 고적에 대해서는 1933년에 정한 '보물고적명승천연기념물보존령'을 답습하고 있을 뿐 이렇다할 법률이 제정되어 있지 않았다. 행정기구에 있어서도 문교부 문화국에서 주관이 되어 있으나 이

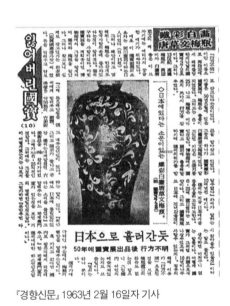

『경향신문』1963년 2월 16일자 기사

사무를 담담하고 있는 사무원이 2, 3인 밖에 되지 않았다.[37] 이런 혼란한

---

37)　『경향신문』1950년 3월 30일자.

해방 후의 국내정세를 틈타 초국보적인 문화재들이 해외로 유출되었다.

개인의 사리사욕을 위해 외국인의 손으로 문화 역사를 팔아먹는 용서치 못할 일들이 빈번하였다. 그 중에는 가장 대표적인 자가 해방 전후의 혼란기를 틈타 최고 골동 수장가로 변신한 장석구이다. 이후 장석구는 한국에 돌아오지 않았다. '흑유백회당초문매병'은 현재 아타카컬렉션에 들어가 있다.

6. 고려 화금청자

고려청자에서 고려인의 지혜를 돋보이게 하는 것이 상감기법이다. 이에 한 걸음 더 나아가 상감청자에 화금畵金을 한 것은 호화로움의 극치를 보여 주는 것이라 할 수 있다. 화금청자畵金靑瓷는 소성燒成된 순청자純靑瓷나 상감 청자象嵌靑瓷의 표면에 금니金泥로 문양을 장식한 청자이다. 이 청자는 대개 13세기 후반부터 상류사회의 기호를 위하여 생산되었던 것으로, 이에 대 한 기록은 『고려사』 열전 조인규전에 처음 보이고 있는데 다음과 같다.

조인규가 금칠로 그림을 그린 자기를 황제(원 세조)께 바친 일이 있었 는데, 세조가 묻기를, "금으로 그림을 그리는 것은 그릇이 견고해지 라고 하는 거냐?"라고 하였다.
조인규는 대답하기를, "다만 채색을 붙이려는 것뿐입니다"라고 하였 다. 또 묻기를, "그 금을 다시 쓸 수 있는냐?"라고 하였으므로, "자기란 것은 쉽게 깨어지는 것이므로 금도 역시 그에 따라서 파괴되고 맙니 다. 어찌 다시 쓸 수가 있겠습니까"라고 대답하였다.
세조가 그의 대답이 잘 되었다고 칭찬하며 "지금부터는 자기에다가

금으로 그림을 그리지 말고 진헌進獻하지도 말아라"하였다.[38]

이 기록은 조인규가 원나라에 화금청자를 진헌進獻했을 때 원 세조와 조인규의 문답 내용으로 당시 원의 세조는 "지금부터 화금치도 말고 진헌치도 말라"고 하였다. 그러나 이후에도 고려에서는 화금청자가 만들어졌다. 원 세조가 죽고 원의 성종이 즉위하자 화금청자를 다시 헌공獻貢하였으니 충렬왕 23년(1297) 1월 19일(음) 임오壬午에, "낭장郎將 황서여黃瑞如를 원나라에 보내어 금화옹기金畵甕器, 꿩 및 탐라도의 소고기를 바쳤다"[39]는 기록이 보인다.

화금청자의 발생에 대해서 고유섭은 고려 충렬왕 때로 보고 있으며, 충렬왕의 호사豪奢한 유락遊樂과 무관치 않은 것으로 보고 있다.[40] 화금청자가 언제까지 제작되었는지는 기록이 보이지 않고 있으며, 실물로 나타난 것은 너무나 희귀稀貴하다.

화금청자가 실물로 처음 출현한 것은 1933년 봄이다. 개성 만월대 가까이에 있는 인삼건조장의 개축공사 중에 발견되었다. 백토와 흑토로 상감을 하고 그 위에 금으로 칠하였는데 애석하게 파괴된 상태로 출토되었다. 상감의 대부분은 백토로 하고 흑토는 조금 사용하였는데 백토 상감문

---

38) 『高麗史』列傳, 卷第105, 趙仁規傳.

39) 『高麗史』世家, 卷第 31, 忠烈王 23年 1月 19日.

40) 高裕燮은 「畵金靑瓷와 香閣」에서, "화금청자의 발생은 충렬왕의 好遊好樂에 그 동기가 있는 것이니 충렬왕 세가 22년의 5월 경오년 조에 왕이 香閣壁上에 그려 있는 唐玄宗夜宴圖를 보시고 寡人이 비록 적은 나라 임금노릇을 할지언정 遊宴을 하자면 어찌 唐明皇에 미치지 못할까 보냐 하사 이로부터 매일같이 夜以繼日하여 奇巧淫伎가 無所不至하였다 한다. 물론 충렬왕의 遊樂은 이때 시작된 것은 아니오 그 도가 이로부터 넘었다는 것이지만 이러한 경향의 정치 하에서 화금청자와 같이 豪奢러운 것이 나왔다는 것은 容易히 首肯되는 바이다."라고 한다. (高裕燮, 「畵金靑瓷와 香閣」, 『文章』 文章社, 1939년 4월)

양 위에 금을 입힌 금화옹기라 할 수 있다. 이것을 발견한 자는 일본인 오카무라 시게로岡村茂郞란 자로 그가 한 동안 소장하고 있다가 1933년 8월에 개성부립박물관에 기증해옴에 따라 박물관에 진열하게 되었다.[41]

고유섭은 「개성박물관의 진품 해설」에서 다음과 같이 중요성과 희귀성을 설명하고 있다.

> 청자 그 자신이 유명한 것은 이미 말하였지만 그 중에도 유명한 것은 화금청자이다. 〈중략〉 청자 자신이 갖고 있는 찬란한 미가 벌써 현탈眩奪함이 있는데 순금니로써 다시 이것을 장식하였다면 상상만 하여도 그 형용이 어떠하겠는가. 〈중략〉 이곳에 진열된 이 파호의 출토로 말미암아 실물이 어떻다는 것을 알게 되고 기타의 유사한 물품의 성질이 속속 단명케 되었다. 지금 이 파호는 금이 완전치 못하나 여하간 이만치라도 보이는 실물이 항간에 없었으므로 진중진(珍中珍)이라 하겠다.[42]

1년 후인 1934년에 또 하나의 화금청자가 출현했다. 이를 입수한 자는 경성제대 법문학부 오쿠다이라 타케히코奧平武彦 교수이다.

오쿠다이라 타케히코는 1926년에 경성대학 조교수로 임명되어 법문학부에서 외교사를 강의하였다. 저서로는 『조선개국 교섭시말』이 있으며,

---

41) 奧平武彦, 「高麗の畫金磁器」, 『陶磁』제6권6호, 1934년 12월.
2012년 국립중앙박물관에서 개최한 '천하비색 고려청자전'에 전시되었는데, 설명서에 "1951년 기증, 개 106"으로 표시하고 있다. 개성박물과의 유물이 6·25 전에 서울로 소개되었으며, 그 후 '기증'이란 이름으로 국립중앙박물관에 소속되었는지는 모르나 일반인에게 혼란을 초래하고 있다.
42) 高裕燮, 「開城博物館의 珍品 解說」, 『朝光』, 朝鮮日報社, 1940년 6월.

청자상감화금수하원문편호(靑磁象嵌畵金樹下猿文
扁壺), 국립중앙박물관 소장
1956년에 일본에서 간행한『세계도자전집 13』에 도
판 104로 소개되어 있다. (원색사진 → p.378)

그의 전공이 외교사이지만 취미가 다양하여 도자기, 불상, 서화, 서책 등 다양하게 수집을 하였다.

오쿠다이라의 화금청자 입수 장면을 목격한 사람이 박병래朴秉來 박사다. 박병래는 1924년 경성의전을 졸업한 뒤 현 서울대학부속병원의 전신인 조선총독부 병원에 근무, 경성대학부속병원의 내과학 교실 부수·조수를 거쳐 1936년 성모병원을 창설하기도 했다. 박병래는 골동관계로 인하여 오쿠다이라와도 친분이 있었다고 한다. 1934년 어느 날 박병래가 평소와 같이 골동상점에 갔더니, 마침 오쿠다이라가 물건을 흥정하다 말고 입을 벌리지 말라는 시늉으로 "쉬 쉬"하길래, 알고 보니 대단한 물건을 사가지고 나가는 것이라고 한다. 박병래는『도자여적陶磁餘滴』에서 다음과 같이 회고하고 있다.

오평 교수와는 나도 간혹 접촉이 있었다. 대개 우리 의과계통 사람들과 법과선생들과는 그리 빈번한 왕래가 없어 가령 법문학부의 등총린이 추사를 연구한다든지 하는 정도만 알고 먼발치에서 경원하는 처지였다. 그랬건만 오평 교수와는 골동을 같이 산 일도 있다. 그는 좀 키가 크고 멋없이 싱거워 보이는 사람이었다.

한 번은 골동상에 갔더니 오평 교수가 물건을 흥정하다 말고 입을 벌

리지 말라는 시늉으로『쉬쉬』하길래 알고 보니 과연 대단한 물건을
사 가지고 나가는 것이었다. 다름이 아니라 금니 즉 금박을 넣은 고
려청자사발을 사 가지고 나가는 것이었다. 가격도 파격적이어서 40
원이었다.

이 물건은 내력을 알고 보면 실로 대단하다. 하도 사치를 극한 물건
이기 때문에『고려사』에 나올 정도다.〈중략〉

그러한 물건을 샀으니 오평 교수도 상당히 흥분하지 않을 수 없었던
것이다. 아마도 그는 그것을 차완으로 쓰려했던 것 같다. 얼마 후에
나도 그와 똑같은 금니가 든 술잔 즉 국배 하나를 사게 되었는데 오
평의 것이 월매를 그린 사발인데 비해 내 것은 그저 아담한 술잔이었
다. 나는 다른 골동상에서 그것을 10원주고 샀다. 물론 오평이 내가
그 술잔을 산 사실은 알 턱이 없다.

하지만 나의 추측으로는 오평의 밥사발과 나의 술잔이 필경 한 쌍일
것이라고 볼 수밖에 없었다. 적어도 그것을 만든 도공이 같은 사람은
아니더라도 전세품이나 출토품인 경우 같이 한 쌍으로 묻어 다니다
가 세상의 햇빛을 본 것임에 틀림없다. 물론 오평 교수는 모르는 것
이지만 내가 그 사실을 알고 있는 한 역시 이것도 한 인연이 아니었나
하고 생각하는 터이다.[43]

　　화금청자의 귀함을 누구보다도 잘 알고 있는 오쿠다이라의 앞에 화금
청자사발 하나가 나타났으니 감격하지 않을 수 없었던 것이다. 이를 흥정
하던 차 박병래가 들어오니 도자기를 잘 아는 박병래가 혹여 화금청자의

---

43)　朴秉來,『陶磁餘滴』中央日報社, 1974.

오쿠다이라 소장 화금청자
(『도자』 6권6호, 口繪 제2 所載)

귀함을 발설이라도 하는 날에는 홍정이 무산이 되는 일이었다. 박병래에게 발설하지 못하게 하고 홍정을 마친 오쿠다이라는 화금청자사발을 품에 안고 가버렸다.

화금청자를 입수한 오쿠다이라는 1934년 12월에 『도자』 제6권 6호에 「고려의 화금자기」란 제목으로 처음 세상에 공개했다. 오쿠다이라는 화금청자에 대해 "고려청자기의 왕자王者의 지위"에 있다고 하며, 개성박물관 소장의 금채원후도과문편호金彩猿猴桃果文扁壺와 오쿠다이라 자신의 소장 금채매월쌍봉문발金彩梅月双鳳文鉢에 대해 소개하였다.

개성박물관의 금채원후도과문편호金彩猿猴桃果文扁壺는 일부 결실되었으나 수려한 상감문양 위에 다시 찬란한 금채를 칠한 절품이다. 오쿠다이라 소장의 금채매월쌍봉문발은 1934년 강화도로부터 출토된 것으로 전한다. 입 주변에 음각의 당초문을 두르고 아래쪽에 금채로 쌍봉문을 한 것이다. 금은 많이 떨어져 나가고 그 흔적이 남아 있다. 외면에는 금채로 매화와 달의 문양을 했다. 비록 화금 자체는 많이 남아 있지 않으나 완전한 것이다.44

고야마 후지오小山富士夫가 오쿠다이라의 연구실을 방문했을 때의 모습

---

44) 奥平武彦, 「高麗の畵金磁器」, 『陶磁』 제6권 6호, 1934년 12월; 小山富士夫, 「高麗の古陶磁」, 『陶磁講座』 年代未詳, pp. 33~34; 『陶磁』 제8권 제3호, 東洋陶磁研究所, 1936년 6월.

을 보면, 연구실에는 천정에 닿을 정도로 벽면전체에 책들을 쌓아 놓은 연구실, 최근에 입수한 분원分院의 고기록, 각종의 화각장畵角張을 연구실에 두었다. 개성 출토의 용천요의 '하빈유범'명청자발河濱遺範銘靑磁鉢을 비롯한 각종 도자기를 배관했다고 한다.[45]

1932년 10월에는 경성대에서 개최한 《조선고지도전관》에 『여지도』 1책, 조선 각도도, 중국도, 천하도, 일본국도 등 12매로 묶은 『조선지도첩』 1책, 조선 각도도 10매로 묶은 『조선지도첩』 등을 출품하기도 하였다.[46]

특히 도자기 부분에는 상당한 연구가 있어[47] 높은 안목을 가지고 있었다. 심지어는 자료적 가치가 높은 도자기 파편까지 수집하여 대학 연구실에 상당수를 진열하기도 하였다.[48] 1934년에 간행한 『도자』 6권 4호에는 오쿠다이라의 소장품으로 조선 초기의 고분에서 출토된 것으로 추정되는 '청화백자산수인물문병'과 '청화백자마상배'가 도판으로 소개되어 있다.

오쿠다이라는 해방 전인 1943년 5월에 한국에서 졸하였다.[49] 그가 소장하였던 많은 한국 고미술품과 서적들은 한국 땅에서 매각된 기록이 보이

---

45) 小山富士夫, 「朝鮮の旅」, 『陶磁』 제11권 2호, 1939년 7월.

46) 靑丘學會, 「朝鮮古地圖展觀」, 『靑丘學叢』 제10호, 靑丘學會, 1932년 11월.

47) 그는 『陶磁』에 「朝鮮靑華白磁考」(『陶磁』6-4), 「朝鮮出土의 支那陶磁器 雜見」(『陶磁』9-2), 「高麗의 畵金磁器」(『陶磁』6-6) 등을 발표하기도 하였다.

48) 小山富士夫, 「朝鮮の旅」, 『陶磁』 제11권 2호, 東洋陶磁研究所, 1939년 7월.

49) 『매일신보』 1943년 5월 27일자에는 다음과 같은 기사가 있다.
성대 법문학부 부교수 오쿠다이라(奧平茂彦) 씨는 장질부사로 인하여 동 대학부속병원 이토내과(伊藤內科)에 입원 가료 중이었던바 26일 오전 서거하였다. 향년 44세이며 고별식은 오는 28일 부내 청엽정 자택에서 집행하기로 되었는데 집에는 그 부인과 2남 1녀의 3남매가 있다. 오쿠다이라 씨의 약력은 다음과 같다.
명치 33년 8월 5일 출생으로 대정 13년 4월에 동대 법학부 정치학과를 졸업하고 동 15년 8월에 성대 법문학부 조교수에 임명되었다. 소화 3년 2월에 外交史를 연구하고자 영국, 블란서, 독일, 미국으로 두루 돌아서 동 5년 2월에 귀임, 동 7년 7월에 교수로 임명되었던 것이다.

지 않은 것으로 보아 유족들이 일본으로 돌아가면서 모두 가져간 것으로 추정된다. 화금청자완 역시 함께 반출되어 일본 어디엔가 비장되어 있을 것이다.

1941년에 또 한 점의 귀중한 화금청자가 이희섭의 문명상회를 통해 일본으로 건너갔다. 문명상회는 1941년 11월 18일부터 11월 23일까지 도쿄 한복판의 다카시마야高島屋백화점에 엄청난 규모의 진열실을 마련하고 제7회《조선공예전람회》를 개최하였다.

이 도록을 보면, 도판46으로 게재한 '정요흑유금화문잔定窯黑釉金花文盞'으로 도판 해설에는 "이는 김덕영金惠永 씨 구장舊藏의 황해도 용매도에서 출토된 것으로서, 백자병과 함께 천하의 대명품이며, 세계에 유례가 없는 명품"이라고 한다. 또 "이 같은 것은 현재 알려진 것은 6, 7점에 지나지 않지만 이것은 그 중에서도 특히 뛰어난 것으로, 흠이 없는 물품이라 해도 무방하다."이란 설명이 있다. 또 "흑정금화문잔黑定金花文盞의 숭고한 아름다운 모습은 세계 도자 최고의 아경雅境을 이끌어가는 것이며, 도자 취미의 극점極點을 보여 준다고 할 수 있다."고 극찬하고 있다. 애석하게도 금화문은 그 흔적만 남아있는 정도라고 한다. 또 도판 해설의 말미에 "(『도기도록陶器圖錄』제7권 지나편支那編 상上 所載)"라고 표시하고 있다.[50] 『도기도록』제7권 지나편상은 1938년경에 출판, 따라서 1937년까지는 김덕영이 소장하고 있던 것으로 그 후 문명상회로 넘어간 것으로 보인다.

김덕영金惠永은 상당수의 고려자기를 비롯한 서화골동을 수장하였다. 1938년 개최한 조선명보전람회에는 심사정의 '황취박토도荒鷲博兎圖'를 출품하여『매일신보』1938년 11월 5일자에는 '황취박토도'가 게재되어 있다.

---

50) 久志卓眞 編,『朝鮮名陶圖鑑』, 文明商店, 1941.

노모리 겐野守健의『고려자기의 연구』에는 '청자상감만년황제명그릇'이 도판으로 실려 있으며, 쿠시 다쿠마久志卓眞의『조선명감도감』에도 김덕영 소장의 황해도 용매도 출토 '고려백자병'과 '흑유금화문잔'이 실려 있다.『조선명감도감』에 실려 있는 이 두 가지는 이희섭의 문명상회에 의해 일본으로 반출되었다.

고유섭은 화금청자의 실물에 대해 다음과 같이 설명한다.

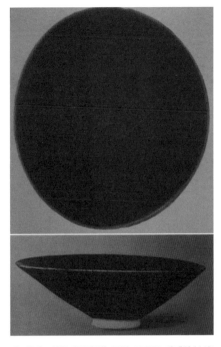

제7회《조선공예전람회》도판 46으로 게재한 '定窯黑釉金花文盞'

화금청자란 보통 상감청자의 유리釉裏에 금니金泥로 장식을 한 것인데 현재 개성박물관에 진열되어 있는 파호破壺에서 가장 잘 그 실적을 볼 수 있다. 이것은 상감된 주제 위에 선묘線描로 윤곽을 잡고 있으나 상감이 없어 공소空疎한 감을 느끼는 부분에는 이것을 따로 그려서 보충하고 있다.

오쿠다이라奧平武彦 씨 소장인 청자완靑瓷鋺에는 전혀 상감이 없는 곳에 봉황을 그리고 매화에 달이 그려 있다. 이것은 금니가 전부 탈락되어 그 흔적만 남은 것이지만 이러한 화금청자의 류類는 이왕가컬렉션에 3점이 있고 카키타 노리노柿田憲男 씨에게도 운학문청자병雲鶴文瓷甁이 1점 있다고 하나 이것은 미상未詳이다. 필자는 개성에서 수년 전 국상감菊象嵌의 통완筒碗에 금니가 남은 것을 1점 보았으나 지금 그

소재를 잊었다. 현재 수많은 청자 중에서 화금畫金이 있는 것은 5, 6점
에 불과하다.[51]

고야마 후지오小山富士夫에 의하면, 개성박물관과 오쿠다이라 소장의 화
금청자 외에도 "1936년 부산재주의 카키타 노리노柿田憲男가 금채운학문청
자병金彩雲鶴文青磁瓶을 입수했다고 전한다. 금일에 알려진 것은 이같이 3점
뿐이다. 그리고 경성의 아마이케 시게타로天池茂太郎의 말에 우연히 화금청
자를 목격했다고 하나 필자는 자세하게 듣지 못했다."라고 하고 있다.[52]

카키타 노리노는 부산 서정 4정목(현 부산광역시 중구 신창동 4가) 상업회의
소 앞에 구하당九霞堂이라는 골동상점을 운영하였는데, 경성미술구락부의
경매회에 세화인(중계인)으로 활발하게 활동했다. 아마이케 시게타로는
당시 명치정明治町(현 명동)에 큰 골동상점을 열고 전국의 도굴품들을 거래
한 당대 최대의 장물아비이다.[53] 경성미술구락부 경매회에 세화인으로 활
동했으며, 우리 문화재를 일본으로 반출하는데 앞장선 자이다.

이상을 종합해보면 화금청자는 개성박물관에 1점, 이왕가미술관에 3
점, 오쿠다이라 소장 1점, 카키타 노리노 소장 1점, 박병래 소장 1점, 고유
섭이 목격했다는 국상감菊象嵌의 통완筒碗 1점, 아마이케가 목격했다는 것
1점 문명상회를 통해 반출된 것 1점 등으로 대략 9~10점이 있었던 것으로
보인다. 그러나 대부분은 금니가 탈락하여 3~4점은 금니를 확인하기 힘
든 것으로 추정된다.

---

51) 高裕燮, 「靑瓷의 種類」, 『고유섭전집 4』, 通文館, 1993, pp. 39~40.
52) 小山富士夫, 「高麗の古陶磁」, 『陶磁講座』 年代未詳,
53) 國分弘二, 『大正12年京城商工名錄』, 京城商工會議所, 1923, p. 237.

7. 청자구룡정병

2012년 10월 16일부터 12월 16일까지 국립중앙박물관에서 개최한 《천하제일 비색청자전》에서 관람자들의 시선을 모은 청자정병이 있었다. 이는 일본 야마토분카칸大和文華館에서 빌려온 청자구룡정병靑磁九龍淨甁이다. 정병이란 사찰에서 불교의식을 행할 때 사용하는 깨끗한 물(정수淨水)을 담는 수병이다.

야마토문화관에서 출품한 청자구룡정병은 불교의 설화 중에 석가모니가 탄생할 때 아홉 마리의 용이 물을 뿜어 목욕을 시켰다는 구룡토수九龍吐水에 등장하는 용이 파도 속을 헤치고 솟음 치는 모습을 형상화 하고 있다. 정병의 몸체부분은 양각과 음각으로 파도 속에 묻혀 꿈틀거리는 구룡의 모습을 저부조로 표현하고 있다. 정병의 몸체 위로 올라가면서 아홉 마리의 용머리 하나하나는 강인하게 위로 솟구치고 있다. 이 같은 특이한 정병은 오직 이 하나 밖에 없는 것으로 일본 중요 문화재로 지정되어 있다.

이 청자구룡정병이 일반인에게 처음 공개된 것은 1938년 《제실박물관부흥개관기념진열도자기전람회》때다. 1938년 11월 제실박물관(도쿄국립박물관 전시)에서는 관동대지진의 15주년을 맞아 전국의 사사, 박물관, 개인들이 비장하고 있는 명품 도자기들을 수집 동원하여 대규묘의 전람회

청자구룡정병(大和文華館 소장)(원색사진 → p.379)

를 가졌다. 이때 일본인들의 소장품 중에 한국에서 반출한 우수한 고려청자 일부가 전시되었다. 그 중에는 오구라 다케노스케小倉武之助가 소장한 청자구룡정병은 '고려청자구룡철기문수병高麗青磁九龍凸起文水瓶'이란 이름으로 전시되어 주목을 받았었다.[54]

오구라 다케노스케는 해방 전 일본에서 자신의 소장품을 중심으로 학계에 공개했다. 1941년 5월 4일 제46회 일본고고학회 총회 때 도쿄의 그의 사저에서 전시회를 가졌다. 이 때 공개했던 「소창무지조소장품전관목록」[55]을 보면 300여 점이 진열되었는데, 이때 청자구룡정병은 '청자구룡수병青瓷九龍水瓶'이라는 이름으로 함께 공개하였다.

그러나 그 후 언제인지 명확하지 않으나 오구라의 손을 떠나 야마토분카칸大和文華館의 소유로 넘어갔다. 일본 중요미술품으로 지정된 이 청자구룡정병은 다른 청자와 비견할 수 없는 명품 중의 명품이다.

『도자강좌8, 조선』(雄山閣, 1971)에는 제4도 '청자구룡정병, 야마토분카칸大和文華館 소장'으로 나와 있다. 『야마토분카칸소장품도판목록』(大和文

---

54) 「帝室博物館復興開館記念陳列陶磁器品目」, 『陶磁』 제10권 제5호, 東洋陶磁研究所, 1938년 12월.

55) 「小倉武之助所藏品展觀目錄」, 『考古學雜誌』 제32권 제8호, 1941년 8월.

華館, 1994)에는 '전라남도 강진군 출토'라 하고 "전라남도 강진군의 분묘에서 승반과 함께 출토되었다"고 하는데, 승반의 행방은 알 수 없다. 고려자기의 우수한 명품들이 강진에서 만들어졌으나, 대부분 개성, 강화도 일대에서 출토되었는데 이같이 완전한 형태가 강진의 분묘에서 나왔다는 것은 극히 드문 일이라 할 수 있다.

8. 고려백자양각연판칠릉향로

　문명상회의 제6회 《조선공예전람회》는 1939년 11월 24일부터 30일까지 조선공예연구회의 주최와 조선총독부 후원으로 오사카의 다카시마야高島屋 백화점에서 개최하였다. 당시 제6회 《조선공예전람회도록》에는 목록번호 2141부터는 목록에서 생략하고 있어 대략 2,500여 점이 출품되었다.

고려백자양각연판칠릉향로(高麗白磁陽刻蓮瓣七稜香爐)와 희종7년명 묘지(『조선총독부 후원 조선고미술공예전람회』)

도록 표지 및 홍보물(국립중앙박물관 기증자료실 자료)

조선공예연구회에서 발행한『조선총독부 후원 조선고미술공예전람회』
도록에는 조선총독 미나미 지로南次郎의 제자 '내선일체內鮮一體', 조선정무
총감 오오노大野의 '온고지신溫故知新', 귀족원의원 네즈 가이치로根津嘉一郎의
'복수福壽' 등의 휘호가 실려 있다. 여기에는 일본왕의 감상일까지 지정하
고 있다. 도록에는 오사카미술관의 고바야시小林의 글이 실려 있고 약사사
관주貫主의「조선미술의 가치」란 글이 실려 있는데, "조선의 미술공예는 아
국(일본)의 모태적 존재이다"라 하고 있다.

『조선총독부 후원 조선미술공예전람회도록』에는 도판 1로 실린 '고려
백자양각연판칠릉향로高麗白磁陽刻蓮瓣七稜香爐'는 비명碑銘과 함께 나온 것으
로 비명도 함께 도판으로 실려 있다. 그 비문에 '희종7년熙宗七年'이라는 시
년諡年이 있어 1211년에 제작한 것임을 알 수 있다. 도록의 해설에서 "현재
고려백자가 조선 내에서 제작된 것을 부정하는 일부 설을 불식"시킨 예로
들고 있다. '희종칠년'명의 묘지墓誌에는 "인물명, 관직명, 이력 등이 기록
되어 있다"고 하는데, 해설에는 하나도 밝히지 않고 있어 누구의 무덤에
서 나온 것인지는 알 수 없다.

고려백자양각연판칠릉향로를 처음 소장했던 사람은 경성상업회의소

회두이자 경성미술구락부 2대 사장 와타나베 사다이치로渡邊定一郞이다. 와타나베는 1913년에 한국에 건너와 황해도 천좌농장의 지배인으로 있다가 1918년에 황해사라는 회사의 토목부장, 경성요업주식회사 감사역, 경성토목건축협회 상담역을 하였다.[56]

와타나베는 다양한 한국 고미술품을 수집하였는데 그가 소장하였던 일부의 미술품은 1935년 3월 1일부터 3일까지 경성미술구락부에서《도변가어소장품매립》회를 열어 경매 처분하였다. 『도변가어소장품매립』도록을 보면, 서화, 불상, 고려자기, 분청사기, 조선백자, 기타 총457점이 수록되어 있다. 이때 '고려백자칠각향로高麗白磁七角高香爐'란 이름으로 도판 100번으로 게재되었다.

그 중에서 도판 100번인 고려백자칠각고향로高麗白磁七角高香爐는 3,500원, 계룡산회삼도덕리鷄龍山繪三島德利는 8백원, 신라시대 관음상은 2천원에

『도변가어소장품매립』도판

---

56) 『京城市民名鑑』, 朝鮮中央經濟會, 1922.; 井上收, 『人の面影』, 朝鮮及滿洲人社, 1926.

《도변가어소장품매립》 회장 준비 모습(『조선신문』 1935년 2월 28일자)

낙찰되었다고 한다.[57] 석조물까지 출품을 했는데 도판에는 유일하게 도판 188번으로 조선석조대호朝鮮石彫大虎 한 쌍이 실려 있는데, 3월 3일에 간송 전형필이 거간 심보新保를 시켜 1,200원에 낙찰시켰다.[58]

그의 소장품은 이같이 상당수가 한국에서 흩어졌지만, 그 중 일부는 문명상회를 통하여 일본으로 건너가 판매되었다. 1935년 3월에 경성미술구락부에서 열린 경매에서 문명상회 이희섭에게 바로 넘어 갔는지 아니면 중간에 다른 사람을 거쳤는지는 알 수 없으나, 문명상회의 제6회 '조선미술공예품전람회'의 도판 1번으로 '고려백자양각연판칠릉향로高麗白磁陽刻蓮

57) 『陶磁』제7권 제1호, 東洋陶磁硏究所, 1935년 10일.
58) 崔完秀, 「澗松이 葆華閣을 設立하던 이야기」, 『澗松文華』 55, 1998.

조선석조대호(朝鮮石彫大虎) 한 쌍(간송미술관 소장)

白磁陽刻七稜香爐'라 게재한 것이 바로 이것이다. 고려백자양각연판칠릉향로와 희종7년명 묘지는 문명상회의 제6회 조선공예품전람회 이후 그 행방에 대해 알려진 것이 없다.

9. 청자기린형뚜껑향로

태평성대에 나타난다는 전설 속의 기린을 형상화한 뚜껑을 가진 우수한 청자향로가 국립중앙박물관, 간송미술관, 일본의 오사카동양도자미술관에 소장되어 있다. 이들은 고려청자의 전성기인 12세기에 만들어진 것으로 그 모습이 거의 흡사하게 제작되었다. 기본적으로 향을 피우는 몸체와 전설 속의 동물인 기린이 웅크린 모습을 한 뚜껑으로 이루어져, 향을 피우고 뚜껑을 닫으면 벌린 기린의 입으로 향이 품어 나오도록 제작되었다.

향로의 몸체를 받치는 3개의 다리는 동물의 안면을 표현하고 몸체에는 구름무늬가 음각되어 있다. 뚜껑부분은 기린이 대 위에 웅크리고 앉아 고개를 뒤로 돌려 멀리를 응시하고 있는 자세를 취하고 있는데, 대에 해당하는 옆면에는 번개문이 연속적으로 음각

청자기린형뚜껑향로(靑磁麒麟蓋香爐) 국립중앙박물관 소장 (원색사진 → p.379)

되었다.

국립중앙박물관 소장의 청자
기린형뚜껑향로는『조선고적도
보』8책에 도판 3466으로 실려 있
다. 그 소장처를 '이왕가박물관'으
로 기록하고 있는 점으로 보아 이
왕가박물관이 덕수궁으로 옮기기
전인 창경궁 시대에 수집한 것임
을 알 수 있다.

간송미술관 소장의 향로는 기린
머리의 뿔이 뒤로 휘어져 있으나
부러져 손상되었으며 일부 약간의

청자기린형뚜껑향로(국보 65호), 간송미술관 소장
(원색사진 → p.379)

홈집이 있으나 국립중앙박물관 소장품에 비해 좀 더 정교하고 고려청자의
비색이 잘 나타나 있어 국보로 지정되었다.

1930년대 초반에 일본 유학에서 돌아온 간송 전형필은 민족적 자존만
은 지켜야 한다는 위창 오세창을 비롯한 여러 선각자들의 영향을 받아 고
미술품 수집에 모든 것을 쏟아 붓게 된다. 국보 65호 향로는 간송 전형필
이 1937년에 일본재주의 영국인 존 개스비로부터 사들인 고려청자 중의
하나로 "간송이 전 재산을 팔아 문화재를 수집했다"는 이야기의 대표적
사례이기도 하다.

존 개스비는 영국 귀족 출신으로 25세 때 일본으로 건너가 변호사 활동
을 하였다. 그가 일본에서 처음 재주했던 시기는 고려 분묘에서 도굴된
우수한 고려자기가 일본에 건너가 활발하게 거래가 되던 때였다. 개스비
는 도쿄의 골동가를 지나면서 우연히 골동에 관심을 갖게 되었는데 그의

관심을 끈 것은 고려자기였다. 이후 고려청자에 대한 애정과 탁월한 안목으로 수집을 하였으며, 그 수는 적으나 가장 우수한 고려자기를 엄선하여 수집했다.

1936년 말, 일본의 징세에 전운이 감돌기 시작했다. 개스비는 본국으로의 귀국을 결심하게 된다. 1937년 초에 그가 일본을 떠나 영국으로 돌아가기 위해 수집한 골동을 매각한다는 전갈이 간송에게 전달되었다. 간송은 이미 개인으로는 최고의 수집가로 변신해 있었으며, 그의 주변에 중간 거간을 통한 정보망이 있어 골동계의 소식은 수시로 파악할 수 있었다.

간송은 개스비컬렉션의 고려자기를 매수하기 위해 1937년 3월 도쿄로 건너가 개스비의 집을 방문하였다. 개스비가 그의 수집품을 몽땅 내 준 데에는 가격만이 아니었을 것이다. 젊은 간송의 문화재 수집의 열정이 바로 민족자존 회복의 발로라는데 감동을 받았을 것으로 보인다.

개스비도 그가 아끼던 애장품을 내놓으면서 무척이나 섭섭한 마음이라, 마지막으로 간송은 "오랫동안 애장하셨던 수집품들과 헤어지게 되니 섭섭하시겠습니다. 고려자기가 보고 싶거든 언제든지 오십시오."라고 했다고 한다. 간송이 개스비컬렉션을 매입하는데 든 비용은 40만원(당시 기와집 400채 값)으로, 이를 마련하기 위해 대대로 내려오던 땅 만 마지기를 팔았다고 한다.

간송이 개스비로부터 매입한 것은 국보로 지정된 청자기린형뚜껑향로(국보 65호), 청자상감연지원앙문정병(국보 66호), 청자오리형연적(국보 74호), 청자모자원숭이모양연적(국보 270호) 등과 고려백자박산형향로(보물 238호)를 비롯한 현재 보물로 지정된 5점을 비롯한 총 20점이다. 이 중 고려백자박산형향로(보물 238호)와 청자연지원앙문정병(국보 66호)은 조선총독부 고등법원장 요코다 고로橫田五郎가 소장했던 것이다. 『조선고적도보』

8책에 도판 3535와 도판 3594로 소장자는 "요코다 고로橫田五郎 씨장氏藏"으로 실려 있다.

요코다는 1898년에 동경제국대학 법과대학을 졸업 한 후 도쿄재판소에 근무하다가 1919년 조선총독부 법무국장에 임명되어 한국에 건너왔다. 한국에 있는 동안 한국 고미술품을 다양하게 수집을 하였다. 1932년 11월에 경성미술구락부에서 요코다의 소장품을 전시 경매를 하였는데 220여 점으로 고려자기가 단연 많은 양을 차지하였다. 하지만 당시의 경매도록 『횡전가어소장품입찰목록』에는 청자연지원앙문정병(국보 66호)과 고려백자박산형향로(보물 238호)가 포함되지 않은 것으로 보아 1932년 이전에 일본으로 건너간 것으로 보인다.

청자기린형뚜껑향로(국보 65호)를 처음 소장했던 자는 아유카이 후사노신鮎貝房之進이다. 『조선고적도보』 8책에 도판 3467 "아유카이 후사노신鮎貝房之進 씨장氏藏"으로 실려 있다. 아유카이는 청일전쟁 당시부터 고려청자를 수집했기 때문에 당시 도굴품으로 시중에 나온 우수한 고려자기를 많이 수집할 수 있었다.

아유카이의 수집품 중 상당수의 도자기는 1926년에 미쓰이三井물산주식회사에서 매입했다. 이것은 다시 1931년 10월 26일에 미쓰이물산주식회사 사장으로부터 총 199점이 조선총독부박물관에 기증되었고, 이는 개성부립박물관에 진열되었다. 1926년에 미쓰이물산에서 아유카이로부터 매입한 수집품은 목록이 보이지 않아 정확히 알 수 없다. 그러나 『조선고적도보』 8책이 1928년 3월에 발행한 점으로 보면, 청자기린형뚜껑향로(국보 65호)는 1928년 이후 존 개스비의 손에 들어갔음을 짐작된다. 이것을 다시 1937년에 간송이 매입하여 고국으로 돌아오게 된 것이다.

간송 수집에 반해 일본으로 반출된 청자기린형뚜껑향로 1점이 있다.

『아타카安宅컬렉션 동양도자명품도록 고려편』(日本經濟新聞社, 1980)에 도판 188로 실린 청자기린형뚜껑향로이다.

이 향로는 파손된 곳이 없는 완전한 것으로, 이희섭이 도쿄 다카시마야高島屋백화점에서 개최한 문명상회의 제7회《조선공예전람회》(1941년 11월 18일~11월 23일)에 출품하여 아타카컬렉션에 들어간 것이다. 이 향로의 처음 경로는

청자기린형뚜껑향로, 오사카동양도자미술관 소장 (아타카컬렉션)

분명치 않으나 상당기간 이를 소장한 사람은 고경당 이병직이다.

이병직은 세습적으로 궁중의 내시로 입시하였으며 고종을 모셨다고 한다. 누대로 엄청난 부를 누린 3천석 지기의 대지주이기도 하다. 일찍이 해강 김규진의 문하에서 서예와 사군자를 배워 일가를 이루었으며,[59] 「고려미술회」의 동양화 지도교사로 활동하기도 하였다.[60] 또한 서화 골동에도 눈이 밝아 1910년대부터 우수한 것을 많이 수집하였다. 간송을 제외하면 해방이

---

59) 海岡 金圭鎭은 1915년 7월에 회장에 김윤식, 부회장에 조중응으로 하여 「海岡書畵研究會」발족시켰다. 귀족과 서화에 뜻있는 사람의 아들들을 받아들여 지도하였다. 지도과목은 서법과 화법이다. 3년 과정을 마치고 제1회 졸업을 한 사람은 일본인까지 합쳐 19명이다. 사군자와 서예로 일가를 이룬 송은 이병직은 이규원과 함께 1회 졸업생이다. 그 후배로는 고암 이응노, 강신문 등이 있다.

60) 「高麗美術會」는 1923년 9월에 젊은 서양화가들이 그룹을 결성하였다. 同人으로는 김석영, 나혜석, 백남순, 이재순, 이숙종, 강진구, 정규익 등이었다. 그러나 후에 동양화들을 영입하여 미술연구소를 운영하였다. 연구소의 지도교사로는 동양화에 김은호와 이병직이 맡았고, 서양화는 강진구와 이재순 등이 맡았다.

『부내 고경당 이병직가 서화골동품 매립목록』 도록(1937)

전에 개인으로는 가장 많은 골동을 소장했다.[61] 이병직은 1937년, 1941년, 1950년 세 차례에 걸쳐 자신의 수집품을 경매장에 내놓아 처분했다.

이병직의 소장품 중 청자기린형뚜껑향로는 1937년 3월 26~28일에 경성미술구락부에서 열린 《부내 고경당 이병직가 서화골동품 경매회》 때 출품되어 그의 품을 떠나게 되었다. 『고경당 이병직가 서화골동품 매립목록』에 의하면, 경매장에 내놓은 출품수는 총 429점이라는 엄청난 숫자이다. 이 속에는 『조선고적도보』에 게재된 것도 7점이나 출품되었다. 경매도록의 표지에는 청자기린형뚜껑향로를 대표적 출품작으로 그 사진을 실

---

61) 그는 평소 서재의 4면에 좋아하는 서화를 걸어 놓고 책상 옆에는 아담한 소나무분재를 놓고 책 읽기를 좋아했다고 한다. 그리고 서재의 정면에는 '고경당(古經堂)'추사의 액자를 걸어 놓았다고 한다. '고경당'이란 글씨는 이병직이 가장 좋아하는 글씨로 그 전아하고 우미한 필치에 감복하였다고 하며, 너무나 아낀 나머지 자기의 집을 고경당이라 한 것은 바로 이 글씨에 감복한 탓이라고 한다. 『조선고적도보』 제14책, 15책에는 이병직 소장품이 여러 점 실려 있다.

고 목록에는 청자기린형뚜껑향로를 도판 101로 게재하고 있다. 이 향로
는 어느새 이희섭에게 넘어간 후 1941년 제7회《조선공예전람회》도록에
는 도판 5로 실려 있다. 아타카컬렉션에 들어간 것은 바로 이때였다.

10. 청자상감죽학문매병

1970년 10월 7일부터 11월 29일까지 도쿄국립박물관에서 《동양도자기전》이 열렸다. 중국도자기 150점, 한국도자기 50점, 일본도자기 132점이 출품되었는데 각 나라를 대표하는 최우수품이 한 자리에 모여 동양도자기의 정수를 보여주는 전람회라 할 수 있다. 당시 일본은 물론이고 영국 데이키드재단 빅토리아 앨버트박물관, 프랑스 기메박물관 등이 참여했으며 한국에서는 청자압형수적(국보 73호, 간송미술관 소장), 청자상감운학문매병(국보 68호, 간송미술관 소장), 청자상감모란문호(국보 98호, 국립중앙박물관 소장), 백자상감모란문병(보물 345호, 국립중앙박물관 소장)을 비롯한 최우수품 12점을 출품했다.

고려청자상감죽학문매병(高麗靑磁象嵌竹鶴文梅瓶), 오사카시립동양도자미술관 소장
문명상회 《제7회 조선공예전람회》 도판 218로 게재

이 전시회는 한국, 중국, 일본을 대표하는 명도자가 도쿄국립박물관 1층 전체를 차지한 7개실에 전시되었다. 개막식 날부터 일본 각계 신문들이 대서특필하여 보도하였으며, 각 미술지에 이어 『예술신조』 11월호에는 출품 도자기 중에서 베스트 12를 골라 호화판 화보를 싣고 있는데 그 중 4점이 한국 도자기였다.

최순우는 "이번 한국에서 출품한 작품 중에서 고 전형필 씨 수집 청자상감운학문매병은 현존하는 고려상감청자 중에서도 대표작의 위치를 과시해 주었으며, 이병철 씨의 청자진사연판문주자는 과거에 세계 유일품이라고 알려졌던 미국 프리어미술관의 동형同型 청자진사연판문주자를 딛고 넘어서는 명품으로 주목을 끌었다."라고 했다.

당시 일본의 아타카컬렉션에서는 한국 도자기 18점, 중국 도자기 5점을 출품했다. 이 중 고려자기는 청자동자수적青磁童子水滴, 청자상감목단문학수병青磁象嵌牧丹文鶴首瓶, 청자상감죽학문매병青磁象嵌竹鶴文梅瓶, 청자상감당자초문수주青磁象嵌唐子草文水注, 청자상감포류수금문도판青磁象嵌蒲柳水禽文陶板, 청자상감운학쌍봉문방합青磁象嵌雲鶴雙鳳文方盒 등 18점으로 해외 소재 우리 문화재로는 최상급품이다. 특히 청자상감죽학문매병青磁象嵌竹鶴文梅瓶은 간송미술관 소장의 청자상감운학문매병과 함께 고려청자의 명품 중의 명품으로 전시장에서 단연 관람자들의 시선을 모으게 했다.

아타카컬렉션의 청자상감죽학문매병은 어깨에는 여주와 보자기문을 네 방향으로 드리우고, 몸체에는 네 장면의 대나무 아래 여유로운 학의 모습을 흑백상감으로 표현하고, 동체 밑부분에는 연속된 고깔문이 사방에 둘러져 있다. 이 청자상감죽학문매병은 어깨에서 허리로 내려오는 곡선이 간송미술관 소장의 청자상감운학문매병(국보 68호)에 비해 완만하고, 허리 아래 부분도 간송미술관의 매병은 S자형이 뚜렷하게 나타나지만 아타카의 것은 허리 아래로 내려오면서 S자형이 둔화되어 있다. 전체적인 형태로 보면 간송미술관 소장의 매병에 비해 풍만한 느낌을 주고 있다.

　이 청자상감죽학문매병이 일본에 처음 건너간 것은 문명상회의 제7회 《조선공예전람회》때이다. 이 전람회는 1941년 11월 18일부터 11월 23일까지 도쿄 한복판의 다카시마야高島屋백화점에 엄청난 규모의 진열실을 마련하고 개최하였다. 당시 출품된 것은 낙랑시대부터 조선시대에 이르는 불상, 고려청자, 조선자기, 석조물, 금속공예, 목공예품 등 우수한 미술품을 망라하였다. 당시 출품된 것 중에 삼국시대 금동불상은 30만원, 낙랑풍령樂浪風鈴은 10만원의 가격표시를 하였다. 도록에는 아사카와 노리타가淺川伯敎의 조선자기에 대한 해설이 붙어 있다. 도록에 수록되지 않은 것까지 합하면 무려 3천점이 넘었다. 이 전람회에는 후일 일본에서 동양도자의 명품으로 불리는 아타카컬렉션의 '고려청자상감죽학문매병'을 위시하여 조선자기 1급품들이 많이 출품되었다. 청자상감죽학문매병은 7회《조선공예전람회》도록 도판 218로 게재되었다.

　청자상감죽학문명에 대해 쿠시 타쿠마(久志卓眞)는『조선명도도감朝鮮名陶圖鑑』에서 '청자상감죽학문매병'을 "상감청자 중 굴지의 명품"이라고 평하고 있다. 1976년에 아타카컬렉션 명도전에 출품되었으며, 1978년《아타카컬렉션 동양도자전》에도 출품 전시되었다. 1977년에 발행한『동양미술』에 도판 242로 소개하고 있다.

　아타카安宅컬렉션은 구 아타카산업주식회사가 수집 보관한 동양 도자를 말한다. 수집경위를 보면 전 회장인 실업가 아타카 에이이치安宅英—의 개인적인 컬렉션이 시작이다. 일본 패망 이전 간사이關西지방 모 소장자의 한국도자기 컬렉션을 아타카가 일괄 매입함으로서 본격화 되었다. 아타카컬렉션에 도자기를 주로 공급한 사람은 오사카의 골동상 후지와라藤

原와 도쿄의 고쥬교壺中居 주인 히로타廣田로, 이들은 주로 30년대부터 한국을 부지런히 드나들면서 물건을 모았다. 이후 일본의 전후 경제적 궁핍에 의한 생활고로 귀중한 문화재들이 헐값으로 나돌 때 대량으로 수집했다. 1951년부터는 컬렉션의 소유권을 아타카산업에 넘겨 회사의 경제적 배경을 이용하여 도자기를 수집했으며, 미술품 구입을 전담하는 미술실장을 두고 도자기를 감식하는 전문적인 팀을 두었다고 한다.

이 컬렉션에는 해방 전에 골동상 이희섭이 7회에 걸쳐 경매한 조선공예품전람회에서 매입한 것이 다수 있고, 해방 후 약 20년간에 걸쳐 우리나라에서 밀반출된 것들을 사 모은 것들이 많은 것으로 알려져 있다.

아타카컬렉션의 소유주인 아타카산업은 그간에 수집한 물품을 오사카 본사 지하 1층 특별금고 안에 비장하고, 그동안 '문외불출門外不出'이란 팻말 아래 전시회나 도록으로 공개하지 않았다. 때문에 아타카컬렉션의 규모나 목록이 구체적으로 알려지지 않았다.

이 수장품의 일부가 처음으로 공개된 것은 1969년 9월 이시카와石川현 미술관에서 개최한《아타카컬렉션명도전》이다. 중국 도자기 33점, 고려청자 47점, 조선자기 70점이 일반에게 공개되었다. 그 다음에는 1970년 4월에 도쿄에서《아타카컬렉션 동양도자명품전》이 개최되었다. 이때 중국 도자기 37점, 한국 도자기 127점이 공개 진열되어 화제를 불러 일으켰다. 이어 같은 해 7월에 도쿄국립박물관이 개최한《동양도자기전》에서 일부 공개되어 한국 도자기의 최우수품을 소장한 보고寶庫임이 세상에 알려지게 되었다.

아타카컬렉션이 우리에게 초미의 관심대상이 된 것은 1976년 7월, 이 컬렉션의 경영체인 아타카산업이 경영난으로 도산지경에 이르러, 수장했던 고미술품을 전매하리라는 뉴스가 전해지면서이다. 아타카산업은 경영난을 극복하기 위하여 이 소장품들을 모두 매각할 계획을 세우고 있었다. "일본화 108점은 일본의 야마타네미술관山種美術館에 약 20억 원에 팔리게 됐고 한국과 중국도자기는 원매자를 찾고 있다. 일부에서는 거래은행인 스미토모住友은행이 처분하거나 아타카산업과의 합병을 검토 중인 이토추상사伊藤忠商社가 인수할 가능성이 있는 것으로 전해지고 있으나 경우에 따라서는 경매에 붙여져 산매될 공산도 없지 않을 것 같다"는 이야기가 국내로 전해왔다.[62]

1976년 11월 3일부터 9일까지 닛케이日經신문사 주최로 도쿄 다카시마야高島屋백화점에서 《아타카컬렉션 명도전-고려·이조》가 개최되었다. 이때 아타카컬렉션에서 소장하고 있는 한국도자기 800여 점 가운데 고려자기 64점, 조선자기 112점 계 176점이 공개되었다. 이 전람회는 아타카산업이 경영위기와 신용불량으로 도산 지경에 빠져 회사를 살리기 위해 컬렉션 전부를 매각하기 위해 내놓은 것이다.

범세계적으로 알려진 아타카컬렉션이 경매에 앞서 이 전람회를 가지자 우리나라에서는 우리의 도자기를 되찾아 와야 한다는 여론이 널리 번지고 있었다. 정부관계 당국에서는 이 문제로 해서 최순우 국립중앙박물관장이 급거 도일하였으며, 재일거류민단이 들고 일어나 일본관계자와 교섭을 가졌다.

이 컬렉션의 중심인 동양도자 965건은 사회적 관심이 높아 소유권의 화제가 일본국회의 논의대상까지 되었다. 그러자 일본문화청은 관리책임자인 스미토모은행에 아타카컬렉션이 분되거나 해외로 유출되지 않기를 요망 하였다. 재일거류민단 측에서는 아타카컬렉션이 한국에 돌아갈 수 있

---

62) 『동아일보』 1976년 7월 28일자.

'재일한국문화재 되찾기 운동 기사'(『동아일보』 1976년 11월 8일자)와 '경영난으로 천여 점 방매' 기사
(『동아일보』 1976년 7월 22일자)

는 길을 열어 달라는 성명서를 발표하는 등 '국외반출 불허'란 일본정부의
방침을 비난하고 나섰다. 국내에서도 편협한 일본정부 방침을 비난하고
나섰지만 실패하고 말았다.

한일문화협정에 "개인이 가지고 있는 문화재라도 이의 한국 반환을 위
해 일본 정부는 적극 권장한다"고 명문화 되어 있다. 이 규정의 정신은 문
화협정에서 당시 국가소유의 우리 문화재만 반환 대상이 되었고, 민간 소
유의 문화재는 전연 포함되지 않았기 때문에 앞으로의 문제 해결을 위한
지침으로 제시되었던 조항이다. 그럼에도 불구하고 일본 정부가 개인수
장의 아타카컬렉션에 대해 한국 측의 매입을 공공연히 방해하고 나선 것
은 한일문화협정의 명백한 위반인 것이다. 당시 일본 측의 처사에 대해
비난 목소리는 국내의 각 단체, 기관, 개인들로부터 연일 성토되었다. 그
러나 당시 우리의 경제상황은 아타카컬렉션을 우선으로 사들일 정도의

형편은 아니었다.

1980년 3월에 스미토모그룹은 아타카컬렉션의 동양도자를 오사카시에 일괄 기증하였다. 오사카시에서는 이 컬렉션의 동양도자기를 전시하기 위해 1982년 11월에 오사카시립동양도자미술관을 설립하여 이곳에 아타카컬렉션 동양도자기를 보관 진열하였다. 동양도자미술관내의 아타카컬렉션은 세계에서 한국도자기 소장으로는 규모가 가장 크며 한국도자기는 800여 점이나 된다.

11. 도쿄국립박물관의 고려자기

1) 박물관 약사

도쿄 우에노공원에 위치한 도쿄국립박물관은 1871년 9월 문부성에 박물국을 설치하면서 시작되었다. 이어 1872년 10월 1일 문부성 박물국에 의한 박람회가 개최되어 이를 계기로 박물관이 창립되었다.[63] 1882년 3월에 신박물관을 우에노공원에 개관하여 일반에게 공개하고 농상무성 관리하에 두었다. 1886년 3월에 이르러 박물관은 궁내성 소관으로 옮기고 궁내성 도서료에 부속케 했다. 1888년에는 임시전국보물국과 협력하여 전국의 사사보물을 조사하기 시작했다. 농상무성에서 궁내성으로 이관한 후 1889년 5월 16일에 궁내성도서료부속박물관을 폐하고 궁내성의 일부국로 제국박물관으로 개칭하고, 구키 다가이치九貴隆一가 총장에 취임했

---

63) 博物局은 박물관과 함께 처음 생겨나게 되었다. 즉 이것이 박물관의 시초라 할 수 있다. 당시만 해도 명칭은 박물관 또는 박물국이라 불렀다. 局은 사무관장상 사용한 것이고, 館은 진열관의 호칭으로 사용한 것으로 보인다. 당시 박물관장은 마찌다 히사나리(町田久成)로, 마찌다는 내무성 박물국장, 농상무성 박물국장(박물관 초대관장)을 역임한 자로 일본 박물관의 아버지라 부르고 있다. (참고: 帝室博物館,『帝室博物館略史』, 1938.)

마찌다 히사나리와 구키 다가이치(『帝室博物館略史』, 1938)

다.[64] 1900년 6월 26일에는 관제를 개정하고, 종래의 명칭을 고쳐 제실박물관이라 했다.

　1923년 9월 1일 대지진의 타격으로 진열관 및 창고 등이 파괴되어 1928년부터는 파괴된 박물관 건물의 신축에 들어간다. 1935년 4월에 제실박물관복흥건축의 상량식이 이루어졌다. 박물관 신축에는 한국 측에 5만원이 분담되었다.[65] 1937년 11월 10일에 준공되어 1938년에는 현재의 본관이 건설 개관되었다. 1947년에는 궁내성으로부터 문부성으로 이관되어 국립박물관으로 개칭하였다. 다시 1952년에는 도쿄국립박물관으로 개칭하여 오늘에 이르고 있다. 2004년을 기준으로, 한국 미술품은 공예품과

64)　大森金五郎, 「文獻の喪失 文化の破壞」, 『中央史壇』 제9권3호, 1924년 9월.
飯島勇, 「第二次大戰以前の館における美術品の收集について」, 『MUSEUM』 262, 1973년 1월.
65)　『釜山日報』 1933년 6월 6일자.

고고자료가 약 4천여 건에 달한다.[66]

2) 열품 수집

도쿄국립박물관의 진열품은 다양한 방법으로 수집되었는데,[67] 크게 보면 채집, 구입, 헌납 및 기증으로 나누어 볼 수 있다. 이 중 고려자기를 수집하는 경로는 대부분 기증 및 헌납과 구입에 의하고 있다.

(1) 기증 및 헌납

가장 이른 시기에 박물관에 기증한 물품 중에는 1879년에 마찌다 히사나리町田久成가 기증한 삼국시대의 배杯, 개蓋가 보이고 있다. 이를 보면 개항과 더불어 일부 도굴꾼들이 한국에 진출한 것으로 볼 수 있다.[68]

초기에 도쿄박물관에 고려청자 기증 및 헌납한 자들은 대부분 한국에 관계한 외교관계자들이나 관료들이었다. 도쿄박물관(당시 제국박물관)에

---

66) 東京國立博物館,『東京國立博物館圖版目錄』朝鮮陶磁篇(土器, 綠釉陶器), 2004.

67) 帝室博物館 열품 수집 방법은 다음 8가지로 구분하고 있다.(帝室博物館,『帝室博物館略史』, 1938, p.78~79)
    1. 有志者의 寄贈
    2. 他 所有와 交換
    3. 寺社什寶의 付託
    4. 寺社什寶 중 사사에서 보호하기 힘든 것을 引受하여 보호
    5. 購入
    6. 模寫 模造
    7. 개인 소유품을 진열
    8. 貸付(개인 소유기로부터 수시 출품을 받음)

68) 「東京國立博物館所藏朝鮮産土器・綠釉陶器의 收集經緯」『東京國立博物館圖版目錄』朝鮮陶磁篇(土器, 綠釉陶器), 東京國立博物館, 2004, p.169.

하나부사 요시모토 기증 청자명((『東京國立博物館圖版目錄』, 2004))

고려자기가 처음으로 들어간 것은 1886년 10월 30일자로, 하나부사 요시모토花房義質와 오오이 게이타로大井敬太郎(대리공사 하나부사의 수행원)로부터 청자를 기증받은 건이 보인다. 특히 하나부사로부터 대량적으로 한국 유물을 기증 받은 건이 보인다. 이때만 해도 고려청자가 지상으로 나온 지 얼마 되지 않은 시기로 고려청자에 대해 널리 알려지기 전이었다.

1897년에 제국박물관에서 발행한 『제국박물관공예부열품목록帝國博物館工藝部列品目錄』에는 당시 박물관에 진열한 품목을 싣고 있는데 '제2구 소제품 제1류 도자기'편에는 한국 도자기가 50여 점이 실려 있다. 이들은 대부분 한국 관계의 관료들에 의해 '헌품獻品'이란 명목으로 기증된 것으로 고려자기가 소수 포함되어 있다.[69]

이후 도쿄박물관에 대량으로 고려자기를 헌납한 자는 이토 히로부미伊藤博文다. 1907년 4월 17일자로 도쿄박물관(당시 도쿄제실박물관)에 헌납된 고려자기는 97점, 개수로는 106점이다. 이는 고려자기 단일 품목으로는 가장 방대한 규모이다.

통감 이토 히로부미伊藤博文는 을사늑약에 따라 대한제국에 통감부가 설치되자 초대 통감으로 부임하여 조선에 대한 실질적인 지배권을 행사하여, 조선 병탄倂呑의 기초공작을 수행했다. 1909년 6월에 일본 추밀원 의장으로 임명되어 7월 6일에 이임인사차 한국에 들어왔다가 7월 중순에 일

---

69)   帝國博物館 編,『帝國博物館工藝部列品目錄』帝國博物館, 1897.

본으로 귀국하게 되었다.[70] 그 후 1909년 10월 26일 러시아의 재무장관 코콥초프와의 회담을 위해 만주 하얼빈역에 갔다가 안중근 장군의 총탄을 맞고 사살되었다.

『帝國博物館工藝部列品目錄』(帝國博物館, 1897)

미야케 죠사쿠三宅長策에 의하면, 이토가 한국에 통감으로 있을 당시 이토의 연석에 초대를 받아 늘 노래를 부르거나 춤을 추어 좌석의 흥을 돋우던 닛다新田이란 자가 있었는데 이 자는 후에 여관을 개업하였다. 이토는 이곳으로 여가가 있으면 가서 닛다에게 "얼마든지 고려자기를 가져 오너라 있는 대로 사준다"는 식으로 사들였

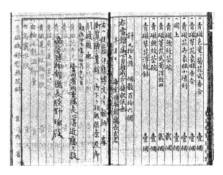

이토 히로부미가 당시 도쿄제실박물관에 헌납한 열품 문서

다고 한다. 한 때는 곤도의 가게에 있는 고려자기를 한꺼번에 전부 사들여 서울 안에는 팔 고려자기가 없는 상태로까지 간 적이 있다고 한다. 미야케는 "이토 공도 남에게 선물할 목적으로 성盛히 모은 한 사람으로 한 때는 그 수가 천 점 이상이 되었을 것이다"[71]고 한다. 이토는 그 스스로가 고미술품을 애호 애장한 것이 아니라 정치적으로 활용하기 위하여 고려자기를 수집하였던 것으로 보인다.

70) 『皇城新聞』1909년 6월 29일자.
71) 三宅長策, 「そのころの思ひ出'高麗古墳發掘時代'」, 『陶磁』6卷 6號, 1934年 12月.

러일전쟁 이후 한동안 서울에 재주하였던 나라사키 데츠카楢崎鐵香는, "통감 이토 히로부미 공은 일본과 조선을 왕래하면서 많은 고려소와 조선의 불상을 내지로 가지고 왔다고 들었다"고 증언하고 있다.[72] 그러나 그가 가져갔다는 불상에 대해서는 어떤 것이 얼마나 반출되었는지 알려진 것이 없다.

1912년 이시즈카石塚 농공부장관이 일본 공업시찰을 할 때의 이야기로, 이시즈카는 1912년 7월 19일 오후 교토에 도착하여 20일까지 교토시의 상품진열관 및 도자기시험소를 참관했다. 이 도자기 시험소는 각종의 실험적 연구를 하여 도자기 업자의 각종 질의에 답하여 도자기의 개량발전을 도모하고자 설립한 것인데, 시험실에는 이토 히로부미가 일찍이 이곳에 왔

청자구룡형주자(靑磁龜龍形注子). 앞쪽이 이토가 가져갔다 돌아온 보물 452호. 1955년에 일본에서 간행한 『세계도자전집 13』에는 도판 64 '도쿄국립박물관 소장'으로 소개되어 있다. 뒤에 있는 것은 국보 96호. 이들은 2012년 청자비색전에 출품되었다. (원색사진 → p.380)

---

72) 楢崎鐵香, 「朝鮮陶瓷器漫筆」, 京城日報, 1937년 12월 2일.

다가 기증한 고려자기도 진열하였다.[73]고 하는데, 그 수는 알 수 없다.

이토는 당시 그가 정치적 활동에서 접하는 인사들에게 한번에 20~50점을 선사하기도 했다고 한다. 이토가 일본 거물이나 접촉하는 외국 인사들에게 고려자기를 선물하기 위해 얼마나 열중했는지 그가 죽기 수일 전으로 돌아가 보면 그 일면을 볼 수 있다. 이토는 만주 시찰 중 회견을 할 사람들에게 고려자기를 선물할 생각으로 고려자기를 구하였다. 그는 만주에서 급히 고려자기가 필요하자 소네 통감에게 전보하여 고려자기를 사서 보내라고 했다.『황성신문』1909년 10월 22일자에는 다음과 같은 기사가 있다.

> 자기매입위탁. 이토 공작은 만주 시찰 중 회견할 외인外人에게 증여贈與하기로 고려자기를 매입하고자 하야 매입 송부送附를 소네 통감에게 위탁委託함으로 통감은 기관보 사장 오오카 지카라大岡力에게 명하얏다더라.

이 같은 기사는 이토가 만주 하얼빈 등에서 만나는 귀빈들에게 선물하기 위한 것으로, 며칠 지나지 않아 안중근 장군에 의해 사살되었으니, 그는 죽기 전까지 고려자기에 대한 욕심을 버리지 못했다. 이토는 당시 고려자기가 얼마나 인기가 높았는지 잘 알고 있었기 때문에 그의 정치 활동에 고려자기를 활용했던 것이다.

이토가 도쿄국립박물관에 헌납했던 고려자기는 한일협정에 의해 97점은 돌려받게 되었다. 이토가 도쿄국립박물관에 헌납할 당시의 문서에는

---

73) 『每日申報』1912년 7월 30일자.

숭례문 앞에 일진회가 설치한 경성일진회의 봉영문(奉迎門)(『황태자 전하 한국 도항 기념사진첩』)

"97점, 개수로는 106점"이라고 하는데, 한일협정에 의해 반환 받은 것은 "103점 중 6점을 남기고 97점이 반환"되었다고 한다. 이는 어떤 품목은 하나의 품목에 5개, 4개 등으로 기록하고 있어, 수량 계산법의 차이가 아닌가 여겨진다.

1907년에는 일본의 황태자가 한국을 방문하는 기회에 한국의 친일단체들은 아부성 환영이 극에 달했다. 일진회와 한성부민회[74]에서는 숭례문 앞에 봉영문奉迎門을 각 처에 환영문을 설치하고 10월 16일에 일본 황태자 일행이 남대문에 도착하자 대대적인 환영행사를 하였다.[75]

---

74) 奉迎會任員. 금회 일본황태자전하를 봉영흐기 위흐야 漢城府民會團体를 조직흐고 임원을 선정흐얏눈디 회장 張憲植氏 부회장 洪肯燮氏 설비위원장 金宇鉉氏 장의위원장 趙秉澤氏 헌품위원장 尹晶錫氏 광무위원장 박基元氏 외교위원장 韓相龍氏 내사위원장 白寅基氏 운동위원장 鄭永斗氏 회계주임 崔敬淳氏 평의원 金基人氏 조鎭泰氏 白完爀氏 等 三十餘人이오 해회고문은 總理大臣 李完用氏 農商工部大臣 宋秉畯氏 法部大臣 重趙應氏 라더라. (『皇城新聞』1907년 10월 15일자)

75) 加濱和三郞, 『皇太子殿下韓國御渡航紀念寫眞帖』1907년 12월.

황태자 일행이 돌아갈 때는 각종 기념품과 한국 미술품을 헌상했는데, 일진회에서는 황태자의 도한을 접하고 총무위원회를 개최하여 헌상품 선택에 대하여 협의하였다. 한국고대부터 현대에 이르기까지 의복, 악기, 무기, 가구, 농구, 기타 기구류 5백 개여 종을 각도 지부에 연락을 하여 전력으로 수집했다. 한국일진회 회장 이용구는 여관으로 이토 히로부미를 찾아가 헌상의 수속을 치르고, 전부의 용적은 대상大箱 9개에 달했다.

이 물품들은 일본에 도착하자 얼마 지나지 않아 동궁어소에서 〈동궁전하어하부한국일진회헌품東宮殿下御下附韓國一進會獻品〉이라 하며 도쿄제실박물관으로 하부되어 일반 대중들이 볼 수 있도록 진열하였다. 당시 도쿄제실박물관으로 넘겨진 것은 총 300여 점으로 복식, 가구, 무기, 악기, 문방구, 농공구, 천산물에 이르기까지 넓게 일반을 망라하고 있다. 조의의 일단을 보면 면관조복冕冠朝服류이고, 공예는 도자기, 금속기, 직물류이고, 길이 8척이나 되는 호피, 순은의 기구, 천연사금, 부녀자의 악기, 이용구의 서장書狀 등이 진열되었다.[76] 이 속에는 고려자기 2점이 들어 있다. 이 수집 자체가 전국적인 범위에서 모았기 때문에 최고 수준의 청자로 짐작되나 실물은 구체적으로 알 수 없다. 이것이 도쿄박물관에 정식 입고된 일자는 1907년 12월 31일자다.

1910년에는 궁내부차관 고미야 미호마츠小宮三保松와 미야케 쵸사쿠三宅長策로부터 기증 받은 건이 보인다. 이 중에는 1910년 9월 20일자로 경성재주 미야케 쵸사쿠로부터 청자인형좌상靑瓷人形坐像(兩手 및 右足 欠損) 1개 외 고려시대 유물 일부를 기증 받았다.[77] 미야케 쵸사쿠는 1906년에 한국에 건

---

76) 「東京帝室博物館の新陳列」, 『考古界』第6篇 第10號, 明治41년 1월.
77) 東京國立博物館, 『收藏品目錄』, 1956; 東京國立博物館, 『東博圖版目錄』, 2007.

너와 일찍부터 고려자기 수집에 깊은 관심을 두었는데, 그는 수집품을 좀처럼 밖으로 내놓지 않아 알려진 것이 많지 않다.[78] 미야케는 일찍부터 고려자기 수집에 깊은 관심을 두었는데, 그의 회고에 의하면 다음과 같다.

> 내가 조선에 부임한 것은 메이지 39년(1906) 이토 히로부미伊藤博文 공이 초대통감으로 취임한 해로, 그 이전부터 나는 고도자기에 깊은 감흥을 느껴 멀리 조선에 간 것도 조선 고도자기에 대한 친밀감에 끌려서였다. 아직 고려청자가 세상에 널리 알려지기 전의 일로서, 당시 이미 아유카이 후사노신, 아가와 시게로阿川重郎 등 한 두 사람의 수집가는 있었으나 고도자에 관심을 갖는 사람은 경성에는 없었다.[79]

미야케는 고려자기 수집에 있어서는 한국재주의 일본인 중에 가장 일찍 시작한 사람 중 한 사람이라 할 수 있다. 그의 회고에서처럼 그가 조선에 건너온 것이 "조선의 고도자기에 대한 친밀감에 끌려서"였다면 당연히 그의 수집품의 고려자기로 그 양이 상당했을 것으로 추정된다. 마시미즈 조로쿠眞清水藏六는 1933년에 한국을 여행하면서 당시 서울에서 관리로 근무하던 미야케를 방문하였는데, "그는 애장가로 소장하고 있는 고려자기

---

78) 『조선미술대관(朝鮮美術大觀)』(朝鮮古書刊行會, 1910)에는 고려경(高麗鏡) 5면 외 14면이 실려 있으며, 1909년에 탁지부건축소에서 간행한 『한홍엽(韓紅葉)』에는 미야케 소장으로 되어 있는 고려동경이 무려 9점이나 도판으로 실려 있다. 또 『도자』 제6권 제6호(1934년 12월호, 高麗特輯號)에는 과문회고려완(過文繪高麗盌) 1점과 고려다완(高麗茶碗) 1점이 도판으로 게재되어 있다.

79) 三宅長策,「そのころの思ひ出'高麗古墳發掘時代'」,『陶磁』第6卷 6號(高麗特輯號), 東京陶磁研究所, 1934年12月, p.70.

금동보살반가상(『조선고적도보』 제3책)

가 많았다"[80]고 한다.

특기할 것은 『조선고적도보』 제3책에 도판 1367~1368로 나타나 있는 금동보살반가상金銅菩薩半跏像 1점이 미야케 소장으로 게재되어 있다. 이 불상은 초국보급 불상으로, 현재 도쿄국립박물관 오구라컬렉션에 포함되어 있다. 1941년 「오구라 다케노스케씨 소장품 전관목록」에 의하면, "이 불상은 충청남도 공주 부근 산성의 탑중塔中에서 발견되었다고 한다."[81] 이것이 언제 일본으로 건너갔는지 최연식의 조사에 의하면, 구마가야 도서관 소

---

80)　眞淸水藏六,「朝鮮の旅」,『陶磁』, 1933년 4월.

81)　「小倉武之助所藏品展觀目錄」,『考古學雜誌』제32권 제8호, 1941년 8월.

장 오구라컬렉션 목록에는 "미야케가 매수하여 메이지 년간(1868~1912)에 일본으로 들어온 것"이라고 적혀 있다고 한다.[82] 그 후 언제인가 오구라의 손에 들어가 1941년에 일본 고고학회에 공개했었다. 이같이 일본의 한국 강점 전까지는 한국에 관계한 외교관계자들이나 관리들로부터 대부분 기증 받은 것으로 나타나 있다.

1927년에는 후작 도쿠가와 요리사다德川賴貞가 한국 고분에서 출토된 유물을 대량 기증한 건이 보인다. 1927년에 도쿠가와로부터 1만 9백14점의 물품을 기증 수리했는데, 그 중에는 역사부 제2구(상고유물上古遺物)에 속하는 것이 가장 많아 7,819점에 달했다. 그 다음으로 역사부 제11구(각국 풍속품)에 1,216점이나 되었다.[83] 이 중 한국 유물은 역사부제11구 218점, 미술부 제1구 2점 이상이다. 그 2점이 고려자기로 1927년 10월 6일자로 기증한 것이다.

도자기류를 기증한 건을 보면 요코가와 다미스케橫河民輔가 기증한 것이 가장 많은 수량을 차지하고 있다. 1937년, 1938년, 1939년, 1941년, 1943년에 요코가와로부터 기증받은 것이 1천점이 넘는다. 이 속에는 한국 도자기가 많이 포함되어 있으며, 고려자기 역시 약간 포함되어 있다. 그가 기증한 것은 질적으로도 아주 우수한 것으로, 1937년 10월 16일부터 11월 10일까지 《동양고도자전람회》를 개최했다.[84] 서문에는 "저번에 쇼와 7년 공학박사 요코가와 다미스케 씨 기증 관계 지나 역대도자기 중 2백여 점

---

82) 최연식, 「불교 문화재」, 『오구라컬렉션 일본에 있는 우리 문화재』, 국외소재문화재재단, 2014, p.189.

83) 帝室博物館, 『帝室博物館年譜(昭和2年 1月~12月)』, 1928.
역사부제11구는 한국, 중국, 대만 등지에서 발굴한 유물들로, 그 역사성을 저하시켜 각국 풍속품으로 분류하고 있다.

84) 帝室博物館, 『帝室博物館年譜(昭和11年 1月~12月)』, 1937.

요코가와 다미스케(橫河民輔)가 기증한 청자철회화초문과형수주와 청자과형병 (원색사진 → p.380)

을 진열하고, 그 후 다시 동 박사
로부터 기증을 받아 현재 1천여
점을 넘기에 이른다. 이번에 다시
이 같은 기증품을 중심으로 전람
회를 개최하게 되었다."고 한다.

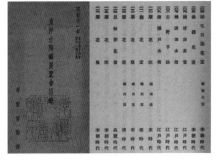

『동양고도자전람회 목록』

해방 이후 도쿄국립박물관에
대량으로 기증된 것은 오구라컬
렉션이다. 오구라는 근 25년에 걸쳐 광적으로 유물을 수집했다. 오구라의
유물은 광복 후 경주박물관에서 적산미술품으로 접수한 670여 점, 대구
시에 헌납한 수백 점의 미술품, 모씨에게 맡긴 도자기류 1백여 점, 대구의
옛집에서 발견된 142점, 도쿄국립박물관에 기증된 1,100여 점 등 2,200여
점으로 파악된다. 여기에 그가 일본에 건너간 후 개인적으로 처분했거나
계속 은닉 중인 유물을 포함하면 4천점에 이를 것이란 추정도 있다. 그가

청자연엽문승반, 야마다(山田丑太郞) 기증

유물 수집에 쓴 돈은 간송 전형필 선생이 쓴 돈의 10배에 달했다고 한다. 그러나 오구라가 수집한 유물은 거의가 도굴한 장물이었으며, 대낮에 도굴꾼을 이끌고 다녔다는 증언도 있다. 그 많던 오구라의 반출 유물은 그가 생계를 위해 매각한 것이 엄청날 것이라는 것은 짐작하나, 은밀히 매각했기 때문에 그 소재가 드러난 것이 극히 드물다.

오사카시립동양도자미술관에는 오구라가 소장했던 도자기 4점이 소장되어 있다. 청자백지음각초화문수주靑磁白地陰刻草花文水注, 청자상감봉황문방합靑磁象嵌鳳凰文方盒, 분청사기풍경문편병粉靑沙器風景文扁瓶, 청자상감인물문병靑磁象嵌人物文瓶 등은 아타카산업 회장이었던 아타카 에이이치安宅英一의 손에 들어갔다. 아타카는 이 도자기를 1955년경에 도쿄의 고미술상을 통

해 구입했다고 한다.[85]

오구라의 재산목록을 보면 1957년 12월 1,034점과 보존회가 해산된 해인 1980년 4월 최종등기 1,047점인 것을 보면, 그동안 큰 변화 없이 잘 보존된 것임을 알 수 있다. 따라서 그의 수집 한국 문화재가 흩어진 것은 1957년 이전에 흩어졌음을 알 수 있다.[86] 오구라는 해방 후 일본으로 도망가 고향에 '오구라컬렉션' 전시관을 지어 일부 유물을 전시했었다.

1931년에 오구라는 도쿄 분쿄구文京區 미쿠미쵸三組町에 대홍전기 도쿄 출장소 겸 사저를 지었다. 이 오구라의 사저에는 콘크리트로 만든 튼튼한 저장고가 있었다. 이 공사가 완공되는 1932년부터는 한국에 있는 유물들을 이곳으로 옮기기 시작했다. 1941년에 일본고고학회를 위해 이곳에서 소장품을 가지고 전람회를 가졌던 것도 이 같은 소장 공간이 있었기에 가능했던 것이다. 1945년 도쿄의 출장소와 사저는 대공습으로 불타버렸으나 다행히 유물 창고는 화마를 피해갔다. 그 해 10월에 한국에서 귀국한 오구라는 이곳의 수장품과 한국에서 가져온 수집품들을 모아 지바현千葉縣 나라시노習志野에 새롭게 창고를 짓고 보관했던 것이다.[87]

1958년에는 '재단법인 오구라컬렉션보존회'를 설립, 이사장에 오구라가 취임했다. 오구라가 1964년에 94세로 작고하자, 그의 사후에는 아들 야스유키安之에 의해 운영되었다. 그러나 생활이 어려워지자 일부 유물은 처분하기도 했다. 그럼에도 운영이 어려워지자 공개되었던 유물들은 1981년

85) 정다움, 「흩어진 컬렉션」, 『오구라컬렉션 일본에 있는 우리 문화재』, 국외소재문화재재단, 2014.
86) 이순자, 「오구라컬렉션보존회의 설립과 운영」, 『오구라컬렉션, 일본에 있는 우리 문화재』, 국외소재우리문화재단, 2014.
87) 정다움, 「문화재를 모으다」, 『오구라컬렉션 일본에 있는 우리 문화재』, 국외소재문화재재단, 2014.

청자철지상감초엽문병과 청자상감국화문장경병(도쿄국립박물관 소장 오구라컬렉션) (원색사진 → p.381)

에 도쿄국립박물관에 기증하게 된다. 짐을 싸는 데만 꼬박 10일이 걸렸다고 한다. 오구라컬렉션보존회는 1981년 3월 26일 해산되고 같은 해 7월 10일 오구라의 수집품은 도쿄국립박물관에 기증되었다.

1982년 「기증 오구라컬렉션목록」이라는 이름으로 도쿄국립박물관에서 발표한 목록에 실려 있는 우리나라 유물은 1030호까지 있는데 어떤 것은 한 호에 몇 개씩 들어 있기 때문에 실제의 숫자는 훨씬 많다. 이 컬렉션의 도록 '발간사'에서 박물관 측은 "오구라컬렉션은 오구라 다케노스케가 다년간에 걸쳐 수집한 한반도의 미술품, 고고자료를 중심으로 하는 일대 컬렉션이다. 그 내용은 선사시대부터 근세에 이르기까지의 다양한 유물들로서 그 질의 뛰어남과 종류의 풍부함에 의해서 일찍부터 내외의 주목을 받아왔다."[88]고 한다.

　그가 일본으로 반출한 문화재는 얼마나 될까? 그 수는 도저히 파악되지 않고 있다. 도쿄국립박물관에 기증한 오구라컬렉션의 총 건수는 1,110건, 그 중 고고자료가 580건으로 그 대부분이 한국 유물이다. 2005년에 발행한『일본 도쿄박물관 소장 오구라컬렉션 한국문화재』에 나타난 오구라 컬렉션의 소장 현황을 보면 다음과 같다.

	조선	중국	일본	기타
고고	557	10	4	4
조각	49			
금속공예	128	2		
도자기	130	18	2	2
칠공예	44			
서적	26	1	9	
회화	69		25	
염직	25			
토속(민속)	2	1	1	1
계	1050	32	41	7

　도쿄국립박물관에서는 1982년 3월 2일부터 4월 4일까지 동양관 특별전시실에서《특별전관 기증 오구라컬렉션》이라는 제목으로 전람회를 개최하였다. 이 전람회는 세계 각국의 여행객들이 관람하는 것임에도 불구하고 유물에는 물론이고 전람회 어디에도 '한국'이란 국적조차도 표시하지 않고 진열했다. 그들의 속내가 보이는 행위라 할 수 있다.

---

88)　韓國國際交流財團,「小倉콜랙션 所藏品目錄」,『日本所藏 韓國文化財2』, 1995,

오구라컬렉션은 한일협정 시에 정부 차원에서 반환을 받으려 노력했으나 일본 정부는 개인의 사유재산이라는 이유로 환수를 거부했다. 이후 한동안 잠잠하게 있다가 1982년에 오구라컬렉션이 도쿄국립박물관에 기증되어 전람회를 개최하자, 국내에 상당한 충격을 가져왔다. 이에 국내에서는 성토적인 분위기로 반환의 목소리를 높였으나 일본 측은 꿈쩍하지 않는 태도를 보였다. 이후에도 민간단체에서 부단히 환수에 노력하고 있으나 아무런 진전을 가져오지 못했다. 우리 언론은 한동안 잊고 있다가 봇물 터지듯이 비판적인 기사를 실었다. 다음과 같은 기사가 있다.

가야권 도굴 문화재 1천여 점 특별전

오구라컬렉션 - 약탈상 한 눈에

가야문화권의 도굴품을 중심으로 한 한국 약탈 문화재로 이뤄진 '오구라컬렉션' 특별전이 도쿄국립박물 동양관 특별전시실에서 열리고 있어 일제의 우리 문화재 약탈상을 다시 한 번 일깨워 주고 있다.

모두 1천1백10건인 이 컬렉션은 그 92.8%인 1천30건이 우리 문화재로 이 중 5백57건이 신석기시대부터 통일신라시대에 이르는 고고자료이고 나머지 삼국시대와 통일신라시대의 조각 및 고려와 조선조의 미술공예품들이다.

오구라컬렉션 가운데 경남 창녕 출토품으로 전해지고 있는 동제투조 관모銅製透彫冠帽 등 8점은 일본의 중요문화재로 지정되어 있고 경북 입실리 출토품 초기 철기시대의 동과銅戈 등 31점은 일본의 중요미술 품으로 인정돼 있다.

이와 관련, 관계 전문가들은 "대부분 고고자료가 대구, 고령, 창녕, 창원 등지에서 출토된 것으로 전해지고 있어 가야문화권 내의 고분들을 도굴, 수집했던 것이 틀림없다."며 "오구라컬렉션은 가야문화권 원형 파괴의 산물"이라고 혹평하고 있다. (『경향신문』 1982년 3월 23일사)

도쿄국립박물관에 기증된 오구라컬렉션에 대해 국내에서는 1999년에 와서야 겨우 조사에 착수할 수 있었다. 이 조사는 한국 국립문화재연구소와 일본 도쿄국립박물관이 공동으로 학술 조사연구를 1999년부터 실시하여 2002년 11월에 겨우 조사를 완료하게 되었다.

⑵ 구입

1892년 12월 24일자로 청자호 등 청자 6점을 구입했다.[89] 이후 1897년 10월 3일, 1900년 12월 13일자에 구입한 건이 보인다.[90] 이후 약간의 구입건이 보인다. 1913~1916년에는 경성 서정86번지에서 골동상을 하는 아카보시赤星佐七로부터 각종 유물 60여 점을 구입한 건이 보인다.

아카보시는 1896년에 인천으로 건너와 과자상을 시작하여 1904년에 개성으로 옮겨 과자상, 잡화상을 하다가 1907년에 고물상을 시작하여 서

---

89) 『東博圖版目錄』, 2007, 圖11, 41, 49, 52, 57, 63.
90) 『東博圖版目錄』, 2007, 圖12, 24.

도쿄국립박물관 소장 청자상감포류수금문룡수금병과 청자음각연화당초문주자(2012 청자전에 출품)
(원색사진 → p.381)

울에 올라와 아카보시赤星상점이라는 잡화상 및 골동상을 하였다. 그는 도
쿄국립박물관에 상당수의 한국유물을 기증하기도 하였다. 『도쿄국립박
물관 소장품 목록』을 보면 '최충헌묘지崔忠獻墓誌(유물번호 27412)', '금동제도
금옥(유물번호 19296)', '지석(유물번호 6511)'을 비롯한 토기 4점(유물번호 6512,
6510, 6676, 6509)이 아카보시 사키지赤星佐吉가 기증한 것으로 나타나 있다.

1920년 중반에 들어와 박물관의 신수품에는 박물관을 출입하는 고미술
상들이 일익을 담당했다. 역사과에 관계하는 자로는 에도 나미오江藤濤雄,
이토 신조伊藤信藏, 에나미 덴베이江浪傳兵衛, 기시 야사후로貴志彌三郎, 가와이
사다지로川合定次郎 등이 있었고, 미술과에 출입하는 자로는 마유야마 준키
치繭山順吉, 이토 헤이조伊藤平藏, 야마나카 사다지로山中定次郎, 기요미즈 다쓰
사후로清水辰三郎, 요시다 후쿠사후로古田福三郎, 다카기 긴야喬木金彌, 히로타
쇼민廣田松慜, 도다 야시치戶田彌七, 세쓰 이노스케瀨津伊之助 등이 있었다.[91] 가

91) 尾崎元春,「帝室博物館時代の陳列品收集」,『MUSEUM』262호, 1973년 1월, p. 17.

와이 마사지로, 마유야마 준키치, 야마나카 사다지로는 한국유물도 많이 취급한 자들이다.

한국에서 활동한 아마이케 시게타로天池茂太郎는 1925년부터 많은 한국 고미술품을 납품했으며, 한국인 이치주李致柱도 1928년에 고고유물을 납품했다. 문명상회 이희섭이 1934년부터 1941년까지 일본에서 조선공예 전람회를 개최할 때 도쿄박물관에서 우수한 것을 많이 구입하기도 했다.

3) 도쿄박물관 열품에 나타난 반출 유물의 성격

도쿄박물관은 처음부터 약탈적 성격을 지니고 열품 수집에 열중했다. 농상무성에서 궁내성으로 이관한 후 1889년에 제국도서관으로 개칭하고, 구키 다가이치九貴隆一이 총장에 취임했다.[92] 구키가 총장에 임명되고 몇 년 후 '전시청국보물수집방법'을 수립했다. 약탈자로서의 만행은 1894년에 제정한 「전시청국보물수집방법戰時淸國寶物蒐集方法」[93]에 극명하게 나타나 있다.

이는 정부의 지시로 제국박물관총장에게 작성케 하고 정부차원에서 은밀하게 행하여진 것으로, 보물 수집이 "전승의 명예가 따르고 천세의 기념으로 남을 국위를 선양"하는 것이라고 하고 있어, 그 약탈적 성격을 여실히 보여 주고 있다. 임진왜란 때 도요토미 히데요시豊臣秀吉가 서적약탈대를 조직하여 조선의 서적과 그 외 문화재를 약탈해 간 전례와 같이, 청

---

92) 大森金五郎, 「文獻の喪失 文化の破壞」, 『中央史壇』제9권3호, 1924년 9월.

93) 이에 대한 내용은 李進熙, 『好太王碑の 謎』(講談社, 1973, pp.147~149)의 註釋에서 인용한, 中塚明의 『淸日戰爭の硏究』에 수록되어있다.

도쿄국립박물관 소장 청자투각목단당초문화장상자(2012년 청자전에 출품) (원색사진 → p.382)

일전쟁시에도 보물수집대를 편성하여 이를 군대에 부속시키고 전시 중의 혼란한 틈을 이용하여 약탈 또는 매수한 것으로, 이러한 약탈적 수집방법은 청일전쟁 이후 한국에서도 여지없이 행하여 졌던 것이다.

　한 나라의 국립중앙박물관이라는 것은 그 나라의 역사, 민족성, 문화를 총체적으로 파악할 수 있는 척도다. 뿐만 아니라 수집 진열된 외국 유물들은 그 나라의 문화와 역사를 비교하는데 중요한 자료가 되고 있다. 하지만 어디까지나 수집 진열된 유물들은 그 수집에 있어 얼마나 정당성이 있느냐 하는 것도 중요한 것이다.

12. 소실된 오쿠라슈코칸의 고려자기

일본으로 반출된 것으로는『조선고적도보』에 도쿄박물관 외에도 오쿠라슈코칸大倉集庫館의 소장품도 상당히 많이 게재되어 있는데 안타깝게도 오쿠라슈코칸의 소장품은 대지진 때 모두 소실되었다.

오쿠라 키하치로大倉喜八郎는 메이지유신을 전후하여 철포점을 운영하여 막대한 부를 축적하여 급성장했는데, 식민지 개척의 선봉장이 되어 한국에 진출했다. 그는 회고담에서, "1876년 2월 26일 부산이 개항되고 한일 양국간에 통상무역의 길이 열렸으나 당시 일본인들은 한국과 직접 무역을 하려고 나서는 사람이 없었으므로 일본 정부는 그 해 8월 나를 부산에 도항케 하였다."고 한다. 개항을 보았지만 누구 한 사람 통상에 나서는 사람이 없어 일본 정부가 생각 끝에 오쿠라로 하여금 통상을 확인시키기 위한 어용무역御用貿易의 임무를 수행케 했다는 것이다.[94] 그리고 보면 오쿠라는 우리나라 개항 후 일번타자로 등장한 식민지상인이었던 것이다.

『조선공로자명감』(1935)에는 "조선의 개발에 대하여 크게 힘을 쏟아 오쿠라토목大倉土木 출장소를 두어서 건설시대에 있던 조선 토목건축계에서

---

94) 林豪淵,「재계산맥 근세 100년 산업과 인물, 倭館(5)」,『매일경제』1981년 10월 16일자.

1998년의 오쿠라 키하치로.
사진 상단에는 "正六位勳四等 大倉喜八郎君"이라
기록하고 있다.(『大倉喜八郎還曆銀婚之記』, 1898)

활약 철도를 비롯하여 관청, 은행, 회사 등의 대공사를 완성하여 조선경영의 기초공작을 완성"했다고 한다. 러일전쟁 즈음에는 한국에 농장을 운영하고[95] 토목, 광업, 은행 등에 손을 뻗친 일본 경제계의 거물로 일본의 제국주의적 경제침략의 첨병이었다.

오쿠라 키하치로大倉喜八郎는 서울에 선린상업학교를 설립하기도 하였다.『황성신문』1908년 11월 27일자에는, "선린상업학교 개교식에 참여하기 위하여 도한한 오쿠라 키하치로大倉喜八郎 씨와 동반

도래한 제씨 등이 재작일 상오 11시경에 경복궁을 배관하였다더라"라는 기사가 보이고 있다.

오쿠라는 고미술에 관심이 많아 일찍부터 고미술품을 수집하였는데, 1903년에 발간한『고고계』의 휘보란을 보면 오쿠라미술관의 설비가 완성되어 개관을 했다는 소식과 함께 "동양명기의 해외 유출을 방지하기 위해 관주 키하치로喜八郎 씨가 20여 년의 오랜 기간 수집한 것"[96]이라고 하고 있

95) 1908년부터는 그의 아들 오쿠라 요네키치(大倉米吉)가 이어받아 오쿠라농장을 경영(1903년 기준으로 2,380정보)하다가 1931년 6월에 일본으로 돌아갔는데 군산의 유지들이 군산공원에 그의 흉상을 건립하기도 했다.(『조선공로자명감』, 1935)
96) 考古學會,『考古界』3-2, 1903年 7月, p.28.

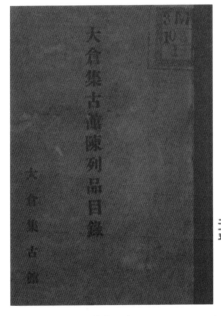

『大倉集庫館陳列品目錄』(1918)

어, 1880년경부터 수집을 시작했다는 것을 알 수 있다.

『윤치오 일기』(한국사료총서 번역서5) 1905년 8월 8일자에는 "오쿠라가 자기 집에서 점심식사를 대접했다. 오쿠라가 수집한 일본·중국·조선의 다섯 가지 미술품은 아주 아름다웠다."고 한다.

오쿠라는 그간 모아온 수집품을 중심으로 1917년 8월에 오쿠라슈코칸大倉集庫館이란 명칭으로 재단법인을 신청했다. 문부성의 허가를 받은 9월 15일 설립 등기를 완료하게 되었다. 이후 1918년 5월 1일에 이마이즈미 유사쿠今泉雄作를 관장으로 하여 개관을 하였다.[97] 이는 일본 최초의 사설

---

97)　仙人掌生,「大倉集古館」,『中央史壇』제9권 3호, 國史講習會, 1924년 9월;『釜山日報』1917년 9월 24일자.

미술관이다.

오쿠라슈코칸은 제1, 제2, 제3, 진열관과 경복궁에서 옮겨간 조선관(자선당)으로 구분되어 있었는데 진열관 내에는 한국에서 반출해간 막대한 양의 고려자기와 세키노가 한국에서 반출해간 전博, 그 외 고미술품을 진열하였다. 야외에는 평안남도 대동군 율리면에 있던 팔각석탑[98]을 반출하여 옮겨다 놓았다. 오쿠라는 이것만으로도 성에 차지 않았는지 1918년에는 평양 정차장 앞에 있던 7층석탑[99]에 눈독을 들여 이를 양수하고자 조선총독부에 요청해 왔다.

당시 '고적조사위원회'에서는 한국인의 반감을 우려하여 허락하지 않았다. 하지만 일본의 거물 오쿠라의 부탁을 외면할 수 없어 곤란한 입장에 처하자, 1915년 시정공진회 때 이천 향교 근처에서 경복궁으로 옮겨온 석탑에 대해 반출허가를 하였다. 이는 현재까지 오쿠라슈코칸 정원에 있다.

1918년 5월 1일 오쿠라슈코칸을 개관하면서 발행한『오쿠라슈코칸 진열품 목록』을 보면 개관 당시의 진열품의 규모를 짐작할 수 있다. 총 목록의 수는 3489까지 두고, 별도로 225번까지 기록하고 있다.

이 목록은 오쿠라슈코칸에 소장되었던 한국 문화재를 파악할 수 있는 유일한 것으로 보인다. 한국 문화재 목록은 대략 다음과 같다.

---

98) 『朝鮮古蹟圖譜』제6책에 도판번호 2948로 실려 있다.
99) 關野貞의『朝鮮美術史』에는 "평양7층석탑은 평양 대동공원 내에 있는 6각7층석탑으로 元廣寺라 부르는 寺의 폐지에서 보존을 위하여 지난해 정거장 앞에 옮겨 놓았다가 그 후에 다시 지금의 곳(連光亭공원)으로 옮겨 놓았다."라고 하는데 그 후에 다시 평양박물관으로 옮겼다고 한다.

목록번호	품명	시대	비고
6	釋迦如來報身坐像(乾漆施箔) 1구	조선	국립중앙박물관 소장의 건칠보살좌상(유물번호 덕수 5547)과 한 쌍이었을 협시보살로 추정100
1308	金光明○勝王經 卷第8 1帖	조선	
1309	金光明○勝王經 卷第3 1첩	조선	白紙金字, 奧書曰 "洪武三年十月六日敬書"
1310	大寶積經 卷44 1帖	조선	香紙銀字
1442	硯	조선	
1514, 1515	東道盆 2개	조선	
1527	산수인물도병풍 1쌍	조선	
1535	鏡奩(螺鈿)	조선	
1538	硯匣	조선	匣中에 '樓閣人物圖'
1539	書架	조선	螺鈿으로 "敬 春夏秋冬"의 5자가 있음,
1647	書額	조선	
1763	壺鐙 1쌍	조선	
1786~2043	鏡板, 鏡, 고분 출토물, 마상인물상, 고려시대~ 조선시대 도자기	삼국시대~조선	자기가 가장 많은 수를 점하고 있으며, 고려자기는 총 96점이 실려 있다.
2044~2069	불상	삼국시대~조선	
2070~2085	향로, 검, 서액, 옹	삼국시대~조선	
2467~2517	고분출토 토기	삼국시대	
3195, 3197	破瓦	삼국시대	
3335, 3336	치미, 귀와	고려, 조선	

100) 1918년 이왕직박물관에서 간행한 『이왕가박물관 소장품 사진첩』에는 도판 제40으로 게재하고 "來紵觀世音菩薩/ 고려시대/ 고 3척4촌"으로 기재하고 있다.

목록번호	품명	시대	비고
3356	도제호	고려	
3371	오중탑 1기	조선	이천향교 근처에 있던 탑이 아닌 별도의 석탑
3374~3378	무덤 등에서 가져간 석조물	조선	
	慈善堂	조선	
3419	皿 5개	조선	
3420	獸枕(木彫)	조선	
별도 서화지 부 77	아미타여래상(絹本濃彩) 1폭	조선	
별도 136	群禽圖(絹本濃彩) 1폭	조선	

목록번호 없이 기재한 것이 하나 나오는데, 자선당_{慈善堂}이다. "慈善堂 舊朝鮮 景福宮內 1堂 一宇 朝鮮 李朝時代"라 하고 3381번과 3382 사이에 목록번호 없이 기재하고 있다. 경복궁의 자선당은 1914년 7월에 1차 경매된 후 곧바로 헐리었으며,[101] 헐린 자선당 건축자재는 일본의 오쿠라 기하지로_{大倉喜八郎}에게 넘어가 일본으로 반출되었다. 일본으로 반출된 시기는

---

101) 시정5주년기념공진회장을 한창 준비하던 1914년 7월에는 근정전 전면에 있는 홍례문과 이를 연결한 회랑, 기타 동쪽 공지에 있는 동궁, 자선당, 시강원 등 모든 건물과 문, 담장 그 외 이용하지 않은 석재를 제거했다. 이때 건물 15동(棟), 문 9개소(총건평 791평)를 1914년 7월에 대금(代金) 1만1천3백74원70전에 공매(公賣)했다. 1914년 7월 9일에 홍례문 외 24건을 갑호 9건, 을호 7건, 병호 3건, 정호 6건으로 나누어 경매입찰에 붙여 불하했다. 『매일신보』1914년 7월 10일자에는 경매 결과를 다음과 같이 보도하고 있다.
시정5주년 조선물산공진회장 건축에 착수하기 위하여 광화문 내 제1문 凹자형 구건축물 기타를 毁撤하기로 지난 9일 오전 10시부터 이를 입찰하였는데 호성적으로써 경매되었는데 그 가격은 다음과 같다.
　갑건물- 금 6,155원, 낙찰인 이윤창
　을건물- 금 2,395원, 낙찰인 藤田國太郎
　병건물- 금 2,350원, 낙찰인 秋葉邦太郎
　정건물- 금 477원, 낙찰인 이윤창

오쿠라슈코칸에 남아 있는 평양 율리 8각5석탑과 이천향교방석탑
(사진: KBS 한국사전, 2008년 5월 31일 방영)

명확하지 않으나, 자선당 건물 자재는 오쿠라슈코칸의 일부로 '조선관'이란 이름으로 재건되었다.

그러나 1923년 9월 1일에 일어난 간토關東 대지진으로 제1호관 본관의 서화부를 남기고 불에 타지 않은 석조물만 남았다. 세키노가 모은 전 참고품, 각국의 불교경전, 칠보기, 동기, 옥석기, 악기, 진서 100여 권, 회화 200여 점, 소도구 병풍류 100여 점, 경복궁에서 옮겨간 자선당 건물, 조선시대의 불상, 한국의 도자기 등은 모두 소실되었다.[102] 오쿠라슈코칸의 소실은 돈으로 환산할 수 없는 막대한 한국 고미술품의 희생이 따랐다. 1949년 7월에 우리 정부는 맥아더사령부를 통하여 오쿠라슈코칸 정원에 남아 있는 5층석탑에 대한 반환을 요구하였으나 실패하고 말았다.

---

102)　藤懸靜也,「大正大地震に於ける美術品の喪失」, 『中央史壇』제11권 3호, 國史講習會, 1925년 9월.

아미타여래회도(筆者不詳)와 화조도(筆者不詳). 이 그림은 『조선고적도보』 14책: 도판번호 제6060, 5894로 기재되어 있는데, 대지진 당시 제1관 서화부는 다행히 소실을 면했기 때문에 현존할 것으로 추정된다.

　자선당 건물의 유구는 1993년 김정동 교수가 오쿠라호텔 경내에서 발견하고 유구가 반환될 수 있도록 여론을 모으고 백방으로 노력한 끝에 1996년 고국에 돌아오게 되었다.[103] 무엇보다 애석한 것은 고려자기의 소실로 『조선고적도보』 8책에는 소실되었지만 "1923년 9월 1일 대지진시 소훼燒燬"라 하여 사진을 싣고 있다.

---

103)　반환된 자선당 유구는 곧 바로 복원에 사용될 것으로 기대했다. 하지만 석재상태를 감정한 결과 1923년 대지진 당시 화재에 따른 고열로 '불먹은 돌'이 돼 균열이 심하고 모서리가 떨어져 나가는 등 원자재의 기능을 상실, 경복궁 복원사업에는 사용할 수 없다는 최종 결론이 내려졌다. 문화재관리국은 이 석재의 '기구한 운명'을 고려하여 일제침략의 교훈을 되새기기 위해 경복궁 안에 별도의 자리를 마련해 보관했다. (『한겨레』 1996년 1월 1일자; 『한국일보』 1995년 12월 7일자; 『동아일보』 1996년 6월 16일자)

『조선고적도보』에 실린 오쿠라슈코칸의 명품들

품명	출처(조선고적도보)	시대	사진
靑瓷陰刻蓮花文瓶	8책: 3438	고려	1923년 9월 1일 대지진 시 燒燬
靑瓷陰刻蓮唐草文淨瓶	8책: 3440	고려	상동

품명	출처(조선고적도보)	시대	사진
靑瓷陽刻瓢形水柱	8책: 3448	고려	 상동
靑瓷陽刻蛟龍波濤文瓢形水柱	8책: 3451	고려	 상동
	8책: 3546	고려	 상동

품명	출처(조선고적도보)	시대	사진
靑瓷象嵌菊牧丹唐草文瓢形水柱	8책: 3603	고려	상동
靑瓷象嵌菊花文水柱	8책: 3620	고려	상동
靑瓷象嵌菊花文甁	8책: 3630	고려	상동

품명	출처(조선고적도보)	시대	사진
靑瓷象嵌牧丹文甁	8책: 3631	고려	상동
靑瓷象嵌七寶菊花文合子	8책: 3654	고려	상동
靑瓷象嵌陽刻蓮花文油壺	8책: 3674	고려	상동

품명	출처(조선고적도보)	시대	사진
靑瓷象嵌菊花雲鶴文蓋盌	8책: 3676	고려	상동
灰黃釉下繪草花文甁	8책: 3698	고려	상동
灰黃釉下繪草花文水注	8책: 3705	고려	상동

　비록 사진으로만 볼 수밖에 없지만 이들 고려자기는 모두 왕릉급의 고분에서 나온 것으로 추정되는 최우수품이다. 오쿠라슈코칸의 고려자기 소실은 우리에겐 너무나 큰 한사恨事라 할 수 있다.

원색 도판

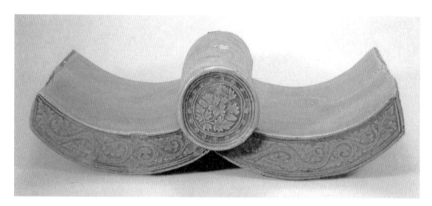

청자막새기와(국립중앙박물관 소장)(p.14)

《천하제일 비색청자전》의 청자동녀형연적과 청자동자형연적(일본 오사카시립동양도자미술관 소장)
(p.17)

청자투각연화동자문주자 및 승반(p.232)

청자상감포도동자문동채주자(좌), 자상감모란국화문과형병(우, 국보 114호)(p.238)

고려백자상감모란문매병
(白磁象嵌牡丹文梅瓶, 보물 345호) (p.243)

아유카이 구장 '화청자양류문통형병(국보 113호)'
(p.257)

나카다(中田) 구장 '청자어룡형주전자'
(국보 61호, 국립중앙박물관 소장) (p.263)

나카다 구장 청자사자형뚜껑향로
(국보 60호, 국립중앙박물관 소장)(p.264)

나카다 구장의 청자상감어룡문매병
(보물 1386호, 삼성미술관 리움 소장) (p.265)

청자순화4년명항아리(국보), 이화여자대익
교박물관 소장 (p.269)

상감청자운학무매병(국보 68호), 간송미술
관 소장 (p.000)

'청자상감모란문항아리'(靑磁象嵌牡丹紋壺), 국보.
모리 타츠오(森辰男)가 소장했던 것으로 현재 국립중앙박물관 소장 (p.284)

청자상감'상약국'명음각운룡문합(靑磁象嵌'尙藥局'銘
陰刻雲龍文盒), 보물 646호(한독의약박물관 소장).
(p.287)

청자상감화금수하원문편호(靑磁象嵌畵金樹下
猿文扁壺), 국립중앙박물관 소장 (p.310)

청자구룡정병(大和文華館 소장) (p.318)

청자기린형뚜껑향로(靑磁麒麟蓋香爐),
국립중앙박물관 소장 (p.325)

청자기린형뚜껑향로(국보 65호),
간송미술관 소장 (p.326)

청자구룡형주자(靑磁龜龍形注子). 앞쪽이 보물 452호, 뒷쪽이 국보 96호. (p.344)

요코가와 다미스케(橫河民輔)가 기증한 청자철회화초문과형수주와 청자과형병 (p.351)

청자철지상감초엽문병과 청자상감국화문장경병(도쿄국립박물관 소장 오구라컬렉션) (p.354)

도쿄국립박물관 소장 청자상감모류수금문공수병과 청자음각연하당초문주자(2012 청자전에 출품)
(p.358)

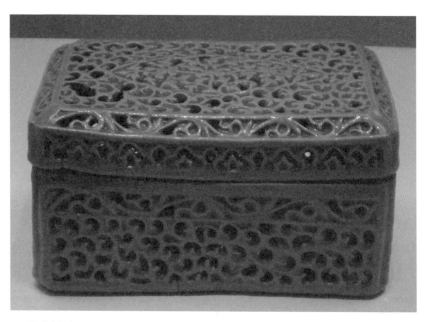

도쿄국립박물관 소장 청자투각목단당초문화장상자(2012년 청자전에 출품) (p.360)

참고 문헌

『高麗史』世家 卷第3 成宗 11年(992) 12月, 제3 성종 13년(994) 4월 23일, 제5 1031년 5월 25
　　일, 제9 1083년 7월 18일, 제10 1094년 5월 2일, 제10 1094년 5월 14일, 제10 1095년
　　10월 7일, 제12 1105년 10월 2일, 제17 1146년 2월 28일자, 제17 1146년 3월 15일, 제
　　19 1175 5월 22일자, 제19 1170년 9월 2일, 제21 1213년 8월 9일, 제21 1213년 9월 9
　　일, 권24 1258년 3월, 제24 1259년 6월 30일, 제24 1259년 9월 18일, 제30 1289년 8월
　　12일, 제31 1296년 3월, 제31 1297년 1월 19일, 제33 1308년 10월 12일, 제41 1366년 5
　　월, 제41 1372년 6월 條.
『高麗史』列傳 卷第3, 卷第18, 卷第43, 卷第105.
『高麗史節要』卷第2 981년(성종11년) 11월, 제5 1083년 8월 10일, 제5 문종 13년 5월, 제
　　11 의종 16년 8월, 제14 회종 4년 8월, 제16 고종 17년 5월, 제17 고종 43년 9월, 제21
　　1297년 1월, 제28 공민왕 14년 3월, 제34 1389년 12월 條.
徐兢,『宣和奉使高麗圖經』卷第32, 韓國文獻研究所 編, 1983.
李奎報,『東國李相國集』第8編, 第13編(古典國譯叢書), 民族文化推進委員會, 1982.

『太宗實錄』태종 6년(1406) 3월 24일 조.
『世宗實錄』세종 15년 2월 12일 조.
『宣祖實錄』선조 25년 12월, 선조 26년 1월, 선조 26년 2월, 선조 26년 3월, 선조 26년 4월 조.
『顯宗實錄』현종 6년(1665) 10월 19일 조.
『肅宗實錄』숙종 38년(1712) 6월 4일, 숙종 40년(1714) 8월 23일 조.
『英祖實錄』영조 3년(1727) 10월 21일, 1765년 9월 18일, 1773년 10월 21일, 1755년 3월 20
　　일 조.

『正祖實錄』정조 16년(1792) 9월 7일 조.

『純祖實錄』순조 18년(1818) 3월 30일 조.

『高宗實錄』고종 4년(1867년) 5월 7일~『高宗實錄』44년(1907).

『承政院日記』1867년 6월 3일, 1873년 5월 8일자, 1905년 6월 22일자

『新增東國輿地勝覽』제4~13권(民族文化推進會).

國學資料院,『增補文獻備考』第178卷(고전간행회), 1997.

安鼎福,『東史綱目』혜종 2년(945) 9월, 현종 8년(1017) 12월. 공민왕 14년(1365) 4월 조.

李瀷,『星湖僿說』, 國譯叢書 108券, 1989.

도록 및 목록

加濱和三郎,『皇太子殿下韓國御渡航紀念寫眞帖』, 1907년 12월.

京城美術俱樂部,『住井家愛玩 書畵骨董 賣立目錄』, 1932년 3월.

_____,『橫田家御所藏品入札目錄』, 1932 11월.

_____,『渡邊家御所藏品賣立目錄』, 1935년 3월.

_____,『府內 古經堂 李秉直家 書畵骨董 賣立目錄』, 1937 3월.

_____,『在京某家 所藏品 高麗李朝陶器賣立目錄』, 1940년 11월.

京仁文化社(影印),『朝鮮工藝展覽會圖錄』제1회~제7회, 1992.

考古美術同人會,「韓日會談 返還文化財 引受遺物目錄」,『考古美術』165호, 1985.

考古學會,「東京帝室博物館の新陳列品」,『考古界』第1編 제9號, 1902년 2월.

_____,「東京帝室博物館の新陳列」,『考古界』第6篇 第10號, 1908년 1월.

_____,「小倉武之助所藏品展觀目錄」,『考古學雜誌』第32卷 第8號, 1941년 8월.

_____,「根津家所藏品展觀目錄」,『考古學雜誌』第28卷 第6號, 1938년 6월.

久志卓眞 編,『朝鮮名陶圖鑑』, 文明商店, 1941.

國立慶州博物館,『일제강점기 일본인들의 수집품(국립경주박물관 특별전)』, 2016.

國立文化財研究所,『오구라컬렉션 한국 문화재』, 2005.

國立中央博物館,『光復以前 博物館 資料 目錄集』, 1997.

國立中央博物館,『조선총독부박물관 유리건판』.

內山省三,『朝鮮陶磁鑑賞』, 學藝書院, 1936.

大倉集庫館,『大倉集庫館陳列品目錄』, 1918.

大華文華館,『大華文華館名品圖錄』, 大華文華館, 1970.

大華文華館,『大華文華館所藏品目錄』, 大華文華館, 1978.

東京國立博物館,『東京國立博物館收 藏品目錄』, 1956.

_____,『東洋陶磁展』, 東京國立博物館, 1970.

_____,『小倉컬렉션目錄』, 1982.

_____,『東京國立博物館圖版目錄』朝鮮陶磁篇(土器,綠釉陶器), 2004.

_____,『東京國立博物館圖版目錄(青磁, 粉青, 白磁)』, 2007.

東洋陶磁硏究所,「帝室博物館復興開館記念陳列陶磁器品目」,『陶磁』제10권 제5호, 1938년 12월.

_____,「根津美術館 第1會展」,『陶磁』제13권 제2호, 1941년 12월

_____,「根津美術館 第3會展」,『陶磁』제13권 제4호, 1943년 1월

東洋美術硏究會,『東洋美術』, 1977.

文教部,『國寶圖錄』, 1959.

山中商會 編,『世界民衆古藝術品展覽會』, 1930.

山中商會 編,『支那朝鮮古美術 展觀』, 1934.

伊藤彌三郞,『高麗燒』, 1910년 2월.

李王職 編,『李王家博物館所藏寫眞帖』, 1912.

李王職博物館,『李王家博物館所藏品寫眞帖』, 1918.

李王家博物館,『李王家博物館所藏品寫眞帖』, 1932.

日本經濟新聞社,『아타카(安宅)컬렉션 東洋陶磁名品展』, 1970.

_____,『아타카(安宅)컬렉 名陶展: 高麗·李朝』, 1976.

_____,『아타카(安宅)컬렉션 東洋陶磁展』, 1978.

_____,『아타카(安宅)컬렉션 李朝名品展』, 1979.

_____,『아타카(安宅)컬렉션 東洋陶磁 名品圖錄 高麗』, 1980.

田邊孝次,『朝鮮工藝展覽會圖錄』, 國民美術協會, 1934.

田邊孝次,『朝鮮工藝展覽會圖錄』, 朝鮮工藝硏究會, 1938.

帝國博物館 編,『帝國博物館工藝部列品目錄』, 帝國博物館, 1897.

帝室博物館,『帝室博物館年譜』, 1922~1937.

朝鮮考古學會,『杉原長太郞氏蒐集品圖錄』(朝鮮考古圖錄 第2冊), 1944.

朝鮮總督府,『古蹟及遺物登錄臺帳抄錄』, 1924,

朝朝鮮總督府,『朝鮮寶物古蹟調査資料』, 1942.

朝鮮總督府,『朝鮮古蹟圖譜』제3책, 제7책, 제8책, 제14책, 15책.

朝鮮總督府,『博物館陳列品圖鑑』, 朝鮮總督府, 1918.

座右寶刊行會 編,『世界陶磁全集』11~15, 1955~1958.

中央情報鮮滿支社 編,『大京城寫眞帖』, 1937

總督府博物館,「鮎貝房之進氏蒐集品につきて」,『博物館報』제4호, 1933년 3월.

總督府博物館 公文書,『寄贈品目錄-鮎貝蒐集 三井會社 寄贈』 관리번호: D009-059-002.

總督府博物館 公文書,『朝鮮寶物古蹟名勝天然記念物 目錄』, 목록번호: 96-269.

總督府博物館 公文書,「大正5年度 陳列品 目錄臺帳」, 목록 번호: 97-진열02.

總務處 記錄保存所,『國權回復運動 判決文集』, 1995.

統監府 編,『日英博覽會出品寫眞帖』, 1910.

韓國國際交流財團,「小倉컬렉션 所藏品目錄」『日本所藏 韓國文化財2』, 1995.

韓國國際交流財團,『海外所藏 韓國文化財』, 1997.

단행본 및 기타

岡本嘉一,『開城案內記』, 1911.

京城居留民團役所,『京城發達史』, 龍溪書舍, 1912.

京城府,『京城府史』第3卷, 1934, p. 347.

京城商工會議所,『京城商工名錄』, 京城商工會議所, 1939.

京城日報社,『朝鮮年鑑』, 1941.

高裕燮,『高裕燮全集 4, 高麗靑瓷. 松都古蹟. 餞別의 瓶』, 1993.

關野貞,『韓國建築調査報告』, 東京帝國大學 工科大學 學術報告 第6號, 東京帝國大學 工科大
    學, 1904.

_____,『朝鮮藝術之硏究』, 朝鮮總督府, 1910.

_____,『朝鮮美術史』, 朝鮮史學會, 1932, p. 181.

_____,『朝鮮の美術工藝(東洋史講座. 제10권)』, 雄山閣, 1931년 6월.

_____,『朝鮮の建築と藝術』, 岩波書店, 1941, p. 155.

久志卓眞,『朝鮮の陶磁』, 寶雲舍, 1944.

國分弘二,『大正12年京城商工名錄』, 京城商工會議所, 1923.

國史編纂委員會,『駐韓日本公使館記錄』12권~14권, 1990.

國史編纂委員會,『韓民族 獨立運動史 4』, 國史編纂委員會, 1993.

國史編纂委員會,『統監府文書 6권(韓國獨立運動史 資料 13~18)』1999.

국외소재문화재재단,『오구라컬렉션 일본에 있는 우리 문화재』, 2014.

今西龍,『高麗諸陵墓調査報告』(大正5年度 古蹟調査報告), 朝鮮總督府, 1917.

今西龍,『大正5年調査旅行日程』, 국립중앙박물관 소장 조선총독부박물관 공문서(1917), 관
    리번호: F047-007.

김인철,『고려무덤 발굴보고』, 사회과학출판사, 백산자료원, 2003.

金正喜,『阮堂全集 第10卷』, 韓國古典飜譯院 신호열 역, 1986,

吉倉凡農,『(企業案內)實利之朝鮮』, 文星堂書店, 1904,

大屋德城,『鮮支巡禮行』, 東放獻刊行會, 1930.

稻葉繼雄,『舊韓末〈日語學校〉の硏究』, 九州大學出版部, 1997.

藤田亮策,『朝鮮學論考』, 藤田先生記念事業會刊, 1963.

藤井若 編著,『京城の光華』, 朝鮮事情調査會, 1926.

梅原末治,『朝鮮古代の文化』, 國書刊行會, 1972.

文定昌,『日帝强占 36年史』, 伯文堂, 1966.

朴秉來,『陶磁餘滴』, 中央日報社, 1974.

朴泳孝,「使和記略」,『修信使記錄』金益洙 譯, 濟州文化院, 1998.

박원종,『조선 공예사』, 조선미술출판사, 1991.

山重雄三郎,『大邱案內』, 麗浪社. 1934.

山中定次郎翁編纂會 編,『山中定次郎傳』, 1939.

小田省吾,『朝鮮陶磁史文獻考』, 學藝書院, 1936.

송경록,『(북한 향토사학자가 쓴)개성 이야기』, 도서출판 푸른 숲, 2000.

野守健,『高麗陶磁の硏究』, 淸閑社刊, 1944.

윤용이,『아름다운 우리 도자기』, 학고재, 1996.

李王職 編,『李王家美術館要覽』, 1938.

李弘稙,『朝鮮古文化論攷』, 乙酉文化史刊, 1954.

林鳳植,『開城誌』, 1934.

紫竹金太郎,『朝鮮之今昔』, 精華堂書店, 1914.

田邊造,『大倉喜八郎還曆銀婚之記』, 1898.

정규홍,『우리문화재 수난사』, 학연문화사, 2005.

_____,『유랑의 문화재』, 학연문화사, 2009.

_____,『우리 문화재 반출사』, 학연문화사, 2012.

_____,『우리 문화재 수난일지』, 학연문화사, 2016.

井上收,『人の面影』, 朝鮮及滿洲人社, 1926.

帝室博物館.『帝室博物館略史』, 1938.

朝鮮古書刊行會,『朝鮮美術大觀)』, 1910.

朝鮮公論社 編纂,『在朝鮮內地人紳士名鑑』, 1917.

朝鮮新聞社 編纂,『朝鮮人事興信錄』, 朝鮮新聞社, 1922.

朝鮮實業新聞社,『朝鮮在住 內地人 實業家人名士辭』, 1913.

朝鮮中央經濟會,『京城市民名鑑』, 1922.

朝鮮地方行政學會,『京畿地方の名勝史蹟』, 1937.

佐佐木兆治,『京城美術俱樂部창업20年記念誌』, 株式會社京城美術俱樂部, 1942.

中吉功,『朝鮮回顧錄』, 國書刊行會, 1985.

川口卯橘,『高麗王陵誌』, 開城圖書館, 1927.

靑柳綱太郎,『最近京城案內』, 朝鮮硏究會, 1915

靑柳綱太郎,『朝鮮文化史大全』, 朝鮮美術史 條, 1924.

總務處記錄保存所,『國權回復運動判決文集』, 1995.

總督府博物館 公文書,『大正5年 9月 開城保勝會 規則』, 관리번호: A066-007-001.

總督府博物館 公文書,『大正 15年度~昭和 12年度 陳列品 購入會議書』, 목록 번호: 97-구입15.

總督府博物館 公文書,『昭和4년~8년 古蹟保存』, 관리번호: A058-038 001.

總督府博物館 公文書,「昭和 17年度 전라북도 전주부 전주공립상생국민학교 내 발견 靑磁
　　雲鶴象嵌文甁 其他」, 목록 번호: 97-발견19.

統監官房,『韓國施政年報』, 1908.

下郡山誠一,「昌慶苑の今昔感」,『朝鮮及滿洲』제35호, 1937.

韓國精神文化硏究院,『國譯韓國誌』(國譯論叢 84-1), 1984.

黃壽永 編,『日帝期 文化財 被害資料』, 韓國美術史學會, 1973.

黃玹,『梅泉野錄』(李章熙 譯), 大洋書籍, 1973.

헐버트,『대한제국 멸망사』(신복룡 옮김), 평민사, 1984.

加藤灌覺,「高麗靑瓷銘入の傳製品と出土品に就て」,『陶瓷』第6卷 6號, 東洋陶瓷硏究所,
　　1934년 12월.

葛城末治,「高麗靑磁와 白磁」,『春秋』, 朝鮮春秋社, 1941.

茄子峯人,「淸秋의 旅」,『개벽』17호, 1921년 11월.

考古學會,「彙報」,『考古界』제1編 제9號, 1902년 2월.

＿＿＿,「八木奘三郎君の朝鮮考古談」,『考古界』第1篇 第11號, 1902년 4월.

＿＿＿,「彙報」,『考古界』第3編 第2號, 1903년 7월.

＿＿＿,「考古學會記事」,『考古界』第6篇 第1號, 1906년 11월.

＿＿＿,「張忠義墓誌」,『考古界』第8篇 第2號, 1909년 5월.

＿＿＿,「高麗燒展覽會」,『考古界』第8篇 第8號, 1909년 12월.

＿＿＿,「黑田氏底に於ける觀心堂」,『考古學雜誌』제1권 제3호, 1910년 11월.

高裕燮,「開城博物館을 말함」,『每日申報』1931년 10월 31일자, 1931년 11월 1일자.

＿＿＿,「輓近의 骨董蒐集」,『東亞日報』1936년 4월 14일자.

＿＿＿,「畵金靑瓷와 香閣」,『文章』, 文章社, 1939년 4월.

＿＿＿,「開城博物館의 珍品 解說」,『朝光』, 朝鮮日報社, 1940년 6월.

＿＿＿,「高麗陵과 그 形式」,『高麗時報』1940년 10월 1일자.

谷井濟一,「韓國葉書だより, 第2信」,『歷史地理』제14권 5호, 歷史地理學會, 1909년 11월.

谷井濟一,「高麗時代の古墳(考古學會記事)」,『考古學雜誌』第6卷 11號, 1916년 7월.

關野貞,「高麗の舊都(開城)及王宮遺址(滿月臺)」,『歷史地理』제6권 제7호, 日本歷史地理學
　　會, 1904년 7월.

김광언,「해외에서의 문화재 소장 실태」,『현대불교』3, 1990년 2월.

김윤정,「근대 미국의 고려청자 컬렉션 형성과 연구 성과」,『20세기 고려청자연구와 강진 청
　　자요지』, 제18회 고려청자 학술심포지엄, 2016년 8월 1일.

金澈雄,「高麗時代 太廟와 原廟의 運營」,『國史館論叢』제106집, 2005년 6월.

吉岡堅太郎,「高麗燒」,『鷄の林』, 大海堂, 1924,

吉田光男,「阿川文庫の成立とその性格」,『朝鮮文化硏究』第5號, 東京大學文學部朝鮮文化硏

究室, 1998.

김영관 칼럼, 「알렌컬렉션의 연구조사활동의 역사적 의의」, 『문화유산신문』 2017년 11월 24일자.

김인철, 「공민왕릉 발굴보고」, 『고려무덤 발굴보고』, 사회과학출판사, 2002년.

김종혁, 「개성 일대의 고려왕릉 발굴 보고」, 『조선 고고연구』, 제1호, 북한 사회과학원 고고학연구소, 1986.

大森金五郎, 「文獻の喪失 文化の破壞」, 『中央史壇』 第9卷3號, 1924년 9월.

「덕수궁 내로 옮겨진 유서 깊은 이왕가박물관」, 『조광』 4권 5호 1937.

稻田春水, 「朝鮮共進會美術館の一瞥」, 『考古學雜誌』 第6卷 3號, 考古學會, 1915년 11월.

沼田春水, 「朝鮮에 於한 佛敎的 藝術의 硏究」, 『佛敎振興會月報』 1권 3호, 1915년 9월.

東洋陶瓷硏究所, 「在韓日本人職業別一覽表」, 『韓國事情要覽』 第2輯, 統監府總務部, 1907.

藤田亮策, 「鮎貝さんの面影」, 『書物同好會會報』 제17호, 1942년 9월.

藤田亮策, 「朝鮮과 歐米博物館」, 『朝鮮』 145호~146호, 朝鮮總督府, 1929년 1월~2월.

藤懸靜也, 「大正大地震に於ける美術品の喪失」, 『中央史壇』 제11권 3호, 國史講習會, 1925년 9월.

末永純一郎, 「朝鮮紀行」, 『朝鮮彙報』, 東邦協會, 1893.

尾崎元春, 「帝室博物館時代の陳列品收集」, 『MUSEUM』 262호, 1973년 1월.

飯島勇, 「第二次大戰以前の館における美術品の收集について」, 『MUSEUM』 262호, 1973년 1월.

三宅長策, 「そのとろの思ひ出'高麗古墳發掘時代'」, 『陶瓷』 第6卷 6號, 東洋陶瓷硏究所, 1934년 12월.

史學會 編, 「彙報」, 『史學雜誌』 제30편 제5호, 1919년 5월.

西田, 「高麗 鐵繪靑磁에 對한 考察」, 『美術資料』, 國立中央博物館, 1981년 12월.

善生永助, 「高麗燒」, 『隨筆朝鮮』 下卷, 京城執筆社, 1930.

善生永助, 「開城に於ける 高麗燒の秘藏家」, 『朝鮮』, 朝鮮總督府, 1926년 12월.

仙人掌生, 「大倉集古館」, 『中央史壇』 제9권 3호, 國史講習會, 1924년 9월.

小山富士夫, 「高麗の古陶磁」, 『陶磁講座』 第7卷, 雄山閣, 1938.

_____, 「朝鮮の旅」, 『陶磁』 제11권 2호, 1939년 7월.

_____, 「高麗靑瓷」, 『世界陶瓷全集3』, 1953.

_____, 「日本에 있는 韓國 陶磁器」, 『考古美術』 105號, 韓國美術史學會, 1970년 3월.

小野淸, 「圓明國師石棺の彫刻及び製作安措等の意義に就きて」, 『考古學雜誌』 제1권 제4호, 1910년 12월.

小野淸, 「高麗崔眎石棺の彫刻及び製作安措等の意義に就きて」, 『考古學雜誌』 제1권 제5호, 1911년 1월.

小川敬吉, 「大口面窯址の靑瓷二顆」, 『陶瓷』 第6卷 6號, 東洋陶瓷硏究所, 1934년 12월.

小泉顯夫, 「古墳發掘漫談」, 『朝鮮』, 朝鮮總督府, 1932년 6월.

孫禎睦, 「開港期 日本人의 內地浸透·內地行商과 不法定着의 過程」, 『韓國學報』 21집, 1980.

宋春永,「元 干涉期의 自然科學」,『國史館論叢』제71집, 國史編纂委員會, 1996.

野守健,「高麗時代 古墳出土의 鐵彩手」,『陶磁』제12권 제1호, 東洋陶瓷研究所, 1940년 4월.

에밀 마르텔 회상담,「外人の見たる38年間の朝鮮外交界」,『朝鮮新聞』1932년 10월 29일자.
　　　11월 1일자.

歷史地理學會,「地方雜條」,『歷史地理』제16권 5호, 1910년 11월.

有光教一,「私の朝鮮考古學」, 강재언, 이진희 편,『朝鮮學事め』, 청구문화사, 1997.

楢崎鐵香,「朝鮮陶瓷器漫筆」,『京城日報』1937년 12월 2일자.

劉秉虎,「日帝의 朝鮮移民政策에 對한 研究」,『韓國學 研究』創刊號, 淑明女子大學校 韓國學
　　　研究所, 1991.

尹哲圭,「名品流轉」『中央經濟新聞』1985년 10월 2일자.

林豪淵,「재계산맥 근세 100년 산업과 인물, 倭館(3~5)」,『매일경제』1981년 10월 13~16일자.

吳鳳彬,「書畵骨董의 收藏家」,『동아일보』1940년 5월 1일자.

奧平武彥,「朝鮮靑華白磁考」『陶磁』제6권 4호, 東洋陶磁研究所, 1934년 10월.

＿＿＿,「高麗의 畵金磁器」,『陶磁』제6권 6호, 東洋陶磁研究所, 1934년 12월.

＿＿＿,「朝鮮出土의 支那陶瓷器 雜見」,『陶瓷』제9권 2호, 東洋陶磁研究所, 1939년 5월.

劉秉虎,「日帝의 朝鮮移民政策에 對한 研究」,『韓國學 研究』創刊號, 淑明女子大學校 韓國學
　　　研究所, 1991.

柳宗悅,「朝鮮과 그 藝術」,『工藝 第111號』, 1942년 10월.

李英燮,「文化財界 秘話, 내가 걸어온 古美術界 30年」,『月刊文化財』, 1973년 1월~1976년 9월.

李鉉淙,「舊恨末外國人居留地內狀況」,『史叢』, 고려대사학회, 1968.

長谷部樂彌,「高麗 古陶磁의 再發見」,『陶磁講座』제8卷, 雄山閣, 1973.

장호수,「개성지역 고려왕릉」,『한국사의 구조와 전개』, 도서출판 혜안, 2000.

전주농,「고려 공민왕 현릉 발굴 개요」,『문화유산』, 북한 고고학 및 민속연구소, 1960.

鮎貝房之進,「高麗의 花(高麗燒)」,『朝鮮及滿洲之研究』第1輯, 朝鮮雜誌社, 1914.

鄭良謨,「高麗陶磁의 窯址와 出土品」,『(한국의 미 4) 靑磁』, 중앙일보사, 1985.

朝鮮總督府,「昭和3年度 古蹟調査 事務槪要」,『朝鮮』, 1929年 7月.

重田定一,「高麗의 舊都」,『歷史地理』제16권 6호, 日本歷史地理學會, 1910년 12월.

眞淸水藏六,「朝鮮의 旅」,『陶磁』, 1933년 4월.

淺見倫太郞,「高麗靑磁에 관한 高麗人의 記錄」,『每日申報』1914년 10월 28일자.

川口羊鬚,「高麗恭愍王陵」,『京城日報』, 1927년 2월 19일자.

川崎紫山,「日本人韓地移植의 急」,『日淸戰爭實記』第22編, '國論一斑', 博文館, 1895년 3월.

淺川伯敎,「朝鮮の美術工藝に 就いての回顧」,『朝鮮の回顧』(上卷), 近澤書店, 1945.

靑丘學會,「朝鮮古地圖展觀」,『靑丘學叢』제10호, 1932년 11월.

崔石泉,「松都의 古蹟」,『開城』, 藝術春秋社, 1970,

崔淳雨,「高麗 時代의 陶磁 文化」,『開城』, 開城人會, 1970.

崔淳雨,「高麗 時代의 陶磁 文化」,『(韓國의 美 4) 靑磁』, 중앙일보사, 1985.

崔完秀,「澗松이 葆華閣을 設立하던 이야기」,『澗松文華』55호, 1998.

八木奬三郞,「韓國短信」,『東京人類學會雜誌』제16권 178호, 1901.

_____,「韓國考古資料通信」,『考古界』第1篇 第6號, 1901년 11월.

_____,「韓國探險日記」,『史學界』第4券 4號, 5號, 1902년 4월, 5월.

_____,「朝鮮考古談」,『考古界』제1편 12호, 1902년 6월.

_____,「韓國의 美術」,『考古界』第4篇 第2號, 1904년 7월.

下郡山誠一,「昌慶苑의 今昔感」,『朝鮮及滿洲』제35호, 1937.

韓壽景,「高麗磁器總觀」,『高麗時報』1933년 8월 16일자, 9월 1일자.

韓沽劤,「開國後 日本人의 韓國浸透」,『東亞文化』第1輯, 서울대학교 동아문화연구소, 1963.

黑坂勝美,「南鮮史蹟의 踏査」,『每日申報』1915년 8월 1일자.

신문 기사 등

『京城日報』1925년 6월 23일자, 1927년 2월 19일자, 1930년 11월 9일자, 1930년 11월 14일
　　　자, 1930년 11월 15일자, 1935년 9월 6일자.

『京鄕新聞』2016년 6월 28일자, 1950년 3월 30일자, 1963년 2월 16일자, 1982년 3월 23일자,
　　　1982년 3월 24일자.

『高麗時報』1933년 11월 16일자.

『官報』1905년 9월 25일자, 1906년 6월 17일자, 6월 21일자, 1906년 6월 17일, 1907년 9월 26
　　　일, 1907년 10월 8일, 1907년 11월 27일, 1907년 12월 2일자. 1908년 9월 2일자, 1913
　　　년 1월 25일자, 1916년 7월 4일자.

『國都新聞』1950년 4월 23일.

『大邱日報』1957년 9월 12일자.

『大阪每日新聞』1940년 10월 12일자.

『大韓每日申報』1905년 8월 18일자, 1906년 1월 21일자, 1906년 6월 21일자, 1907년 6월 4일
　　　자, 1908년 1월 9일자, 1908년 2월 9일자, 1908년 4월 1일자, 1909년 3월 6일자, 1909
　　　년 3월 23일자, 1909년 5월 26일자, 1909년 6월 19일. 1909년 7월 3일자, 1909년 7
　　　월 21일, 1909년 8월 11일자, 1909년 11월 28일자, 1910년 1월 25일자, 1910년 3월 25
　　　일자, 1910년 5월 13일자, 1910년 5월 6일자, 1910년 5월 17일자. 1910년 7월 1일자,
　　　1910년 7월 29일자.

『獨立新聞』1896년 12월 31일자, 1899년 4월 15일자, 1899년 10월 20일자~23일자.

『東亞日報』1925년 12월 20일자, 1926년 7월 29일자, 1932년 7월 2일자, 1976년 7월 22일자,
　　　1976년 7월 28일자, 1976년 11월 8일자, 1996년 6월 16일자, 2010년 12월 7일자. 2010
　　　년 12월 7일자.

『萬歲報』1906년 10월 13일자.

『每日申報』1910년 12월 16일자, 1911년 2월 4일자, 1912년 2월 7일자, 1912년 3월 16일자, 1912년 5월 9일자, 1912년 7월 30일자, 1913년 6월 22일자, 1913년 6월 26일자, 1913년 10월 19일자, 1913년 11월 6일자, 1914년 6월 3일자, 1914년 7월 10일자, 1916년 4월 3일자, 1916년 6월 16일자, 1916년 6월 20일자, 1923년 8월 21일자, 1931년 1월 24일자, 1931년 3월 4일자, 1943년 5월 27일자.

『문화유산신문』2017년 11월 24일자.

『博物館新聞』1986년 3월 1일자.

『釜山日報』1916년 6월 18일자, 1917년 9월 24일자, 1933년 6월 6일자.

『世界日報』2018년 11월 12일자.

『新韓民報』1909년 6월 16일자, 1910년 10월 19일자.

『嶺南日報』1945년 11월 29일자.

『帝國新聞』1899년 5월 19일자.

『朝鮮時報』1917년 8월 21일자.

『朝鮮新聞』1925년 9월 18일자, 1930년 11월 14일자, 1932년 10월 29일자, 1935년 2월 28일자, 1936년 6월 13일자, 1936년 6월 30일자.

『朝鮮日報』1931년 2월 26일자, 1950년 4월 6일자, 1996년 10월 31일자, 1997년 10월 11일자, 1997년 10월 14일자, 2009년 6월 17일자, 2020년 3월 28일자.

『中外日報』1930년 4월 4일자.

『한겨레』1996년 1월 1일자.

『한국일보』1995년 12월 7일자.

『皇城新聞』1899년 4월 14일자, 1903년 3월 20일자, 1903년 6월 19일자, 1903년 8월 1일자, 1904년 4월 23일자, 1904년 6월 27일자, 1904년 7월 30일자, 1905년 4월 17일자, 1905년 9월 25일자, 1906년 6월 22일자, 1906년 3월 12일자, 1906년 7월 5일자, 1906년 10월 19일자, 1907년 10월 15일자, 1908년 1월 10일자, 1908년 2월 12일자, 1908년 6월 4일자, 1908년 8월 12일자, 1908년 9월 2일자, 1908년 12월 9일자, 1909년 1월 10일자, 1909년 3월 10일자, 1909년 6월 29일자, 1909년 7월 21일자, 1909년 8월 11일자, 1909년 11월 3일자, 1909년 11월 18일자, 1909년 12월 4일자, 1909년 12월 28일자, 1910년 1월 25일자, 1910년 2월 8일자, 1910년 3월 2일자, 1910년 7월 29일자, 1910년 8월 20일자.